SHIWAN GE WEISHENME

十万个为什么

信息世界

新世纪版

张吉锋 吕传兴 主编

少年儿童出版社

信息科学分册

主　编　张吉锋　（上海大学　教授）

　　　　吕传兴　（华东师范大学　教授）

撰稿者（排名不分先后）

张吉锋　吕传光　吴洪来　俞嘉惠　王红江

徐永康　钮晓鸣　郁宝忠　程耀华　缪淮扣

高黎新　陆　皓　寿庚如　韩王荣　王心园

欧阳峰　鲍振东　程　亮　洪绵如　黄天敏

赵一鸣　张　庆　黄　丹

目录

S H I W A N G E   W E I S H E N M E

什 么 是 信 息

    人类生活在信息的海洋之中。人们每时每刻在自觉或不自觉地与信息打交道。那么,究竟什么是信息?

    信息没有一个确定的概念,但有多种多样的形式。它可以是人的感觉器官能感觉到的东西,也可以是人的感觉器官难以直接感觉但确实存在的东西。人们通常所讲的信息,并非指事物本身,而是表征事物或者通过事物发出的消息、情报、指令、数据、信号中所包含的内容,例如,下图就包含了丰富的信息。

    一切事物都会发出各种各样的信息,由此显示出大千世界的五彩缤纷、各种事物的千差万别。例如,图像就是一种信

息。我们眼睛看到的各种各样变化的东西,都能给我们某些信息。文字资料是信息,从飞机、舰艇上反射回来的电磁波或者超声波也是信息。地震以前,鸡飞狗叫,那是因为这些动物感受到了人们所无法直接感受到的震前信息。天空中的风暴、闪电,地壳中的断层、矿物,宇宙中的天体等,都能给人们带来信息。信息是表示事物特征的一种普遍形式,是物质世界的一个重要方面。信息如同物质、能量、空气、阳光一样,普遍存在于自然界、人类社会和人的认识之中。

通俗地说,通过信号带来的可利用的消息,就是信息。当然,也可以把信息理解为事物的存在方式和运动状态。不同的事物有不同的存在方式和运动状态、运动规律,于是就构成了各种事物的特征,即这些事物各自发出的不同信息。

信息的概念,是在 20 世纪 40 年代由美国科学家维纳首先提出来的。

☞ 关键词: 信息　图像

为什么说信息是人类社会的重要资源

在当今社会中信息已成为一种资源——信息资源。信息资源和物质资源(如土地、森林、矿产、原材料、能源等)一样,是国家极其宝贵的财富,是推动人类社会发展的重要源泉。信息的影响常常十分巨大, 一条有价值的商业信息可以帮助商人获得巨额利润, 一条准确的气象预报可以使人民的生命财产免遭重大损失, 一则确切的股市分析信息可以使人一夜之

间成为富翁。

　　和物资资源相比,信息资源有它极为特殊的重要性,这些重要性是由它自身的特点所决定的。那么信息资源有那些特点呢? 概括地说, 它有五大特点:①信息资源可以反复使用,不会损失价值。②信息资源的总量增长往往是"爆炸式增长"。例如,60年代信息总量为72万亿字符, 80年代信息总量为500万亿字符,到1995年,信息总量已达到1985年时的2400倍。③信息资源传播速度可以很快,有时可以达到光速。④信息资源没有国界,它可以通过各种传播媒介传向四面八方。在因特网快速发展的今天,信息的传播范围更为扩大。⑤信息资源具有时效性。例如,天气预报过了某一段时间就失去了意义,战时的空袭预报一过时间,就没有一点价值了。

信息资源的开发和利用在很多国家已经成为一种产业——信息产业，并已成为各国经济的一个重要增长点。信息资源还是一个重要的战略性资源，在军事、外交、政治等领域的地位与应用价值日益提高，信息资源及信息化的各种装备已经成为一个国家综合国力的体现。

👉 关键词：信息资源　物资资源

为什么说信息与人类的生存密切相关

自有人类社会以来，信息就对人们的生活、工作起着举足轻重的作用。例如，远古时代人们遇到猛兽，就通过各种形式把这个信息传播出去，减少受害的可能性。在现代社会，信息的作用更是难以估量，它的传播方式也是多种多样，例如你和好朋友在一起，当你遇到了某一件事情，他对你挤挤眼或摇摇头，你就会从中得到你所需要的信息。当然你也可以通过越洋电话或计算机网络和远在国外的朋友交流信息。总之,信息在现代社会中处处皆是,你是生活、工作在信息的包围之中,你只是通过各种手段和方式获得自己所需要的信息。从这个意义上讲,信息不等于数据,数据只是信息的载体,信息不随载荷的物理设备形式的改变而改变。

医生为病人看病,先了解病史、病情,再把脉、测量体温,有时还看心电图、X 光片、化验报告等,医生从这些口述、文字及图像资料中获得对治疗有用的信息。

气象工程师利用各种仪器记录风向、风速、降雨量、温度、湿度等大批数据,再绘制出气象云图,从而获得气象信息。

人利用眼、耳、鼻等器官感知文字、图形、图像、动画、声音、气味等的存在和变化,并从中获取信息。

总之,现代社会信息种类繁多,信息量极大。人们通过各种方式获得大量原始信息,再对它们进行整理、精选,或用计算机对它们进行处理,以获得有用的信息。

☞ 关键词:信息 信息传播

为什么说不论做什么事
都必须事先获得信息

人们的日常活动是受到信息约束的。例如你今天到学校读书,得先获得今天上不上课、上什么课、谁上课等信息,才能有针对性地事先做好各种准备,如带好相应的工具和书等,以获得理想的效果。自古以来,"兵马未动,粮草先行"是军事上公认的准则,而在今天,搞经济工作、科学研究工作、工农业生产等,担当起粮草这一先行官的重要责任的,当之无愧的是信息,"兵马未动,信息先行"已经成为搞好各项工作的重要基础。例如,搞经济工作面临的是异常激烈的市场竞争,谁掌握足够的信息,谁就能在白热化的市场竞争中确立自己的优势。用于处理信息的计算机软件的发展,为信息的传播创造了有利条件,使"信息先行"成为可能。

我国的宝山钢铁集团公司,就从"信息先行"中尝到了甜头。首先,为了搜集信息,公司投入了大量人力物力。集团公司派出一辆小汽车,在厂区收集各分厂、各班组的当天简报,随即整理、编辑出《当日动态》,供领导当日阅读、研究,部署明日工作。有了办公室自动化系统之后,宝钢的《当日动态》全部上了企业网络,这样,领导就可以随时获得企业的最新信息。宝钢之所以获得成功,"信息先行"起了非常重要的作用。

为了搞好经济工作,人们必须密切注视瞬息万变的市场,必须不间断地搜集与掌握来自各方面的信息,于是,各种各样的信息公司应运而生,而且受到各方面的欢迎,这反过来有力地证明了信息的重要性。

☞ 关键词:信息先行

为什么信息能成为决策的依据

1794 年深秋,拿破仑进军荷兰时,荷兰打开了各条运河的闸门,企图用洪水阻挡法军统帅夏尔·皮舍格柳(拿破仑的老师)的大军。正当皮舍格柳的队伍无法前进并准备撤退时，皮舍格柳却发现树上蜘蛛大量吐丝结网。这是寒潮即将来临的预兆。根据这一现象，皮舍格柳下达了停止撤退、准备进攻的命令。不久，寒潮果然来临，一夜间江水冰封，法军顺利通过了瓦尔河，一举攻占了要塞乌得勒支城。

这一决策是在皮舍格柳具有丰富的军事知识和科学常识的基础上作出的。大家知道，天空中乌云密布，传达了可能要下雨的信息，而蜘蛛吐丝，传达了寒潮即将来临、气候变冷、河水结冰的信息。

人们通常所说的决策，简单地说，就是作决定。决策是人类社会的一项重要活动，它涉及人类生活的各个领域，军事上的指挥、医疗上的诊断、戏剧上的编导、创作中的构思、交通运输中的调度、工艺技术上的革新、科研中的发明等都离不开决策。决策的过程，就是搜集信息、进入思维、进行推理，最终作出决定的过程。

显而易见，信息是决策的基础和依据。要是没有大量的信息，就不可能进入思维，进行推理，并最终作出决策。只有占有大量信息，才能作出一个好的决策。

有人说无信息就无决策，看来不无道理。这是因为，没有信息作为依据，就不能作出科学的决策——一切正确的决策都离不开对信息的搜集、整理、分析和研究。而一个决策的失误，很大程度上是由于对信息不重视和对未来预测不正确而造成的。

关键词：信息　决策

7

为什么要将信息转变为知识

什么是信息已经在第一篇中介绍过了。信息通常必须通过处理和分析来获取。

如果我们不加分析地接受各种信息，就有可能被假信息所迷惑，以致上当受骗。

知识是人类从认识、依附自然，变成征服自然过程中的各种经验的总结，是对客观世界运动规律的正确认识的总结。人类正是借助于知识，造出了能看到 100 亿光年以外

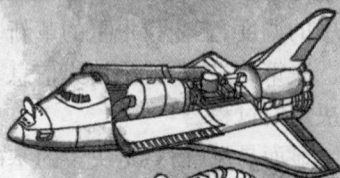

天体的望远镜,造出了每秒能运算几万亿次的计算机,造出了宇宙飞船和航天飞机,造出了人类的全部物质文明和精神文明。

"科学知识一旦被人们所掌握,就会变成无穷的力量。"人类正是依靠知识的力量,才成为大自然的主人,才揭开了大自然的奥秘,才揭示了生产社会财富的内在因素。矿石不冶炼,就变不成钢铁,就造不出飞机、火车和汽车;煤炭不开采,将永远沉睡在地下。冶炼和开采不是谁都能办到的,只有掌握了科学知识和科学技术的人,才能达到这些目的。

综上所述,人类在生产劳动和社会实践中,光靠单一的信息,是没有用处的。只有对信息进行筛选、分析、记忆、思维、积累,并进行系统化处理,使之上升为知识,才能进行创造性劳动。只有这样,我们才能继承和汲取前人的智慧和知识精华,以创造性的劳动成果去迎接美好的未来。

☞ 关键词:信息知识

信息能转变为知识吗

当你和一个朋友交谈时,如果他滔滔不绝地从各个不同角度谈论某一个方面的问题,向你提供各方面的情况,提供自己的看法和见解,你就会受到很多启发,并获得有关知识。如果他谈起问题来干巴巴的,没有多少内容,引不起你的兴趣,谈话结束时你就会觉得收获不大。这是为什么呢?这往往是因为前者占有的信息量大,后者占有的信息量小。这说明信息是

9

获得知识的基础之一,当你占有较多信息时,你的知识也就比较丰富。

知识是人们对各种自然现象与社会现象的认识的总结,是系统化、规范化、结构化的信息,它以各种方式把单个或多个信息关联在一起。例如,我们获得"天气闷热"、"天气潮湿"这样两条信息,就得到"天将下雨"这样一条知识。"关联"是联系不同信息的纽带。如果用"如果——则"这组因果关联词,将"天气闷热"和"天气潮湿"的事实联系起来,就构成了一条"天将下雨"的知识,我们可以用因果关联词写成"如果天气闷热而且潮湿,则天将下雨"这样的表达式。

知识产生于人类的实践和思维活动,当人们掌握了大量确切的信息之后,经过实践和思考,人们的知识会逐渐丰富起来。所以,知识和信息是密切相关的,信息经过人们的实践和思维是可以转变为知识的。

关键词:**信息知识**

为什么信息能够共享

在农贸市场,摊主出卖一样东西,卖者失去,买者得到。然而在机场或车站,"公告牌"上所显示的信息却与普通商品不一样。甲可以从"公告牌"上获悉某航班或某次列车始发、到达的时间,乙以及其他许多人也都可以获取同一个信息。这就是说,"公告牌"的某一个信息,决不会因为某人的获取而消失。确切地说,对于"公告牌"上的信息,任何人不能独占,只能分享或者共享。

随着电子技术的迅猛发展，人们除了依靠报刊、杂志、图书、文件等传递信息以外，还可以借助电话、电报、电视、通信卫星、电视直播卫星等新载体，高效率地传输信息。

自 20 世纪 90 年代开始，人类逐步进入了一个以因特网为代表的崭新世界。因特网作为信息高速公路的先导，将全球几千万台各式各样的电脑，通过统一的技术规范相互联接在一起。

信息高速公路的开通，使人们可以更有效地利用信息，更加充分地共享信息资源。

现在，信息高速公路已"修筑"到世界上 100 多个国家与地区，已有数以千万计的用户与信息高速公路建立了业务联系。信息高速公路上的信息资源十分丰富，其中包括各种软件、数据、杂志、新闻、馆藏目录、技术文献、图片、声音以及活动图像等。用户可以把自己的资料加入进去，供其他用户使用。当然，用户既是信息的提供者，又是信息的消费者。每一用户都能迅速处理、传递信息，又能最大限度地共享信息。

☞ 关键词：信息共享

为什么信息传输离不开载体

人类对信息的认识和利用，历史悠久，源远流长。多少年来，许多信息之所以能传播，并保存下来，都依靠了某种载体。

到过北京的人大都去过八达岭。在那里，可以见到高低起伏、曲折连绵的长城，还可以见到一座座雄伟、壮观的烽火台。在2700多年以前，人们正是利用这些烽火台作为传递远距离信息的"载体"。

从古到今，人类为了便于获取信息或相互交换信息，进行了五次信息变革，而每次信息变革又都产生了各自的"载体"。

第一次信息变革——获得了语言。在原始社会，我们的祖先通过手势、表情和简单的音节，相互间进行信息交流。人类发展到一定阶段以后，光靠手势和表情，已无法达到交流信息的目的，于是产生了语言。语言的产生，使人类获得了交流思想、传递信息的"载体"。

第二次信息变革——创造了文字。生产的发展引起体力劳动和脑力劳动的分工，进而促进了文字的产生。文字是人类超地域、超时间传递和交换信息的一种"载体"。

第三次信息变革——造纸和印刷术的发明。在这以前，信息是用文字记录在甲骨、竹简或兽皮上的，保存和传递都十分不便。我国造纸术的发明，特别是活字印刷术的发明和使用，使人类进入了以印刷品为知识和信息基本来源的新时代，同

时使人类获得了又一种信息"载体"。

第四次信息变革——电报、电话与电视的应用。为了更多更快地掌握和传递信息，科学家们又开发了一种信息"载体"——电信。电信的开发和应用，进一步拓宽了信息传递的范围和内容——除了文字以外，还能传递声音和图像。

第五次信息变革——数字网络技术的应用。自20世纪初至20世纪90年代，通信的速度提高了1000万倍，记录信息的速度提高了100万倍。在这种情况下，单凭人类的自然智力来获得和加工信息已无法满足社会发展的要求，于是，电子计算机应运而生了。电子计算机的发明和应用，信息的数字化，极大地提高了信息传输的速度和可靠性。90年代，因特网的发展为人类认识和利用信息找到了一种新"载体"。因特网和信息高速公路出现后，人们获得信息就更方便了，利用信息的机会就更多了。

综上所述，正是上述这些载体，使人与人之间，甚至国家与国家之间能相互传递、交换信息，并使信息固定下来，代代相传。

关键词：信息　信息载体

什么是信息反馈

　　如果你到过北京的天坛公园,那设计精巧、造型独特、瑰丽神奇的建筑一定会给你留下深刻的印象,而那奇妙的回音壁更会令你流连忘返,是不是?假如我们以科学语言来解释回音壁,它实际上是一种声音信息的反馈。

　　那么,什么是信息反馈?

　　在日常生活中,我们常常会碰到这种现象:当你在搬动仙人球或仙人掌时,一不小心,你的手指会被小刺刺痛。这时,那刺痛部位就立刻作出反应,迅速避开仙人球或仙人掌。这是由

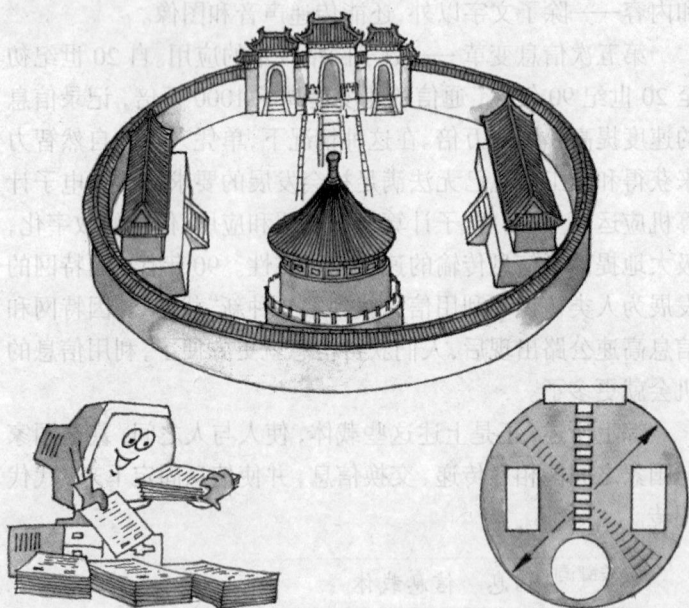

于神经系统将信息传递给大脑的缘故——大脑迅即作出反应,产生相应的控制作用,以免手指或其他部位再次被刺痛。信息反馈就恰如上述现象。人们在收到信息后,也总会作出种种反应。这类反应就是信息反馈。

现在,在我国各地,超级市场随处可见。这里就有一个竞争问题。从有关方面获悉,为了在竞争中取得优势,招徕顾客,各公司总部都安装了电子计算机,每天上午即可汇总全公司所属超级市场前一天的销售情况。总公司根据这一销售信息,对部分商品的价格进行适当调整,并对货源进行调配。调整后的价格又可通过计算机及时传到各下属超级市场。于是,所有扫描收款机同时按新价格收款。在这里,计算机向下属超市传递信息就是信息反馈的过程。

一家公司如果信息化管理搞得好,供需信息及时反馈,这家公司的销售情况就会令人满意。信息和信息反馈在很大程度上将决定一个企业的现状和未来。

商品市场信息时效性极强。为了及时掌握和交流信息,信息反馈是必不可少的。

☞ 关键词: 信息反馈

信息化社会具有什么特征

现代社会是信息化的社会,不论哪个行业,都离不开信息,信息已经成为五种经济要素之一(五种经济要素是:人力、原材料、技术、资金、信息)。信息的占有量、信息的传播速度代表着一个国家国力的强弱。那么我们该如何来看待信息化的社会呢？

信息化社会主要有以下几个特点：

第一，社会上所有服务行业，如商业、金融、旅游、交通等都处于计算机网络服务之中。计算机网络化面向普通大众，即人人坐到计算机前，都能了解想要了解的来自世界各地的各种信息，得到想要得到的各种服务。例如，你可以通过操作计算机看病、接受教育、购物、查阅资料等。

第二，人们的日常生活离不开计算机。家中各种电器都已计算机化或纳入计算机控制，你可以在遥远的地方通过电话来控制家中的各种电器，它们甚至还可以为你准备一份美味的晚餐。人们的日常生活也无时无处不受到计算机的制约。

第三，人们可以获得的信息量大幅增长。信息量虽然增多，但由于个人能够用来阅读、考虑和理解信息的时间并未相应增多，因此采用目前的手段显然无法处理这么多的信息。失去控制和无组织的信息在信息社会里不会构成资源，却成为信息工作者的障碍。信息技术的发展，使使用者可以方便地找到所需要的信息。这样，整个信息社会所强调的重点便可从供应转到选择。

第四，"信息丰富"与"信息贫乏"之间的鸿沟正在加宽，社会需要大量有文化、有技术的劳动者，对无技术或半熟练工的需求正在减少。

第五，经济越来越以信息业为基础。从事收集、处理、储存和检索资料的人比受雇于农业和制造业的人还要多。技术的发展已经使得产品的产量有可能按指数级增加，而投入的资本、劳力与能量却要少得多。这标志着经济已摆脱了传统的发展模式。

总之,信息化社会中无处不在的计算机和通信技术,将极大地改变人们的生活方式,将会给人类带来巨大变化。当然,社会要实现信息化,既需要一系列的技术准备,也需要大量的物资准备,同时更要求人类的自身素质有极大的提高。我们今天学习、工作,都是在为进入信息化社会做充分的准备。

☞ 关键词:信息化社会　计算机

什么是信息产业

随着科学技术的飞速发展,整个社会即将进入信息社会,在这个过程中,电子信息产业必然得到迅速发展。那么什么是信息产业,它应包括哪些内容呢?

信息、物质、能量已经成为人类赖以生存和发展的不可缺少的三项基本资源,其中信息是现代社会的重要组成部分,是国民经济的重要支柱。信息产业是随着计算机的开发利用,促进信息的生产、流通与应用向产业方面发展而出现的。最早人们把计算机产业、信息处理产业和信息媒介产业合称为信息产业,后来有人把信息传播报道业、信息流通业、知识生产业等也归到信息产业内。现在一般认为,信息产业主要包括以下几部分:

1. 计算机产业　从 20 世纪 40 年代电子管计算机的诞生,到今天超大规模集成电路计算机的问世,独立的计算机产业体系已经形成,并在国民经济中占重要地位。

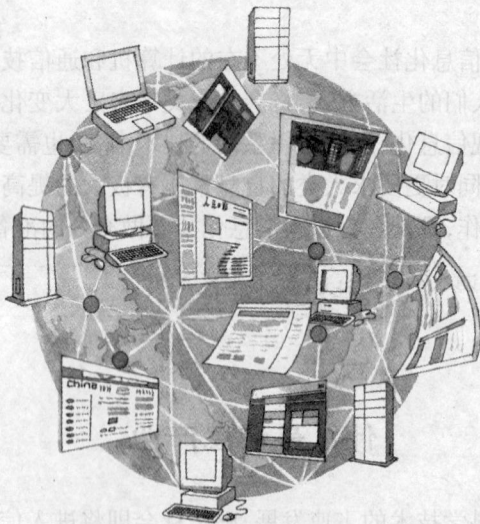

2. **软件产业** 一般是指为有效地利用计算机而编制程序的产业,如程序编制业、数据库业、信息系统开发业等。

3. **信息传播媒介业(即通信产业)** 包括电话产业、电报产业、广播及电视产业、数字通信业、光纤通信业、卫星通信业等。

4. **信息服务业** 包括新闻报道采访业、出版业、咨询业、图书情报业等等。

当社会发展到现阶段,特别是在计算机得到普及和广泛应用、通信技术得到飞速发展时,计算机与通信技术相互渗透,形成了计算机网络的大发展,进一步推动了信息产业的突飞猛进,并使之成为国民经济的重要支柱。

☞ 关键词:**信息产业 信息传播**

为什么说信息垃圾是社会的一大公害

信息是社会的一项重要资源。和其他资源一样,信息资源中也会有形形色色的垃圾,信息垃圾给信息资源的应用和处理带来了极大的危害。不仅如此,信息垃圾对社会也有很大危害,它已经成为信息社会的一大公害,必须加以清除,以保障信息资源的有效应用。

那么什么是信息垃圾呢?通俗地说,信息垃圾就是那些混在大量有用信息中的无用信息、有害信息,以及对人类社会的各个方面带来危害的信息。它对信息的安全应用和传播构成了威胁。各种各样的计算机病毒,就是一类信息垃圾,它会使计算机在运行时发生各种故障,甚至瘫痪。通过网络传播的黄色淫秽、宣扬种族主义或背离社会道德、国家法律的信息,也是一类信息垃圾,传播这类信息垃圾的行为就是"计算机犯罪"行为。

"计算机犯罪"的例子有很多。例如,前联邦德国曾有几名学生闯入了美国的一个军事计算机系统,他们在为情报机关收集信息,他们还制造病毒,破坏了这个军事计算机系统,使其无法正常运行。又如,有人曾闯入我国某银行的计算机系统,通过篡改原程序,将储户的利息尾数都记入自己的账号中,非法获利。以上这些行为,既是在制造信息垃圾,又是一种"计算机犯罪"行为。

迄今为止,人们已创造了不少清除信息垃圾的方法。但是,要完全清除信息垃圾、完全阻止制造信息垃圾,还没有直接、有效的方法。但是随着科学技术的发展,对信息垃圾的清除也会有新的进展。

☞ 关键词：信息垃圾　信息传播　计算机犯罪

电子战就是信息战吗

电子战不同于信息战，可以说信息战包含了电子战，它们之间是从属关系。信息战无论从内涵上还是从外延上，都比电子战内容丰富而广泛。信息战是敌我双方在信息领域中争夺信息控制权的战争，而电子战则是敌我双方在电磁领域利用电磁频谱、电磁窃听设备等进行的电子对抗，它们之间有区别又有联系。

首先，电子战与信息战的作战对象不同。信息战的作战对

象是对方的各个信息系统以及与之有关的各项设施；而电子战的作战对象是对方的电磁设施和通信指挥系统中的相关设施，如雷达探测系统、导弹的制导系统等。

其次，电子战与信息战的作战任务不同。信息战的任务是设法获得、管理、使用和控制各种信息，同时防止对方获取和有效地使用各种信息；电子战的任务是释放强大的电磁干扰，压制对方的信号，使对方无法有效地使用电磁频谱，确保自己享有使用电磁频谱的自由。

信息战与电子战是有内在联系的。电子战的作战形式具有信息对抗的性质，它是信息战在电磁频谱领域中的表现形式，电子战是信息战的一个有机组成部分，是信息战中争夺信息优势的一个重要手段。

例如，电子战中可以把计算机病毒以无线通信方式植入对方的计算机系统中，伺机破坏对方的计算机武器指挥系统，使之在关键时刻受到诱骗或使整个系统崩溃，这也是信息战中所采用的一种攻击对方的方法。又如，信息战中可以采用电磁窃听的方法来获取信息，这也是电子战的任务之一。

关键词：电子战　信息战

国际流行色是如何诞生的

国际流行色泛指在某一段时间内，为广大消费者所普遍接受的若干组色彩。它的兴起，始于20世纪60年代初，由法国先倡导，德国、日本、意大利、美国、英国等14国参加。他们在巴黎创建国际流行色协会，出版专业信息刊物《国际流行色权威》，通过成员国色彩专家商讨提出建议，并对在德国法兰克福一年两度举办的英斯特多夫国际衣料博览会展出的服装衣料进行综合、归纳，分析其变化趋势，发布第二年的服饰流行预报，包括服装衣料和装饰织物，以推动各国服饰用品的改进和发展。后来，成员国又扩大到17个国家，意大利的米兰又创办了刊物——《国际流行色》，对世界各国纺织品的变革影响很大。

那么，每年的国际流行色是如何诞生的呢？

原来，国际流行色协会各成员国根据本国人民对服饰现行色彩的好恶感，参考前一时期曾流行过的一些色彩，将大量的色彩信息输入电子计算机，加以归纳、分类、鉴别，再依据新潮趋势和美的审视，最后推出若干组色调，每一组又包括若干种色彩。除提

供色谱样板之外,还要定出主色基调。既要考虑色彩彼此搭配的协调,又要突出众多色彩匹配中的最强音,从而使色彩世界更富有神韵,更充满生机。由此可见,色彩与信息真可谓珠联璧合、融为一体。

☞ 关键词：国际流行色

为什么计算机又称电脑

　　人类在与大自然的斗争中，逐渐创造出各种各样的工具和器械,这些工具和器械其实就是人的各种器官的“延伸”。例如：锄头、铁锹、锤子、钳子、车床、大吊车、挖土机等是人手功能的延伸,用它们可以改变物体的位置和形状；汽车、火车、自行车、轮船、飞机、宇宙飞船等是人腿功能的延伸,它们可以将人们方便、快速地从一个地方带到另一个地方；放大镜、电子显微镜、电子望远镜、传真机、扫描仪等是人眼功能的延伸,它们可以帮助人们看清楚微小或遥远的物体；电话机、收音机、高级组合音响等可以看作是人耳功能的延伸,它们可以帮助人们听到远处的声音……

　　那么有没有一种工具或器械可以看作是人脑的延伸呢？有！那就是电子计算机。

　　电子计算机具有强大的计算功能,能代替人脑又快又正确地完成复杂的计算工作。你一定很熟悉圆周率 π 吧！π 是一个无理数,根据一定的法则可以一直计算下去。几千年来,不少伟大的数学家都为计算 π 的精确值耗尽毕生精力。19世纪,英国学者威廉·欣克花了整整30年的时间,将π值算到了小数点后的707位,把圆周率计算提高到一个新的水平。然而自从1946年发明了第一台电子计算机埃尼亚克,π值这个难题很快被攻克了。1949年,有人用埃尼亚克计算π值,只花了70小时就算到了小数点后的2037位,对照威廉·欣克的计算结果,发现小数点后第528位是错误的,由于这个错误他后面的所有计算被一笔勾销,他等于白白浪费了10多年的宝贵光阴。

电子计算机不仅能用于计算,而且还具有很强的记忆存储、逻辑判断和逻辑推理的功能,而这些功能可以代替人的部分脑力劳动,从这个意义上说,它是人脑功能的延伸。人是一

种生物体,靠摄取食物维持生命,而电子计算机依赖电"生存",所以在有些国家和地区,人们将电子计算机称为电脑,把微型电子计算机称为微电脑。

关键词:计算机　电脑

为什么计算机采用二进位制运算

计算机的最基本功能是计算数据,处理加工信息。现在计算机处理的数据都采用二进位制(简称二进制)。在二进制数中只有 0、1 两个数,逢二就要向前进一位。如二可用 10 表示。计算机为什么采用二进制计数进行运算,而不采用日常生活中常用的十进位制(简称十进制)计数呢?主要原因有三个:

首先,二进制数的表示在物理器件中容易实现。

计算机采用有两个状态的元件很容易执行计算、存储等操作。两个状态的元件有可以充电和放电的电容器,能导通和截止的晶体管等。它们的两种状态恰恰可以分别表示二进制数的 0 和 1、数的正和负、逻辑判断的"真"和"假"等。

其次,采用二进制数可以节省制造设备。

日常生活中用十进制计数,这是由于人有十个手指,可以

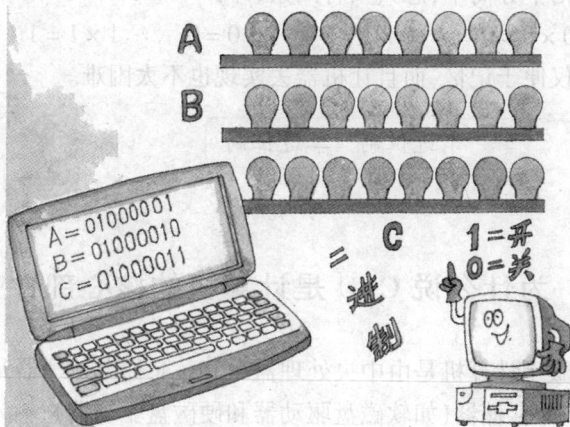

用手指方便形象地帮助计数和计算。在十进制里,有十个数码(0～9),最基本的运算规则是:逢十进一,在数的每一位上,过了九就要向前进一位。如十可用 10 表示。

当表示十进制的 25 时, 只要用二位数就可以了,而在二进制中则要用 5 位数即 11001。在这里可以看到一个事实:进位制的数码越少,表示一个数所用的位数越多。而进位制的数码越多,表示一个数所用的位数越少。

在二进制～十进制中, 究竟采用哪种进制占用设备数量最小呢?经数学方法证实,应采用三进制,其次是二进制。但三进制需要三个数码,从电路设计角度看,三态的器件实现起来比二态的器件要复杂许多,加上二进制在器件的制作上方便,人们就选用了二进制。

第三,二进制的运算规则简单方便。

在十进制乘法中要用到九九乘法口诀表,当人们刚刚学习乘法时,都要花一些时间去背诵它。相比之下,二进制的乘法规则十分简单,总共只有四条,即:

$$0 \times 0 = 0 \qquad 0 \times 1 = 0 \qquad 1 \times 0 = 0 \qquad 1 \times 1 = 1$$

它不仅便于记忆,而且让机器去实现也不太困难。

关键词:十进位制　二进位制

为什么说 CPU 是计算机的核心部件

微型计算机是由中央处理器(CPU,简称微处理器)、内存储器、外存储器(如软磁盘驱动器和硬磁盘驱动器)、输入设备

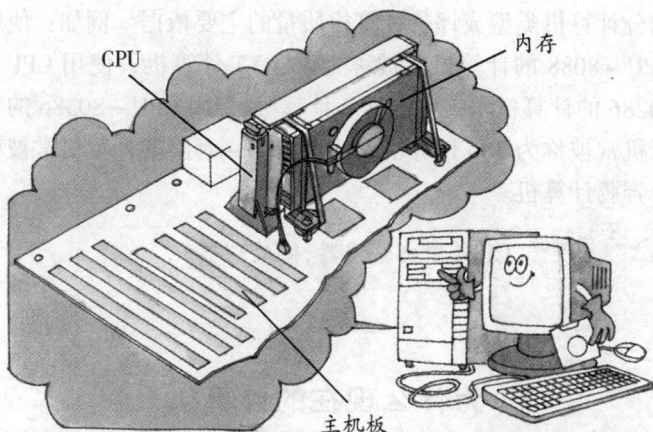

CPU

内存

主机板

(如键盘)和输出设备(如显示器)等五个主要部件组成的。中央处理器和内存储器都装在主机板上,它们常被称为主机。外存储器一般都装在主机箱内。

人们认为 CPU 是计算机的核心部件, 这是什么原因呢? 从微型计算机五个主要部件的功能中可以知道, CPU 由运算器和控制器两部分组成,它的功能是计算机最关键的功能,因为其他部件都是在它的指挥下进行工作的。CPU 有许多功能, 对计算机都至关重要。首先, CPU 具有快速运算的能力, 如果没有这一功能,计算机的许多优越性能无从谈起。其次, CPU 有存储或取出内存储器中的信息的能力, 因而使计算机具有记忆功能。再次,CPU 有识别和执行计算机命令的能力, 因而可以使计算机按人们编制的一系列命令 (程序),自动进行工作。最后,CPU 具有指挥其他部件工作的能力,使各个部件能相互协调地工作。所以 CPU 是计算机的核心部件。

由于 CPU 是计算机的核心部件,不同档次的 CPU 已成为划分计算机类型或评价计算机质量的主要依据。例如：使用 CPU－8088 的计算机常被称为 PC/XT 计算机；使用 CPU－80286 的计算机常被称为 286 计算机；使用 CPU－80386 的计算机常被称为 386 计算机；使用 CPU－奔腾的计算机常被称为奔腾计算机。

☞ 关键词：CPU（中央处理器，微处理器）

为什么现在的计算机
都采用多媒体的微处理器

1997 年初，美国的英特尔公司推出了带有多媒体功能的微处理器。使用这种微处理器的微型计算机在多媒体和通信应用方面，性能大大提高了。带有多媒体功能的微处理器，在处理数据量大和数据复杂的图形、图像，如立体图形、动画上远远胜过普通微处理器，其视频压缩与解压缩、音乐合成、语音压缩、语音识别、虚拟技术等方面的性能，也都得到很大的改善。

带有多媒体功能的微处理器增加了多媒体应用的新指令，还增加了微处理器内部的存储器容量。以前，计算机的中央处理器选用奔腾微处理器时，如果要播放 VCD，必须另外增加一块解压缩插件板，对多媒体的压缩信号进行解压缩工作。采用多媒体技术的微处理器后，就没有必要增加解压缩插件板了，因为多媒体的微处理器，已经承担了 2/3 左右的解压缩处理工作。据英特尔公司测试：使用多媒体技术的微处理器后，多媒体和通信性能提高了 60% 以上，计算机的总体性能提高了 10% ~ 20%。

近几年来，除了英特尔公司生产多媒体技术的微处理器外，另外几个大公司也都先后生产带有多媒体功能的微处理器，有的公司甚至已经不再生产无多媒体的微处理器。

关键词：多媒体　微处理器　压缩　解压缩

为什么计算机必须有内存储器

计算机的主机由中央处理器和内存储器组成。中央处理器运行时先要取得数据；运行完毕后还要储存数据。中央处理器的运行速度非常快，它要求用于存取数据的器件也能快速地运行。如果存取数据的器件运行速度太慢，中央处理器就得经常停下来等待，这样，计算机快速处理数据的优越性也就无法发挥了。内存储器就是中央处理器存取数据的器件。内存储器也叫主存储器，一般的存取时间约为 0.05 微秒到 0.2 微秒（微秒即百万分之一秒），它能够满足中央处理器快速存取数据的需要。

现在计算机中的内存储器由半导体材料制成。人们习惯上常把内存储器称为 RAM——随机访问存储器（简称随机存储器），这种存储器的数据或信息可根据需要随时存入和取出，但在电源切断后，数据或信息随即丢失。只读存储器 ROM 是另一种类型的内存储器，它在计算机中比随机存储器的容量要小。

计算机用户选购计算机时，常关心 RAM 的数量和质量，它已是衡量计算机性能的重要指标之一。如早期的微型计算机内存储器的容量仅 640KB（1KB = 1024B）左右，1998 年生产的微型计算机，它的内存储器容量常在 64MB（1MB = 1024KB）左右；它的存取速度要求为 0.01 微秒左右。

在中央处理器内部也有一些小的存储器称为寄存器，一般不把它们称为内存储器。寄存器在中央处理器内部进行运算和保存数据，存取数据的速度也快。但中央处理器内的寄存器数量太少，能保存的数据量不多，只能临时存储运算时的一些中间结果。

☞ 关键词：内存储器　随机访问存储器
　　　　　中央处理器

为什么计算机有了内存还要配置外存

计算机的内存储器存取速度快，但存储的容量较小，电源切断后存储的数据会即刻消失。而计算机的外存储器尽管存取速度较内存储器慢，但存储容量大，电源切断后数据可以继续保存。因此，有了内存储器再配置外存储器，就弥补了内存储器的不足。外存储器向中央处理器提供数据时，先把数据送到内存储器，再由中央处理器调用，这样就可以使计算机实现高速度和大容量两方面的功能。

外存储器又称为辅助存储器。常用的外存储器有磁盘存储器（包括软磁盘存储器和硬磁盘存储器）、光盘存储器和磁带存储器等。

　　磁盘存储器是外存储器中存取速度最快的一种，它是外存储器中主要的存储设备。磁盘存储器是将磁性物质涂在盘片上，按指定的格式进行磁化制成的。磁盘存储器的容量大，1998 年常用微型计算机的硬磁盘容量达 8GB（1GB＝1024MB）左右。

　　光盘存储器是利用光学方法存取数据的设备，也称为激光存储器。它的存储容量大，速度接近磁盘存储器，但不容易写入数据。因此，目前广泛使用的是只读光盘（CD－ROM），它的容量约 650MB 左右，容量大的光盘存储器其容量可达几个GB。可读写的光盘存储器由于价格较贵，目前还没有被广泛使用。

　　磁带存储器的联机存储容量较磁盘存储器小，存取的时间也较长。但磁带存储器可以脱离计算机存放，容易实现与其他计算机磁带的互换使用。它常常存放需要长期保留的数据，用作档案资料库存储器。

　　关键词：内存储器　外存储器　磁盘存储器
　　　　　　光盘存储器　磁带存储器

什么是只读存储器

　　计算机的内存储器中除了有大量的随机存储器 RAM 外，还有少量的只读存储器（ROM）。ROM 在正常运行时只能读出数据，不能写入数据。电源切断以后，ROM 中存储的数据不会消失。计算机上的 ROM，由计算机生产厂事先写入了一系列程序和数据，这些程序为计算机操作提供了最基本的支持。

ROM 上的程序大致可以分成三个部分：第一，当计算机接上电源后，使计算机进行自动测试和初始化工作，它将自动检查内存储器、键盘和显示卡等的工作状态是否良好，并对计算机具备的标准设备进行初始化工作；第二，对新设备进行启动和初始化，并对支持新设备中 ROM 的程序进行扩充，增加事先写入 ROM 中原有程序的功能；第三，读入引导记录，寻找操作系统，如 DOS 操作系统等。由于 ROM 中的程序和数据可以长期保存，不受关机断电的影响，因此，每当开机接通电源后，ROM 中的程序能反复运行，使计算机自动完成一系列准备工作，以供用户使用。

只读存储器除了在计算机上作启动系统外，还常被用在游戏卡、音乐卡、函数表、汉字字型库和字符产生器上。它是现代计算机系统的重要部件。

ROM 由大规模半导体集成电路组成，一般可以分成可编程只读存储器芯片和可擦编程只读存储器芯片两大类。可编程只读存储器芯片只能写入数据一次，数据写入后不能更改，只能读取；可擦编程只读存储器芯片，芯片中的内容可以改写或擦除。可擦编程只读存储器有不同的擦除、改写方式：有的采用紫外线照射擦除，可把芯片从电路系统取出，让紫外线照射芯片上的小窗口，使芯片里的数据消失，平时芯片的窗口常贴了一张纸，防止紫外线照射破坏芯片里的数据；有的通过电信号改写或擦除，如快可擦编程只读存储器芯片和电可擦编程只读存储器芯片，通过电信号擦除、改写要比采用紫外线方便得多。

关键词：只读存储器　可编程只读存储器芯片
可擦编程只读存储器芯片

为什么磁盘可以保存信息

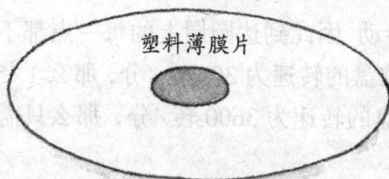

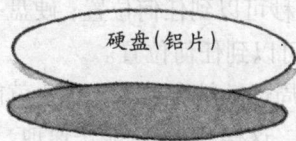

塑料薄膜片

硬盘(铝片)

软磁盘和硬磁盘的盘片

磁盘转动

磁头移动

磁盘转动和磁头移动示意图

计算机的磁盘之所以能保存信息，主要因为采用了磁记录技术和直接存取的方法。

在盘片上均匀地涂上一种极薄的磁性材料，盘片按指定格式被磁化，就做成了能保存信息的磁盘。磁性材料涂在软的塑料薄膜上，可成为软磁盘，涂在坚硬的铝片（也有用陶瓷片或玻璃片的)上，可成

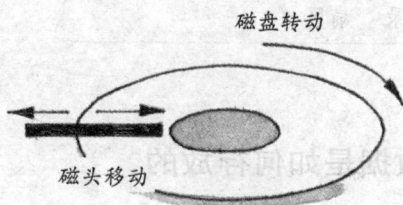

为硬磁盘。

磁盘表面可以看成是一系列的点，点被磁化后的极性不同，分别代表了 0 或 1。由于对这些点的定位通常不很精确，因此需要使用一种格式如扇区，以帮助找到记录位置。这就是磁盘在使用之前需要进行格式化的原因之一。

磁带上信息的存取是按顺序进行的，要达到磁带中部某一点，只能从头开始，按顺序寻找。而磁盘上信息的存取可以直接进行，因为磁头能很快地到达磁盘上的任何一点，这是什么道理呢？

首先，磁盘能快速地转动，因此到达圆周上的每一点都不需要多少时间，如果一个软盘的转速为 300 转/分，那么 1/5 秒它就能转一圈；如果硬盘的转速为 3600 转/分，那么只需 1/60 秒，它就可以转一圈。

其次，磁头可以沿直径方向移动，即像唱机的唱头那样里里外外移动。软盘平均需 1/6 秒可以到任何位置；硬盘一般只需要 1/25 秒到 1/70 秒，就可以到任何位置。

将磁头的移动和磁盘作圆周运动结合起来，磁头就能很快地到达磁盘的任何一个位置。这样，磁盘就能快速地、直接地存取数据。

关键词：**磁盘　磁记录　扇区**

磁盘里的数据是如何存放的

软磁盘是个人电脑使用者的必备品，电脑的数据存储、程

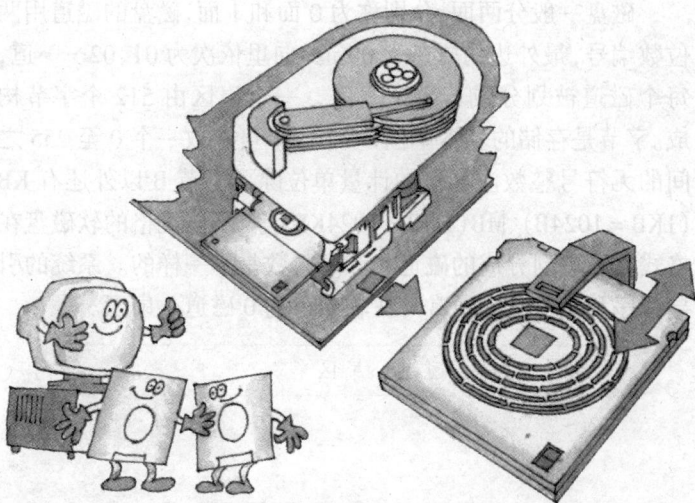

序的输入和输出,都以软磁盘作中转站。新的软磁盘相当于一幢新建的宾馆,各楼层、各房间都还没有编号,大门口的总服务台也没有设置。这时宾馆里的管理人员无法弄清楚哪几间客房空着,哪些已经住进了客人,哪个房间住的是谁等等,因而无法对整幢宾馆进行管理。只有等各层楼都标上层次号,各房间都标上房间号,并且在宾馆的大堂设置一个总服务台后,来往的宾客才能通过总服务台办理住宿或结账。

新的软磁盘主要是指厂家生产出来、没有存放过任何信息的空白磁盘,这样的磁盘不能马上使用,必须先对它进行格式化处理,然后才能用它记录信息。磁盘的格式化是指由计算机根据磁盘的规格和使用者的要求,将磁盘划分出若干磁道和扇区,在相应位置写上扇区标志,用以标识每个扇区的位置、大小,为信息的存储做好准备。

磁盘一般分两面,分别称为 0 面和 1 面,磁盘的磁道用两位数编号,最外边的磁道为 00 道,向里依次为 01、02……道,每个磁道被划分成若干个扇区,一个扇区由 512 个字节构成。字节是存储的基本单位,一个字节可存放一个 0 至 255 之间的无符号整数。容量的计量单位除了字节 B 以外还有 KB(1KB = 1024B)、MB(1MB = 1024KB)等。不同规格的软磁盘在格式化后被划分成的磁道数和扇区数是不一样的。系统的引导程序和磁盘参数通常写在软磁盘的 0 磁道 1 扇区。

☞ 关键词:**磁盘 磁道 扇区**

为什么要用鼠标器

长期以来,键盘是计算机使用的标准输入设备,但是人们普遍感到键盘很不直观。用键盘输入前,必须首先记住命令的内容,然后键入相应键才能让计算机执行这项命令,稍有差错,计算机就不听"指挥"了。如果能找到一种工具,它能像人手一样在屏幕上自由移动,快速指向出现在屏幕上的各种菜单命令,并即刻指挥计算机执行,将会给计算机的使用带来极大的方便。鼠标器就这样应运而生了。鼠标器外形是个椭圆形小盒,尾部拖着一条信号电缆,像一条尾巴,整个形状像一只小老鼠,故被命名为鼠标。早期的鼠标器结构上还有许多缺陷,如精度很低、反应不灵敏等等。直至 1983 年发明了机械光学式鼠标之后,精度和使用寿命都有了极大的提高。Windows 开发成功并广泛流行后, 鼠标已成为 PC 一类计算机的标准外围设备。

鼠标的基本功能是将手的移动转换为屏幕上光标的移动,将手指击键转换为点取。实现这些基本转换的途径有机械方法和光电方法,因而鼠标有机械鼠标和光电鼠标等不同种类,它们的工作原理是一样的,都是将鼠标在桌面上或鼠标板上的移动,分解为 X、Y 方向的屏幕坐标的移动。

虽然鼠标不能像键盘那样方便地输入程序、数据,发出各种高度灵活的综合指令,但鼠标能完成许多由键盘操作难以完成的复杂控制,弥补键盘在某些方面的不足,例如,移动屏幕上的图块并将它们定位。目前,鼠标在计算机系统中是不可缺少的人—机通信工具。

鼠标的发明使人—机交流大为方便,被美国电子和电气工程师协会列为计算机诞生 50 年来最重大的事件之一。

当今广泛使用的鼠标器还普遍存在着一个问题,就是不

耐脏,在使用一段时间后,灰尘和油腻使光机或鼠标小球的滚动变得不太平滑;使在光学式鼠标垫上的栅格度变得模糊而无法被鼠标辨认,导致鼠标光标的移动轨迹出现异常,反应迟钝或跳跃运动。机械磨损后,这种现象还会加剧。因此,用户必须经常仔细清洁小球、球窝或鼠标垫。

☞ 关键词: 键盘 鼠标器

显示器的点距和分辨率有什么不同

显示器的种类很多,但在固定场所,大多采用阴极射线管的显示器。人们常提到这类显示器的两个重要的性能指标:分辨率和点距。

点距是屏幕上图像的最小亮点之间的距离。这些最小的亮点被称作像素。通常不测量像素点大小,而是以点距作为显示器的一个重要性能指标。在彩色显示器中,最基本的像素均由红、绿、蓝三点组成,而同色荧光点之间的距离,称作点距。点距越小可以显示的像素越多,质量也就越高。但是,点距越小,制造难度越大,相应显像管的价格也越贵。目前显示器中的点距常见的规格有 0.39~0.25 毫米,最小可达 0.20 毫米。一般 38 厘米(15 英寸)显示器的点距为 0.28 毫米。

分辨率是指显示器在屏幕上能显示多少个像素。一个显示器的分辨率是由水平显示分辨率和垂直显示分辨率构成的。如分辨率为640×480,即水平分辨率为640点,垂直分辨率为480点。35.6厘米(14英寸)的彩色显示器分辨率可达1024×

768；38厘米（15英寸）的彩色显示器分辨率一般为1280×1024。分辨率越高，每行显示的像素越多，字符、图形就越完整、清晰。在一般情况下，知道了点距和显示屏的大小，就可以推算出像素数量和显示器的分辨率。

在实际使用时显示器的分辨率是需要进行设置的，设置时并不一定设置在显示器的最高分辨率上。实际使用时显示器分辨率的设定，还要通过与显示器配套的显示适配器（显示卡）来实现。显示适配器可以设置在显示器规定的分辨率上；也可以设置得低一些。如果显示适配器本身不能设置高的分辨率，显示器有再高的分辨率，也不能发挥作用。

点距一般是无法精确测量的，只有在实验室中用专门的显微镜来测量，才能得到精确值。但用户可以通过查阅说明书，并仔细观察屏幕，来了解点距的大小。例如，在显示多笔划汉字时，观察笔划中的像素是否清晰，在显示图形时，观察边缘是否完整、图像是否清晰。而分辨率的大小，配上显示适配器后，可以通过软件测量出来，并可以根据需要进行设置。

关键词：显示器点距　分辨率　显示适配器

什 么 是 程 序

计算机是一种由电子元器件和线路组成的、可以用来解决问题的通用工具。但要把人们解决问题的创造性想法变为计算机的实际操作步骤，这其间要经过许多环节，其中最重要的环节就是把人的解题思想变成可由计算机执行的程序。

通常把要用计算机来处理的任务叫做计算任务，这个计算任务不只是数值计算，而是所有要用计算机来处理的任务的总称。我们用程序来描述这些计算任务所要处理的对象和处理规则。处理对象实际上是指计算任务中要处理的信息，当前计算机中能处理的是这些信息的载体——数据，例如数字、文字、声音、图形、图像以及影视数据等等，处理规则一般是指对数据进行处理的动作和步骤。

程序是通过程序设计语言来实现的。在低级程序语言如机器语言、汇编语言中，程序是一组有序的指令序列及有关的数据；在高级程序语言中，程序通常是一组说明和语句。程序必须装入计算机内部才能实际起作用。

关键词：程序　软件　机器语言　汇编语言

计算机的软件和程序是一回事吗

我们经常提到"软件"和"程序"这两个词，例如我获得了一个新"软件"，我编的程序还要调试，某一绘图软件功能很强，某个绘图程序在我的计算机上不能启动，等等。这就涉及"软件"和"程序"这两个概念。

计算机软件是计算机系统中程序和文档的总称。程序是对计算任务的处理对象和处理规则的描述，文档是为了便于了解程序所需的说明性的资料，如设计说明书、用户指南（使用手册）等等。程序必须装入计算机内才能工作，文档一般是给人看的，不一定要装入机器。

任何以计算机作为处理工具的任务都是计算任务，程序的处理对象是数据(如数字、文字、图形、图像、声音等等)或信息(以数据作载体，具有确定的含义内容)。处理规则是用来处理数据或信息的动作和步骤，如算术运算、逻辑运算、关系运算、函数运算以及顺序、判断、循环等各种动作和步骤。程序是程序设计中最基本的概念，也是软件中最基本的概念。程序是软件的主要组成部分，又是软件的研究对象，程序的质量决定了软件的质量，程序装入机器后的实际工作过程称为程序的执行。衡量程序的质量，除对程序结构进行静态考察外，还必须考察其执行过程。

软件一词来源于程序。到了20世纪60年代初期，人们逐渐认识到和程序有关的文档的重要性，软件一词便出现了。

软件是用户与计算机硬件的接口界面。要使用计算机，就必须编制程序，必须有软件。用户主要是通过软件与计算机打交道。

软件按功能可分为系统软件、支撑软件、应用软件三类，它们构成计算机系统中的软件总体，在不同的层次和场合发挥自己的功能。

关键词：软件　程序

为什么软件有系统软件、支撑软件和
应用软件之分

"软件"是一个大家族。不同种类的软件往往是为不同用途而设计的。有的是为了解决某种专门的问题,如汽车与飞机的设计、高楼大厦的设计、服装鞋帽的设计、发电站自动控制等等;有的则是为设计其他各种应用系统提供工具和支援。此外,由于所有在计算机上运行的软件都要使用计算机的资源,所以就要有软件来管理资源,协调软、硬件的运行。软件按功能和作用大致上可分成三大类:系统软件、支撑软件和应用软件。

在计算机系统中,系统软件是最靠近硬件的一层,其他软件一般都通过它发挥作用,它与具体的应用无关。操作系统和编译程序等就是一类系统软件。操作系统负责管理计算机系统的各种资源,如主机、通道、总线、存储器外部设备、程序和数据文件等各种软、硬件资源,控制程序的执行;编译程序是把程序设计人员用计算机高级语言书写的程序翻译成与之相当的汇编语言或机器语言程序,使计算机能够执行。

支撑软件是一类用来支援其他软件的编制和维护的软件。随着计算机科学技术的发展,软件的编制和维护的花费在整个计算机系统中所占的比重越来越大,远远超过硬件。因此,支撑软件的研究开发具有重要的意义,在促进软件的发展、缩短工程的开发时间和节省费用方面扮演着重要角色。20世纪 70 年代中后期发展起来的各种支撑软件,包括各种软件开发环境,是现代支撑软件的代表,主要包括各种数据库、接口软件和工具软件,三者形成整体,协同支援其他软件的开发。

应用软件是特定应用领域专用的软件,例如税务软件、财务软件、辅助教学软件、辅助设计软件、辅助制造软件等等。对于具体的应用领域来说,应用软件的质量往往成为影响实际效果的决定性因素。应用软件的种类越来越多,其作用也越来越大。

上述分类不是绝对的, 有些软件在一个系统中是系统软件,而在另一系统中却是支撑软件,例如编译程序就是这样。有的软件如数据库管理系统、网络软件、图形软件,过去算作应用软件,后来在较多的系统中用作系统软件。

软件怎么分类虽然重要, 但最重要的还是该软件在系统中所起的实际作用。系统软件、支撑软件和应用软件的编制技术基本上是相同的。这三者既有分工,又相互结合,相辅相成地在一个系统中发挥作用。

关键词:软件　系统软件　支撑软件　应用软件

为什么计算机一定要有软件才能工作

大家知道,计算机是具有各种功能的高级工具,能解决许多复杂的问题。当你遇到难题,想找计算机帮忙时,你先得把难题转换成能在计算机上运行的计算机指令序列。要完成这项工作,就得依靠软件了,这类软件通常叫做应用软件。计算机本身各部件之间要高效、协调地进行工作,还需要有一种管理自身的软件,这类软件通常叫做系统软件。

计算机是由中央处理器 (CPU)、存储器 (包括内、外存储器) 和输入输出设备等基本部件组成的。管理这些设备的软件叫做操作系统, 它属于系统软件, 是系统软件中最主要的部分。人们在将难题转化成电脑指令的过程中,往往先由编程人员用编程语言来编写程序,这种程序 CPU 很难直接运行,还要有另一种编译(或解释)程序,才能将它们转化成机器指令程序。所以,系统软件除了含操作系统外,还包括编程语言及其编译(或解释)系统和其他服务性程序。只有这样,计算机才能真正开始运行程序,解决难题。所以,没有软件,计算机就没有服务对象,也不能有条不紊地进行工作。

随着计算机及其应用的发展,要求用它来解决的问题越来越多,越来越复杂。因此,在电脑上运行的软件也越来越庞大,功能越来越强,大大地超越了传统的"计算"概念。由此,软件产业成了信息时代最有发展前途的产业之一。

> 关键词:指令 软件 系统软件 应用软件

为什么同样的计算机,软件配置不同,"本领"就不一样

许多人都知道,只有硬件没有软件的计算机,称为"裸机",而裸机是台"死"的机器,不能做任何工作。只有当计算机配备了一定数量和一定质量的软件后,才能正常运行、发挥作用。软件分成系统软件和应用软件等。系统软件有"操作系统"、"编译系统"等,它们起到了管理、使用计算机所有资源的作用;应用软件种类繁多,文字处理软件"WORD"、"WPS"等,能输入、存储、编辑、打印文字材料;辅助设计软件"AUTOCAD"能够高效地绘制、修改工程图纸,进行设计中的常规计算,帮助人们寻求最佳的设计方案……计算机软、硬件

之间既相互依存、相互支持，又可以相互转化。

当你买了计算机，商店会提供部分必不可少的软件，如"操作系统"等，之后，你必须为它配备足够的、实用的软件，才能充分发挥计算机神奇的功能。而且，一般地说，你配备的软件数量越多、质量越高、功能越强，你的计算机本领就越大。

值得一提的是配置和使用新版本软件问题。软件公司在推出一个软件版本后，往往不断地更新版本，使之功能更强、用途更广、本领更大，以适应计算机软、硬件技术的飞速发展，满足广大用户日益增长的需要。版本越新，等级越高，功能就越强。例如 Windows 操作系统，自推出 Windows 3.0 版本以来，至今已有 Windows 95、Windows 98 等多种版本，每一个新版本都比以前的旧版本功能更强、本领更大。

此外，当配备了网络软件且已联在相应的网络中，你的计算机便可以和其他机器一起，按授权规定，共享有关的软、硬件资源和信息资源。

因此，你的计算机本领到底大不大，除了要看硬件配置外，还要看你为它配备了多少软件，这些软件好不好、新不新？买计算机时，商店会为你配备一些最基本的软件，也会推荐一些其他软件。你应根据自己的实际需要，认真选购。

关键词：**软件　系统软件　应用软件　网络软件**

为什么计算机能有条不紊地工作

　　一个正常工作的计算机系统，必须具备软件和硬件两大资源。硬件资源有主机、存储器、键盘、鼠标、显示器和打印机等。这些资源之所以能够高速、有序、高效地工作，为人们"服务"，主要是因为其内部有一个"大管家"，它会根据各项任务的具体要求，即根据设计好的程序来调度和指挥计算机系统内的各项资源，使它们协调有序地进行工作。这个"大管家"，就是我们通常所说的操作系统。操作系统是用以控制和管理系统资源，方便用户使用计算机的程序的集合，它是软件资源中的最基本部分之一。它的主要作用是：管理中央处理机（CPU）、主存储器、输入输出设备、数据文件和网络等；使用户共享资源，并对资源合理调度；提供输入输出的便利，简化输入输出工作；规定用户的接口，发现并处理各种错误。

　　近来使用较多的操作系统有 Windows、Unix 等等。用户只要正确使用操作系统的各种命令，正确调用它的各种功能，用户所编制的应用程序就能在操作系统的统一指挥下，由计算机系统协调而有序地自动运行。不难想象，没有操作系统的计算机，用户是无法使用的。所以，我们把操作系统看作计算机系统的资源管理者，因为它的主要任务是管理并调度计算机系统资源。

　　操作系统在计算机系统中与软件和硬件资源的关系，可以用下页的简图表示。由图可以看出，操作系统是紧挨着硬件资源层次的第一层软件，它对硬件资源进行着首次扩充，同时它又是其他软件运行的基础。

应用程序	支持工具	
调试程序	装入程序	编辑程序
编译程序	汇编程序	装配程序
操 作 系 统		
硬 件 资 源		

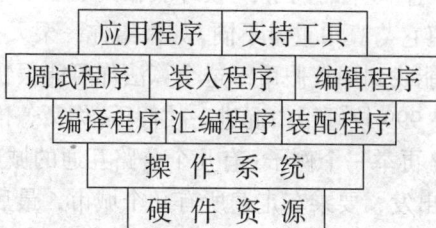

关键词：操作系统　系统资源

为什么要研究算法

通俗地说，算法就是解决问题的具体办法。在《三国演义》中，周瑜与诸葛亮为了打破曹操强大的 80 万大军的进攻，先设法除去曹军中谙熟水战的水军将领蔡瑁、张允，于是就有了"群英会蒋干中计"；曹军中没有了真正懂得水战规律的将领，加上北方军人不适应舰船上生活，于是庞统的连环计获得成功；由于是隆冬季节在大江之上作战，所以就要有黄盖使苦肉计和草船借箭，然后，东吴水军才能在东南风起时火烧赤壁，取得破曹的决定性胜利。这也是周瑜、诸葛亮的破曹算法。以上环节中如果有一个环节失误，后果不堪设想。

在日常生活中，要解决一个问题，也总要先找出解决这个问题的步骤或办法。问题简单，解决问题的步骤就少些；问题复杂，解决问题的步骤就多。

许多著名的问题能得到解决，都是因为有人提出了巧妙的算法。举一个简单的例子：9枚外表相同的硬币中混进了一枚假币，知道它与真币重量不同，如果给你一架天平，至少需要称几次才能找到那枚假币？这个算法你可能很快就会设计出来。但如果999枚硬币中混进一枚假币，你又怎样用天平将它称出来呢？再举一个例子：有几个公路互通的城市，售货员从一个城市出发，要乘车走遍所有几个城市，最后回到出发点，该怎样找出售货员可以走的最短线路？用计算机与人下棋，如果是下五子棋，走棋的算法较简单，可能很多人都能设计出来，若是走围棋呢？恐怕就很难设计算法了！

在计算机领域，算法是指计算机用来解决某一问题的精确的方法。它是计算机程序的重要组成部分，算法的优劣是程序质量的重要标志。当我们遇到难题时，总是要求计算机在较短时间内解决难题，这样我们就得深入研究算法，挑选出好的算法，以编出高效、实用的软件，使计算机更快、更出色地完成任务。

☞ 关键词：算法

什么是数据库

通俗地说，数据库是存放大量数据的仓库。科学地说，数据库是存储在计算机存储设备上的数据集合。如果我们把一本书的书名、作者名、出版单位、出版年月、主要内容等等，按照著录条例进行规范，就得到了这本书的书目数据。把众多的书目数据有组织地长期存放在计算机的磁盘上，供众多用户

共享,这些书目数据就成为书目数据库。这个数据库的建立、运用和维护,都由一个叫做数据库管理系统的软件来完成,由它统一管理和控制。当图书馆的计算机上建立了书目数据库,我们就可以使用计算机进行查询和检索了。如果你想向南京图书馆借阅一册《永乐大典》,你就可以坐在电脑旁,通过中国教育科研网连接南京图书馆的站点,打开古籍书目数据库,键入书名:《四库全书》,系统响应后会告诉你该库中收藏《四库全书》的情况,让你进一步办理借阅手续。

数据库是计算机科学与技术中发展最快的重要分支之一。将数据库技术与其他学科的技术内容相结合,就可以设计出各种各样的数据库。例如,书目数据库由数据库技术与图书情报学结合而成;演绎数据库由数据库技术与人工智能学结合而成;多媒体数据库由数据库技术与多媒体技术结合而成等等。数据库能对大量信息进行有效存储和快速存取,所以它是大型信息系统的基础和核心，其应用领域已从传统的商业和事务处理，扩展到科技、经济、军事、社会生活的各个领域，其作用也越来越大。

关键词：数据库

为什么不能把数据库当作信息库

通俗地说，数据库是存放大量数据的仓库，而信息库是存放大量信息的仓库。数据库和信息库是不一样的。

从概念上讲，数据不等于信息。信息往往用数据来表示，信息要经过处理才成为有一定意义且具有某类形式的数据。例如，气象工程师利用各种仪器记录风向、风速、降雨量、温度、湿度等数据，再绘制成气象云图，从而获得气象信息，由此作出晴或多云等天气预报。数据是表示信息的，在计算机中信息是一组数字、字母或符号，计算机可以对它进行加工处理。

从组织形式看，数据库和信息库也有着各自不同的特点。

首先，数据库中存储的数据要求尽可能没有重复。例如：银行在办理存款、贷款等业务时，需要在文件上保存客户的姓名和地址。假定每个部门都有一个客户文件，那么这个客户的姓名和地址就要被存储三次。如果这个客户迁居到其他地方，那么就要在三个文件中修改这个客户的地址。若建立了客户数据库，此时姓名和地址仅需存储一次，修改时也只需要改一次。所以，用数据库方法能够减少数据的重复存储。但信息库中的大量信息却是可以有部分重复的。

其次，数据库中数据的存放是独立的，用户操作启动应用程序时不必知道数据存放在什么地方和怎样存放，这些事都由计算机系统自动完成，这样，用户就能集中精力设计出好的应用程序。而对于存放在信息库中的信息，用户使用时必须清楚地了解存放信息的每一种设备放在哪里，随后才能存取。

再次，存储数据的数据库必须有一定格式，而存储在信息库中的信息无需格式，只注重于存储信息的各种设备，如胶卷、图片、磁盘、光盘等等，只要保证这些设备完好无损，就能保证信息的真实可靠。

关键词：**数据库　　信息库**

为什么用不同的汉字输入法
能在计算机中找到同一个汉字

目前我国计算机中有许多汉字输入法，不同的汉字输入法有不同的输入码，但它们却能找到同一个汉字。例如，使用拼音输入"ma"，或用五笔字型输入法输入"dcg"，或者用郑码输入"gxvv"时，都能找到同一个汉字"码"。这是什么原因呢？原来它们都参照了一个共同的标准，将键盘输入的输入码自动转换成了计算机的"内码"。相对应于这种汉字机内码，从键盘输入的汉字输入码称为"外码"，外码只是为了在操作时便于记忆和熟练运用而编制的汉字代码。

参照的这个共同标准就是"国家标准信息交换用汉字编

码"GB2312－80,即国标区位码,或称汉字交换码。这个编码系统共分为94个区,每个区94个字符,即每区有94个位。区位码的第一部分是区码,第二部分是位码,区码和位码都是十进制数,如"码"字的区位码是3475。

区位码与国标码密切相关,而国标码是十六进位制(简称十六进制)的。从区位码转换为国标码时,先将区位码转换为十六进制。如"码"字的区位码是3475,转换为十六进制就是224B(十六进制中的A、B、C、D、E、F分别代表十进制中的10、11、12、13、14、15)。由于国标码的十六进制00～20区为空白区,也就是说国标码从十六进制的21区开始编码,因此,区码和位码还应分别加上十六进制的20。如区位码的"码"224B,转换成国标码应是224B＋2020,即426B。它的第一个字节为42,第二个字节为6B。

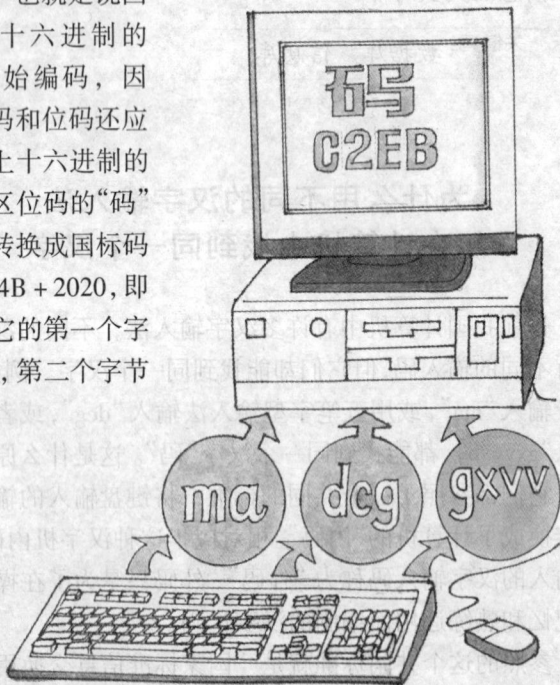

存储在计算机中的并不是区位码,也不是国标码,而是与它们密切相关的汉字机内码。国标码的二个字节,分别加上十六进制的80,就成为汉字机内码。因此,"码"字的机内码为426B + 8080,即C2EB。系统中显示的汉字机内码的"码"字,就是这个C2EB。

当使用某一种输入法时,无论使用的是五笔字型还是拼音,从键盘输入的编码都是汉字的"外码",它们都将转换成汉字的"内码",才能存储和输出。"外码"千变万化,"内码"只有一个。

上面例举的汉字机内码是二字节的,而汉字机内码也有采用四字节或三字节的。但不同的汉字输入码能找到同一个汉字,基本道理是相同的。

☞ 关键词:汉字机内码　外码　区位码　国标码

人们是怎样使计算机识字的

平时我们要向计算机输入若干文件、字母、符号或汉字,一般使用计算机系统的编辑功能,通过键盘上的字母、符号键或汉字的输入码来实现。如果输入量很大,就容易发生差错,且不易查出。

实际上还有另一种快速、简便的输入方法,就是通过扫描仪,把文稿当成一页页图形输入到计算机内存中,然后再由一种叫做光学字符识别系统(OCR)的软件加以辨识,对少量系统不能辨别的字符再通过人—机交换,以完成整个文本的文

53

字输入工作。如今的 OCR 系统对印刷质量好的文字,识别错误率已降至很低。随着 OCR 系统智能化程度的提高,对手写体及印刷质量不那么好的文字的识别率也迅速提高。

那么计算机是怎样用 OCR 系统来识别字符的呢? 通常 OCR 系统按以下五步来完成对文字的识别工作。

首先,通过扫描仪将载有文字的文件页读入计算机内存,存储起来。

第二步,将文本的行与行、段与段、标题与正文、字符与不规则图形区别开来,这是字符识别的核心步骤。

第三步,将已隔离开来的字符识别出来,这一步通常叫字符模式识别或字符模式匹配。软件将隔离成方块的“图形字”与保留在计算机内存中的标准字模比较,通过匹配来识别每一个字符。

第四步,将经第三步后未被识别的字符,通过一个更精细、耗时较长的处理过程进一步识别,这一过程叫“特征抽取”。

第五步,处理难解的符号。通常有以下两种方式:一种是给一些未被识别的字符做上标记并退出,用人工方法进行改正或替换;另一种是使用拼写查错误程序或汉字常用词法查错程序,来校正一些拼写型的错误。

人们为了使计算机更准确地识别更多的汉字,进行了自动识别基本方法的研究。这些基本方法可归结为两大类,即提取待识别汉字统计特征所形成的统计决策方法和汉字句法结构方法。此外,人工智能方法、模糊数学和人工神经网络也在汉字自动识别中起着越来越重要的作用。

关键词:字符识别　光学字符识别系统

计算机工作时能停电吗

大家都知道,计算机工作时需要插上电源,如果没有电,计算机就不能正常运行。然而现实生活中有时会遇到停电情况。那么,断电时计算机会受到哪些影响呢?

一般的计算机用户,遇到停电情况,计算机内存里的数据会消失,如果没及时保存,就得等电恢复后再补操作。然而有些情况是不允许计算机断电的。比如:用计算机控制的正在诊治病人的医疗仪器如遇断电,会延误治疗,甚至导致病人死亡;金融系统的计算机网络如遇断电,会造成严重的经济损失;卫星发射中心和国防军事基地的计算机如遇断电,就会造成重大事故。那么怎样才能使计算机不断电呢?使用不间断电源 UPS 是一个很好的办法!

不间断电源 UPS 是一种电子电源设备。当交流输入电源的变化超出规定范围或产生断电情况时,UPS 能继续正常地向用电设备输送能量,使它们能持续正常运行一段时间。

不间断电源主要由换能、储能和传输等部分构成。当前广泛应用的是静止变换式 UPS,按其工作模式可分为后备式、在线式及在线后备混合式。

种类不同、功率不同的 UPS 储能容量不一样,能支持供电的时间大不一样,应根据实际情况选定合适的 UPS 电源。目前,在供电情况较稳定的城市地区,家庭电脑用户一般很少使用 UPS 电源。

关键词: 断电　不间断电源

为什么计算机在断电情况下
时钟仍正常工作

一般用完计算机后总要将计算机关闭，等到下次使用时再开，而不是一直将机器开着。

如果稍加注意，你会发现，当你再次使用计算机时屏幕上的时钟所显示的是当时的时间，而并非是前一次关机时的时间。计算机开着时电源给时钟供电，计算机在关机的情况下，电源已被切断，为什么里面的时钟仍能正常工作呢？原来，在计算机内部的主机板上装有一个可充电的镍镉电池，它在电源切断后为时钟提供电源，维持其正常工作，同时它还为存放系统参数的 CMOS RAM 供电，以保存其中的系统参数。系统参数包括硬盘的类型，软盘驱动器、显示卡、键盘、鼠标器等设备的情况，还有日期、时间等等。对这些系统参数进行设置，也就是对计算机基本输入输出系统进行设置。有了这些数据，计算机才能正常启动。

一般主机内可充电电池的正常电压是 3.6V，当计算机开机工作时，CMOS 由主机电源供电，同时主机电源还向电池充电，因此用户不必另外对电池定期充电。当计算机关机时，CMOS 由这个电池供电，如果计算机连续两三个月不使用，那么电池中的能量就只消耗，不补充。一旦电池的电压降到 2.2V 以下，CMOS RAM 中的数据便会丢失，计算机就无法启动，更谈不上正确显示时钟了。

由于 CMOS 耗电极省，因而一个充足电的电池可供主机使用几个月。一般一个镍镉电池充满电约需 10 小时。两三个月没有使用的电脑,只需开机 10 小时以上,让电池充足电便可以使用了。

什么是计算机"千年虫问题"

计算机系统的 2000 年问题,简称 Y2K,或千年危机、千年虫问题,是指在计算机软、硬件系统以及使用数字化程序控制芯片的各种应用系统中, 由于只采用两位十进制数字来表示年份,当日期从 1999 年 12 月 31 日转入 2000 年 1 月 1 日时,用来表示年份的后两位十进制数字"00",与 1900 年的"00"一致, 因而计算机操作系统误认为是 1900 年 1 月 1 日,给以年份日期进行计算的系统带来破坏,造成技术、政治、经济、法律上的问题。它对金融、军事系统造成的危害最大,因此,应在 21 世纪到来之前完全予以解决。

以我们现在动辄就是 64MB 内存的内存消费观念, 很难想象早期计算机工程师和程序员的寒酸。为了将宝贵的存储器资源, 特别是内存资源更多地留给其他应用程序, 他们想方设法节省系统开销。由于当时只考虑 20 世纪的情况, 因此年份表示中的前两位数字 "19" 显然是多余的。再说, 如果要用四位十进制数字来表示年份, 就会大量增加存储空间。据专家估计, 在美国早年的政府计算机应用中, 若在 100MB 的记录文件中使用年份全称记录年份, 就需要增加 100MB 的存储空间, 按当时的存储器价格, 约需要多耗费

10 万～13 万美元。

　　早期计算机的应用范围并不像今天那样广泛，主要限于政府、科研机构和高等院校，主要用于科学和工程计算及有限的事务处理。当时离 20 世纪末还有 30 多年，软件设计人员认为这些程序到 2000 年前肯定已被新程序所替代，即使有问题也留待后来的程序编制人员及硬件系统设计人员解决，所以便用两位数字来表示年份。由于计算机技术发展迅速，当年的这种设计，谁也不认为是个问题。关于年份用末两位十进制数表示，在大、中、小型和微型计算机系统的软、硬件中，由于程序和应用的衔接，一直沿袭下来，成为公认的标准。

关键词：计算机系统　"千年虫问题"

为什么说"千年虫问题"解决起来很复杂

　　"千年虫问题"看似简单，只要把原来表示年份的两位数字转换为可区分 20 世纪和 21 世纪的四位数字即可，但实际上很复杂。当我们具体进入转换工作的操作时，就会发现这是一个很棘手的问题。原因之一是检测很复杂。日期问题涉及系统的各个层面，包括硬件时钟、操作系统、系统软件、中间层软件、第三方厂商软件包和大量用户自己开发的应用程序。在成千上万条程序中，怎样找到与日期有关的项目？大量的重要数据(包括文件、数据库的数据等)，哪些与日期有关？在什么地方？怎么修改？统计显示，有 40%～98% 的程序、20%～85% 的数据文件会因日期而受到影响。实际上，不是所有语言、所有平台都能找到解决年份问题的转换工具，也没有一种工具能发现全部与日期有关的项目，因为许多与日期有关的项目都隐藏在程序的逻辑或计算中，难以找到，需要人工干预。

"千年虫问题"对网络的影响尤为严重。网络中装有成千上万台服务器和客户机。在初始化 PC 工作站和服务器时，它通过读取 BIOS 及实时时钟的值来设置系统的日期和时间。PC 机或服务器系统的日期可以被网络操作系统植入客户机/服务器的应用程序设置中。因此，如果 BIOS 不能成功地度过 2000 年，那么到时所有的日期和时间参考值将成为非法数据。网络应用程序得到错误日期的可能性十分巨大，据估计，1996 年及以前的 PC 机有 93% 的 BIOS 不能成功地度过 2000 年，1996 年以后的 BIOS 要好些，约有 47% 不能度过 2000 年。这是因为 80 年代初期诞生的 PC 机的老系统 BIOS 不允许输入日期大于 1999 年 12 月 31 日，后来的 BIOS 虽然更新了版本，但这一部分仍基本被保留下来。由此将引起电子函件的拒发和拒收、设备失去互操作能力、语音信箱和交换系统的混乱等。

"千年虫问题"的复杂性还存在于修改测试过程中。由于运行关键任务的系统无法停机，给修改、测试和更换带来很大困难。另外，运行关键任务的机构或多或少都带有各自的机密，从而对专业的解决方案、供应商的介入都有不同程度的限制。此外，2000 年问题还涉及多种多样的带日期因素的机电一体化嵌入系统，它们量大、分布广，开发人员水平差异大，造成应用程序参差不齐，给系统更新带来更大的困难。

上述因素使得"千年虫问题"从一个小小的技术问题演变

成一个到处都会碰到的巨大的系统工程问题。

关键词：计算机系统　"千年虫问题"

为什么会出现计算机病毒

计算机病毒和人体中的病毒不一样，它实际上是一些能破坏计算机工作的程序。它是由某些懂计算机知识，但缺乏职业道德的人编制的。这些人或者是为了"恶作剧"，以显示自己的"才华"，或者是出于别的动机，编了病毒程序，输入到计算机中或保存在软盘上，一旦计算机运行了这些程序，轻则屏幕上出现不正常的图像或文字，重则停止工作，或丢失大量重要数据，造成不可估量的损失。

计算机病毒的发源地在美国。20 世纪 60 年代，美国某公司的一群年轻科研人员，常常在工作之余，津津有味地玩一种他们自己创造的"游戏"：每人编一段小程序，输入到计算机里运行，相互展开攻击，设法毁掉别人的程序。这种程序，实际上就是计算机病毒的"雏形"。

计算机病毒在全球蔓延、传播得极快，超出了人们的预料，至今已发现的不少于数百种，我国也不能幸免。我国从1984 年 4 月发现首例计算机病毒后不久，它就迅速地、悄悄地传遍神州大地，较为流行的病毒不下十几种，如：小球病毒、大麻病毒、黑色星期五病毒、巴基斯坦病毒、两点病毒、杨基都督病毒、磁盘杀手病毒、维也纳病毒、疯狂繁殖病毒、CIH 病毒等等。

　　计算机病毒常有以下一些特点：

　　1. 破坏性。它能修改正常程序，破坏正常程序的原有功能，甚至使计算机作出错误的判断，造成的损失往往出乎人们的意料。例如：1988 年 11 月 3 日，美国最大的计算机网络因特网系统遭到病毒的袭击，使得 6200 台小型机、工作站都染上了病毒，造成的经济损失高达 9200 多万美元。

　　2. 传染性。有病毒的程序会把自己复制到正常的程序中，使它们也染上病毒而不能正常工作。如果你用了带有病毒的软盘，你的计算机就会受到病毒的侵害；如果一张没有病毒的软盘，在有病毒的计算机上使用，该软盘也会染上病毒；如果一些计算机联成了网络，那么一台计算机上的病毒，会通过网络传播给其他计算机。

　　3. 潜伏性。它可以在几天、几周，甚至几个月、几年的时间里隐藏在程序里"隐而不发"。一旦有了"触发条件"，如：到了预定的某个时间、日期，特定的某个文件出现，它就会像"定时炸弹"一样,开始"发难"、"逞威"。

由此不难看出,计算机病毒是一种破坏性程序,在计算机之间和内部进行传播、蔓延。人们借用微生物名词"病毒"来形象地称呼它,但它不会使人受到感染。

关键词:计算机病毒

计算机病毒可以防范吗

人体疾病可以预防,计算机病毒也可以防范。防范计算机感染病毒的最好方法,就是切断病毒和感染源之间的联系。计算机病毒的侵入,主要是通过一个从磁盘装入的带病毒的程序,或者通过一个从网络通信、交换所得到的带病毒的程序。因此,计算机用户在共用软件或使用来历不明的软盘时一定要加倍警惕,并采取严密的防范措施。

在用一张"外来"的软盘前,首先需要认真地检查一下,看它是否带有病毒,发现有,严禁在自己的机器上使用,否则后患无穷。

目前,"复制软盘"相当盛行,计算机病毒往往就是在复制中进行传播的!所以,千万不要随便复制来历不明的软盘,图省事、贪便宜往往带来祸害。自制的,或者从授权代理商处购买的软盘通常是安全的,不带病毒,而从其他途径获得的软盘就不一定了。所以,我们在使用软盘前应该注意下列问题:

1. 尽量不要用软盘来启动系统,尤其不要用来历不明的软盘启动。如果确实需要,应该采用原始系统盘,或已证实无病毒的盘来启动；

2. 谨慎使用公共软件和共用软件；

3. 禁止在计算机系统上运行任何来历不明、不正当的游戏盘，以及来历不明的程序；

4. 系统中的重要数据，要定期备份，以防不测；

5. 对重要的项目，要实行专机、专盘等"专用制"，尽可能对软盘进行"写保护"（即只能读出数据，不能写入数据）；

6. 对于新购进的系统和软件，都应在使用前进行"病毒检查"，以确保万无一失。

关键词：计算机病毒

计算机的更新换代是怎么回事

当今社会技术日新月异，新产品代替旧产品，旧产品淘汰绝迹，这种更新换代的事，本来并不新鲜稀奇，然而计算机产品的更新换代却引起了人们的普遍关心，因为计算机更新得实在太快了！

计算机诞生于 1946 年。最早的计算机以电子管为主要元件，到 50 年代后期发展为晶体管计算机，到 60 年代中期有了中、小规模集成电路的计算机，到 70 年代初，计算机开始以大规模或超大规模集成电路为主要元件。每隔 10 年左右有较大的变化。而 70 年代大规模和超大规模集成电路制成的大量微型计算机，其发展和变化速度之快是普通产品无法相比的。

目前个人或家庭使用的计算机，一般都是微型计算机。许

多企事业和科研单位使用的计算机,大多也是微型计算机。微型计算机的广泛使用,就是推动它发展的巨大动力,使它发展得特别快。微型计算机差不多每隔一两年,都有包含新技术的新产品提供给市场,它们的许多功能都超过以前的中、小型计算机,而且价格便宜。微型计算机发展得快,其更新换代也快。例如:1994、1995年,市场上的主要产品是486计算机,到1998年,市场上已经没有486计算机了。在1996年,人们购买奔腾/100型计算机,到1998年,市场上也同样没有这种类型的产品。为什么它们都会销声匿迹了呢?原来计算机生产厂商不再生产与之配套的微处理器,转而生产质量更好、速度更快的新型微处理器。微处理器是这样,微型计算机中的其他器件也是这样,当时最好的产品,往往过不了多久,就会被更好的产品所替代。由于新产品的价格与原先产品差不多,甚至更便宜,所以微型计算机一般过两三年就要更新换代。同样,计算机软件也有更新换代快的特点。

计算机更新换代快,因此应该在需要使用时才去购买,不要提前几年购买,以防遭淘汰。

☞关键词:计算机 微型计算机

计算器与计算机有什么区别

人们一般不把计算器称为计算机,这是什么道理呢?

首先,从结构上看,计算器与计算机有很大差别。

其次,从功能上看,计算器基本上仅限于计算。计算器除了可作四则运算之外,通常还可用于科学计算,如可用于三角函数和反三角函数、对数和反对数、指数函数、平方和平方根等的计算。用于财务会计和统计的计算器,还能计算百分比、统计平均值及平均偏差等。而计算机的功能,除了数值计算以外,还包括各种信息的处理,如文字的处理、数据库管理和人工智能等,而就计算机的计算功能来说,它所进行的计算可包括更多的函数和数学计算库等内容。

再次,计算机运算速度极快,且有大量存储数据的能力,一般可存储几十亿个以上的数。而计算器一般只有极有限的存储能力,有的计算器虽然也有几个功能键,可以将算得的一个数存起来,或将算得的数与存储的数相加、相减,或把存储的数调出来,但只能在一个记忆单元里存一个数。计算器一般用一个键存储对应一个数,计算器上的键一般只

有二三十个,所以最多也只能存储二三十个数。因此,计算器的存储能力与计算机相比,实在是相去甚远。

此外,计算机具有可编程的能力,用户可以自己编制特定问题的程序,在计算机上进行运算或作其他大量信息处理。而一般的计算器没有编程能力,比较高级的计算器除了带有统计分析的程序外,最多只能存储极简单的程序。

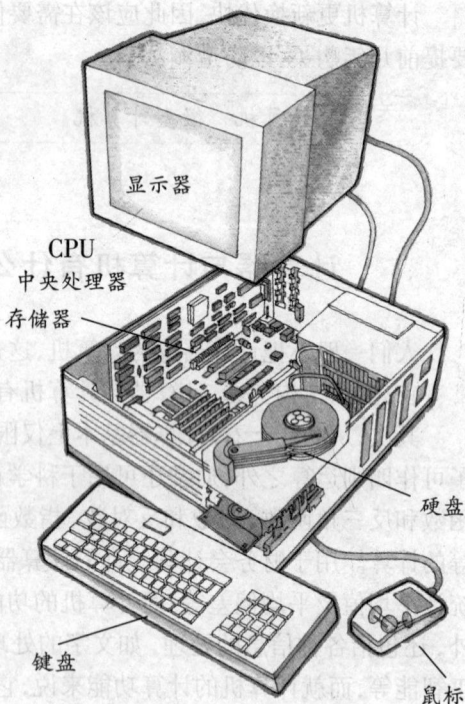

显示器

CPU
中央处理器

存储器

硬盘

键盘

鼠标

最后,计算器一般没有显示器、打印机等外部设备,计算结果显示在液晶显示板上,不能打印,也没有其他通信传递手段。

以上是一般计算器与计算机的不同之处。不过,随着科学技术的进步,微处理器芯片已越做越小,功能也越来越多,因而计算器和计算机之间的界限将会变得越来越模糊。

☞ 关键词:计算器　计算机

计算机和游戏机、
电脑学习机有什么不同

　　不太熟悉计算机的人常常会将计算机与游戏机、电脑学习机搞混淆，实际上这三种机器在功能和用途上有很大差别。

　　计算机按其规模和功能可分为巨型机、大型机、中型机、小型机、微型机和工作站等类型，其中微型计算机已得到普及,并应用到许多领域,如可用它来处理文字、识别语音、制作动画、辅助教学、辅助设计等,当然,也可用它来玩游戏。微型计算机具有可编程、可存储的特点,且存储容量大、运算速度快、处理能力强,使用者可以根据自己的想法设计或改变教育软件、管理和应

用系统,或改变游戏的内容。

　　家用电脑学习机实际上是简化了的微型计算机系统。它们虽也属于微型计算机范畴,但在处理能力、存储容量、运算速度、输入输出功能等方面通常要比微型计算机差很多。电脑学习机有很多种类,有些选用较低级的微处理器芯片,除了能运行一些特定范围内的教学软件外,还可作一些简单的文字编辑和逻辑运算,它也能用家用电视机作为输出设备。还有一些学习机则与微机较接近,但它们主要面向中小学生,不带有全部微机功能。

　　游戏机通常用电视机作输出设备,虽然它也使用微处理器芯片,但这是一种专用芯片,其侧重点是处理图像和动画。游戏机通常既无硬盘也无软盘,所以主机很小,上面留有一个槽口可以与游戏卡相连。各种不同的游戏是"固定"在游戏卡内的,使用者只能"使用",不能改变或删除任何内容。游戏机种类繁多,每一种都必须使用配套的游戏卡。此外,游戏机只能用来玩游戏,不能做其他工作,因而它属于专用机一类。

　　关键词: 计算机　游戏机　•电脑学习机
　　　　　　微处理器

什么是人工智能

　　要说人工智能,先谈谈什么是智能。"智能"一词现在很流行,如"智能卡"、"智能仪器"、"智能大楼"等等。我们这里所讲的智能是人的智能,是指人类在认识世界和改造世界的活动

中,由脑力劳动表现出来的能力。可表现为:

1. 认识和理解环境的能力,即通过视觉、听觉、触觉等感官活动感知外界信息。

2. 提出概念、建立方法、进行归纳和演绎推理,作出决策的能力,即通过人脑的生理活动和心理活动及时对信息进行处理,对事物及其规律进行抽象分析、判断和推理。

3. 学习的能力,即通过教育、训练和学习过程,不断丰富自身的知识和技能。

4. 自我适应的能力,即对变化多端的外界环境灵活地作出反应。

对照上述 4 点,古代歌舞机器人、端茶偶人、四则运算器等都不具有人工智能。那么什么是人工智能呢? 人工智能是研究如何制造出人工的智能机器或智能系统,来模拟人类某些智能活动,以延伸人类智能的学科。

古代歌舞机器人

端茶偶人

莱布尼茨制成了四则运算器

69

人们希望机器具有"智能",并代替人脑做部分工作。人类的许多活动,如解算术题、猜谜语、下棋、讲话、编制计划、学习等都需要上面提到的几种能力,即需要"智能"。如果计算机能够执行这种任务,就可以认为这类计算机具有某种程度的"人工智能"。由计算机来表示和执行人类的智能活动,就是人工智能。

　　人工智能的研究领域极其广泛,几乎涉及人类创造的所有重要学科,诸如数学、物理、信息科学、心理学、生理学、医学、语言学、逻辑学、经济、法律、哲学等。因此,它是一门综合性边缘学科。

　　目前研究人工智能有两条途径。一条途径是从模拟人脑功能的角度来实现人工智能,也就是通过计算机程序的运行,达到和人们智能行为活动过程相类似的效果。这是实现人工智能的近期目标。另一条途径是从人的大脑的神经元模型着手研究,以揭示人类智能的奥秘。这是个长期的目标。总之,人工智能的最终目标是要搞清楚人工智能的有关原理,使计算机有智慧、更聪明、更有用。

☞ 关键词: 智能　人工智能

为什么计算机能"思考"

　　"思考"是人的一种思维活动,它最能体现人的智慧。但计算机能思考吗?能。不过,计算机的"思考"只是对人脑思考过程的一种模拟。

大家知道，人们进行有意识的思考，总要以一定的知识为依据。计算机也不例外。为了使计算机有知识，首先要解决如何把知识表示成计算机能够接受、储存、检索、使用和修改的形式。

　　如同人脑要对信息进行组织存储一样，计算机也要用有效的方法对所存储的知识进行组织和管理。

　　到了这一步，计算机距离"会思考"已经是"万事俱备，只欠东风"了。我们再为其加上相应的推理机制，使它能根据已有的知识作出自己的判断，或者推导出"新知识"。

　　在计算机中，"思考"过程都转换为一条条计算机指令，依次执行这些指令，便可得出相应的结论。按照某种次序组合起来的这一条条计算机指令就是程序。这种程序是由计算机工程师设计，并事先装入计算机的。以下是一个简单的例子。

　　假如计算机中有"老鼠怕猫"这么一个规则，又知道C是

一只猫,而 M 是一只老鼠。那么,"M 怕 C 吗?"这个问题如何回答呢?

针对这一问题,实际上在计算机的知识库中存储了两个事实和一个规则:

事实 1:cat(C)　　　　　　(C 是一只猫)
事实 2:mouse(M)　　　　　(M 是一只老鼠)
规则:afraidof(x, y): – mouse(x) & cat(y)
(如果 x 是老鼠,并且 y 是猫,那么 x 怕 y)
向电脑提出的问题是:
? – afraidof(M, C)　　　　　(老鼠怕猫吗?)

现在计算机按照给定的一套推理机制进行"思考"。从知识库中已有的事实发现,原来 C 是一只猫,而 M 是一只老鼠。于是,根据知识库中同时存在的一条规则,只要把变量 x 用 M 代替,变量 y 用 C 代替,就可得出结论。于是计算机将回答:

是的

由此可知,计算机的"思考"过程,实际上是用符号计算的方法来模拟人脑思考。这说明,计算机能在一定程度上模仿人类的抽象逻辑思维过程。可以这样说,人的思维过程一旦有了规律就可以由计算机来(模拟)实现。但是,人脑在发展,计算机是人制造的,从这点看,计算机只能部分地代替人脑,而不能完全地代替人脑。

关键词:计算机思考　　模拟
　　　　推理机制　　计算机指令

逻辑能用来表示知识吗

你听说过"计算机也有知识吗"？知识在计算机中又是如何表示的呢？

因为智能活动过程主要是一个获得并应用知识的过程，所以智能活动的研究范围包括：知识获取、知识表示、知识应用。而知识必须有适当的表示形式，才便于在计算机中存储、检索、使用和修改。

把客观世界的某些事实以及人们对客观世界的认识所积累的知识，用一套系统的方法来表示，这就是人们常说的"知识表示"问题，即"如何表示知识"，或怎样使计算机"理解"和处理知识，并以人类能理解的方式将处理结果告诉人们。

经过计算机科学家多年的研究，已有了许多种不同的知识表示方法，其中最著名的是逻辑公式的表示方法，我们这里讲的逻辑是指数理逻辑，它包括命题演算和谓词演算两部分。

德国数学家、哲学家莱布尼兹在 17 世纪 70 年代明确提出了一个宏伟的设想：制造一种推理机器，把人类关于理性的归纳和演绎机械化。莱布尼兹一生为此倾注了大量的心血。他为数理逻辑作出了奠基性的工作。他尝试把逻辑表示成一种演算，从而可将思维过程用符号演算过程表示出来。

用逻辑公式来表示知识，必须要将所有的知识和逻辑演算符号化。比如，用 P 表示"雪是红的"，Q 表示"今天下雨"，R 表示"明天下雨"，则"雪不是红的"就可表示为：$\neg$ P。而"今天下雨而且明天也下雨"可表示为：$Q \wedge R$。这里 $\neg$ 和 $\wedge$ 都是逻辑演算的联结词。再比如，Human(x)表示："x 是人"，Mortal(x)表示"x 会死的"，则"对所有的 x，x 是人，并且 x 会死的"可表示为：∀x(Human(x)∧Mortal(x))。这里，Human(x)和 Mortal(x)称为谓词，∀称为全称量词。

逻辑表示的重要特性是它的演绎结果在一定范围内保证正确，而其他知识表示方式则至今还未做到这一点。这是逻辑被广泛用来表示知识的一个原因。以逻辑为基础的表示方法在人工智能研究中广泛应用的另一个原因，是它从现有的知识推导出"新"知识的方法可以机械化。

逻辑表示在数据库、专家系统、软件工程和自动定理证明等许多计算机科学领域都是很有用的。

> ☞ 关键词：逻辑　　　逻辑公式
> 　　　　　命题演算　谓词演算

什么是知识库

"粮库"、"书库"、"车库"、"仓库"，这些都是大家非常熟悉的，可是你听说过"知识库"吗？到底什么是"知识库"呢？

人工智能研究者们在最初的 20 多年里试探了多条道路，走过了漫长的过程之后，逐步认识到人类所有的智能活动，即理解、解决问题的能力，甚至学习的能力，都完全靠知识。要使计算机能模拟人的智能，甚至像人类专家那样工作，也必须让计算机具有知识。知识库是随着专家系统的出现和发展而产生的。

构成知识库的知识有两类:第一类是领域的事实,是广泛共有的知识,也就是写在书上的知识及常识;第二类是探试式的知识,它是一个领域中正确的实践和进行推理所需要的判断性知识,又叫推理规则,这是凭经验得到的知识。将这些知识以一定的形式表示出来,并按照合适的方式组织起来存储在计算机中,就构成了知识库。

说到知识库,人们也许会想到数据库,那么知识库与数据库有什么区别和联系呢?从广义上来讲,数据库存放各种明显的事实,它是数据处理系统的核心,而知识库是知识处理系统的核心。在专家系统中,一般将数据库与知识库分开,数据库中存放已知的事实以及初始论据、用户回答的事实和推理得到的知识,而知识库中存放领域知识、常识和推理规则。

一个专家系统的性能是否优越取决于知识库的可用性、确实性、完善性。知识的确实性和完善性决定于领域专家,而知识的可用性既与领域专家有关,又与计算机工作者有关。计算机工作者要考虑的是如何以精确有效和简明的方式,将领域专家提供的知识表示出来,并在计算机中存储。这种表示和存储的方式有利于知识的处理。

由此可知,要建立一个知识库,第一步是从领域专家那里获取知识。第二步是将获取的知识组织成数据结构存入计算机中而形成知识库。

☞ 关键词:知识库　数据库　推理规则　专家系统

为什么计算机能成为"专家"

"专家",顾名思义,是指在某一个领域里具有较深造诣的专门人才,如机械专家、电脑专家、医疗专家、桥梁设计专家等等。人类专家之所以称为"专家",是因为这些人通过长期的学习和实践,积累了某个领域里的专门知识。人们期望计算机也能成为"专家",期望它能像医生一样对病人进行诊断,为病人开药方,像勘探家那样探矿,像气象预报专家那样预报天气。计算机真的能成为"专家"吗?回答是肯定的。

计算机之所以能成为"专家",是因为人们赋于计算机知识,并让它模拟人脑进行推理,从而使它能回答各种问题。这样的一个过程,是由一个计算机的软件系统来实现的,这个系统被称为"专家系统"。1965 年,美国斯坦福大学的费根鲍姆与他的同事们首次将专家的领域知识与推理方法结合起来,研制成功了第一个专家系统——DENDRAL,它达到了与化学家同等的工作水平。

一个结构完整的专家系统通常由六个部分组成:知识库、数据库、推理机、知识获取机制、解释机制和人机接口。

知识库是用以存放领域专家提供的专门知识的。当前状态下数据库中存放的是具体要求解的问题。推理机针对数据库中的当前问题信息,在知识库中选择可用的知识进行推理,以修改数据库。知识获取机制一方面接受专家对知识库的扩充和修改,另一方面,依据反馈信息,自动进行知识库中知识的修改和完善。解释机制回答用户对系统的提问,并给出获得此答案的论据及说明。人机接口做专家用户和系统之间的双向"翻译"工作。

专家系统有时能比人类专家更好地处理复杂的问题，例如在结构设计、数据分析和诊断等问题方面，专家系统的工作往往超过了一般的人类专家。

关键词：知识库　专家系统

为什么计算机能"看病"

也许你已经听说过，甚至亲眼目睹过"电脑医生"。如电脑肝病专家、电脑胃病专家、电脑细菌感染疾病专家等等。有人曾经让肝病专家潘澄濂教授和"电脑医生"分别在两个房间里看病。有170位病人，先让潘教授诊断，再叫"电脑医生"看病。结果，不仅诊断完全一样，而且开的处方也基本相符，准确率在99%以上。

其实，这些"电脑医生"之所以能帮助看病，是因为它配备了专家系统，即一个专用的计算机软件系统。人们事先将某一专科医生的知识收集起来，按照计算机能接受和处理的格式组成一个知识库，存储在计算机中。当病人请"电脑医生"看病时，该医疗专家系统被启动，通过与病人的"交互"对话，获得必要的关于病人及其病情的数据，以及各种检验结果。系统就按照知识库中的知识来模拟具有某个特定领域知识的专家对这些数据进行分析、推理，然后模仿专家医生作出诊断，再把诊断结果显示出来，最后开出处方。

人类专家医生在为病人看病时，可能会因为疏忽、外界干扰及心理因素的偏见等不利影响而造成误诊。比如一个医生，在出诊前，家里发生了不愉快的事情，那么这一天他给病人诊断时就可能受到影响。再比如，一个医生最近因工作繁忙，感到很疲劳，则这两天诊断效果也可能受到影响。医疗专家系统能克服专家医生在分析病情、进行诊断时人为因素的不利影响，毫无怨言、不知疲倦地为病人看病。它可以使专家医生的专长不受时间和空间的限制。医疗专家系统可以永远保留专家医生的医术和经验。一旦研制成功一个名医的医疗专家系统，就可以到处应用这个系统。

目前世界上已有了各种医疗专家系统，有关于肺功能的，有关于精神病药理学的，有关于肿瘤的，有关于肝病、胃病的，也有关于中医诊断方面的，最著名的当数 1974 年美国斯坦福大学研制成功的诊断和治疗感染性疾病的 MYCIN 系统。这是第一个功能较全面的专家系统，它不仅具有很高的性能，而且具有解释功能和知识获取功能，它可以用简单的英语和用户对话，回答用户提出的问题，还可以学习专家的知识。

医疗专家系统也有一些不足之处。由于它是人设计的，诊断和医疗知识是医生专家知识中有限的一部分，因而它的知识面就很狭窄。另外，这种系统缺乏对知识深层次的理解，经不起多问几个"为什么"。对现实生活中病人的千变万化的情况，它只能根据事先设计好的程序，运用知识库中仅有的知识来作出诊断，提出治疗建议，而不能像专家医生那样随机应变地运用自己多方面的背景知识或常识，作出准确的诊断。因此，在这方面还有很多研究工作要做。

☞ 关键词：电脑医生　医疗专家系统

计算机能证明定理吗

在学习数学课程时,大家都碰到过"定理证明"的问题。定理证明可以说是一种最典型的逻辑推理过程。

长期以来,人们一直在寻找自动证明定理的方法,希望有一天,向计算机输入一个待证的数学定理,运行计算机里的定理证明系统,很快就得到定理的证明。

自动定理证明亦称为"机器证明"。

计算机之所以能证明定理,是因为专家们先将一些公理和规则符号化,存储在机器中,又为它编制了程序。这种程序能模拟人的推理方式,当你把定理的前提和结论以某种规定的符号形式输入到机器中以后,程序不断地尝试在公理、规则和前提中进行查找和推导,直至获得与结论相同的结果。计算机证明定理能力的大小,主要取决于证明程序的好坏和所存储的公理与规则的多少。程序设计得越好,存储的公理与规则越多,计算机证明定理的能力越强。当然,存储的公理与规则多了,程序的效率会受到影响。

下面,看一个简单的例子。

考虑图1给出的图形,设计算机已存入了关于图1的公理:

公理1:对任意的由 X、Y、U、V 四个顶点构成的梯形,其中 X 是左上顶点,Y 为右上顶点,U 为右下顶点,V 是左下顶点,VY 是对角线。如果 $XYUV$ 是一个梯形,则线段 XY 平行于线段 UV。

公理2:如果 XY 平行于线段 UV,则 $\angle XYV$ 和 $\angle UVY$ 相等。

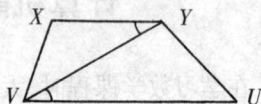

图1

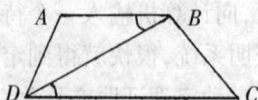

图2

给定一个如图2所示的梯形 *ABCD*，线段 *DB* 是该梯形的对角线，要证明两个内错角∠*ABD* 和∠*BDC* 相等，即要证明：如果 *ABCD* 是梯形，则∠*ABD* 和∠*BDC* 相等。

输入到计算机的前提是：由 *A*、*B*、*C*、*D* 四个顶点构成一个梯形，其中，*A* 是左上顶点，*B* 为右上顶点，*C* 是右下顶点，*D* 是左下顶点，*DB* 是对角线，*ABCD* 是梯形。结论是：∠*ABD* 和∠*BDC* 相等。

程序根据前提找到公理1，将公理1中的变量 *X*、*Y*、*U*、*V* 分别替换为 *A*、*B*、*C*、*D*，获得公理1的一个实例：如果 *ABCD* 是一个梯形，则线段 *AB* 平行于线段 *CD*。又因"*ABCD* 是一个梯形"是前提，于是得到中间结果，即公理1实例的结论：线段 *AB* 平行于线段 *CD*。再由该中间结果找到公理2，将公理2中的变量 *X*、*Y*、*U*、*V* 分别替换为 *A*、*B*、*C*、*D*，获得公理2的一个实例：如果 *AB* 平行于线段 *CD*，则∠*ABD* 和∠*BDC* 相等。此时，中间结果"线段 *AB* 平行于线段 *CD*"，与公理2实例的前提一致,于是得到结果,即公理2实例的结论:$\angle ABD$ 和 $\angle BDC$ 相等。这正是要得到的结论,所以,定理得证。

我们这里只是非形式地叙述了计算机证明定理的过程,实际上,计算机证明定理完全是符号化和形式化的。

自 20 世纪 50 年代,计算机证明定理从设想阶段走向实验阶段,并且获得了许多可喜的成绩。1956 年,纽厄尔等人将人脑演绎推理的思维过程、规则、策略、技巧、简化步骤等编进计算机程序,证明了罗素 – 怀特海《数学原理》第二章 52 条定理中的 38 条。1963 年,经过改进的程序证明了全部 52 条定理。1958 年,美籍华人王浩编写的三个程序比纽厄尔等人的程序还简单有效,5 分钟就证完了这 52 条定理。1965 年,鲁滨逊提出了归结原理,以其形式的简明而易于机械地实现促进了在计算机上实现定理证明的发展。

我国科学工作者在计算机证明定理的研究上取得了令人瞩目的进展,受到国际学术界的重视和高度评价。其中,吴文俊教授的研究成果最为显著。在 1976 年和 1977 年之间,吴文俊找到了几何定理的机械化证明方法,并在计算机上证明了100 多条定理。后来,他又把机器证明的范围推广到仿射几何、圆几何、球几何和非欧几何等领域。

由此看来,人可以使计算机具有证明能力。研究计算机证明定理的目的是让计算机直接介入人的思维活动过程,代替人的部分脑力劳动,提高人类科学创造的能力和效率,意义重大而深远。这方面,还有很多的研究工作要做。

关键词:逻辑推理　定理证明　机器证明

计算机怎样和象棋大师比赛

1997 年 5 月，一场别开生面的国际象棋比赛在纽约举行，世界冠军卡斯帕罗夫面对的不是哪位特级大师，而是 IBM 公司的"深蓝"超级并行计算机。当全世界都看到卡斯帕罗夫最终输给"深蓝"时，许多人感到人类受到了前所未有的挑战。

那么，计算机究竟是怎样下棋的呢？

要让计算机能够下棋，首先要想办法用计算机语言把走子的规则，如"马只能走日字，皇后只能走斜线"等，告诉计算机。此外，还要将下棋的一般规律告诉计算机，这种一般规律称为启发式规则，它能启发计算机找出最佳落子方案。

人类在下棋时，每下一步棋都要根据当时的棋局考虑好多步以后可能的结果，即"走一步看几步"。计算机能下棋，是因为人事先为它编制了程序。这种下棋程序包含了全部走子规则、棋谱等，这样，在下棋的时候，计算机就能够知道在某一个棋势中，能够移动的棋子有几个，每一个棋子有哪几步可走，然后计算机以极快的速度，算出每一步棋双方的得失，选择出最佳的落子方案，作出下一步棋该怎么走的决策。计算机主要是以快取胜。它能在很短的时间内计算出许多种可能的走法及其后果，再从中选出一种最有希望取胜的走法。计算机的下棋程序包含的启发式规则越多，记忆的棋谱越多，计算机下棋的本领就越高；它向前看的步数越多，则越有希望取胜。

不过，这是一种比较死板的方法，当你能找到一种下法赢了计算机，下一次，如果你仍然使用同一种下法，计算机大多

不会随机应变,同样会再次输给你。这主要是因为人类下棋时虽然"走一步看几步",但棋手的高明之处在于他能审时度势,随机应变。他决不是死板地思考每一种可能性,而是根据长期积累的经验,在审视当前棋局后,直觉地把注意力集中到比较有希望取胜的几着棋上,从而有效地收缩多看几步的思考范围。

要让计算机懂得随机应变,必须研制一种具有自学习功能的下棋程序,在下棋过程中,计算机会从自己的失败中吸取教训,从对手那里吸取长处、积累经验,不断提高棋艺。这样一来,计算机如果照某一种下法下输了,它就会吸取教训。再按老办法来,计算机就不会再上当了。

关于计算机的下棋程序有一个很重要的问题,即"信息组合爆炸"问题。在计算机下棋时,如果每一步有 m 种选择,那么向前看 n 步就有 m^n 种可能选择。可以看出,"向前看"步数越多,虽然越有把握,但要搜索的空间和花在搜索上的时间将随之急剧膨胀。这也是下棋程序的水平受到限制的根本原因。

"深蓝"与卡斯帕罗夫抗衡，主要靠的是超高速的计算和推测。而人下棋除了计算和推测之外，更多的是依靠丰富的经验和归纳、类比乃至直觉的思维方式。在这方面，计算机还无法与人匹敌。

关键词：计算机下棋　信息组合爆炸

为什么计算机能和你玩游戏

说起玩游戏，一些同学可能会很起劲，但接触最多的恐怕还是电子游戏机。你可知道，在计算机上玩游戏，真是趣味无穷！计算机游戏五花八门，天上、地下、海中，人类、动物、妖怪，古代、现代、未来几乎都涉及到了。这些新奇的游戏，为人们的想象力插上了翅膀。其中不论是模拟战争、探险还是下棋，无不体现了计算机的机智。

当然，计算机游戏也是一类软件，这类软件除充分利用了计算机的图形功能、声响效果之外，或多或少地采用了人工智能的技术。

计算机游戏大体可以分为体育类、打斗类、桌面类、探险类、解谜类及博弈类。一般说来，在这六个类中，前四类涉及到的人工智能技术较少，主要是考验游戏者的反应和速度。这些游戏中设计了丰富的场景和动听的背景音乐，在不同的场景下，游戏者利用键盘或游戏操纵杆控制屏幕上的某个影像对象，例如赛车、飞机、王子等等。计算机根据游戏者在键盘或游戏操纵杆上的输入，使该对象在屏幕上相应地进行动作，例如，玩"波斯王子"时，上箭头控制王子向上爬，下箭头控制王子向下爬，左右箭头则控制王子左右移动，SHIFT 键控制王子进行攻击等等。这类游戏的设计重点是游戏场景和音乐，一般不需要游戏者动脑筋，只需要他们有快速的动作和随机应变能力。

一些简单的游戏，具有初步程序设计知识的人也可以设计出来，例如，"俄罗斯方块"这个游戏，我们可以利用程序设计语言来编写它。不过，不是所有的游戏都可以简单地设计完成的，解谜类游戏和博弈类游戏就涉及人工智能技术，没有人工智

能方面的知识,就难以完成这两类游戏程序的设计。"计算机下棋"实际上也是一种游戏,而这种计算机博弈问题是一个经典的人工智能研究领域。

最后,我们应该看到,计算机游戏可以增加乐趣、缓解人们的精神压力,自己动手来改进或设计游戏程序,还能增进计算机知识,提高程序设计技能。但是,如果因着迷于玩计算机游戏而荒废学业,养成不良生活习惯,那就不好了。

关键词:计算机游戏

为什么计算机能翻译

翻译是一种语言转换成另一种语言的过程。计算机翻译,又叫机器翻译,是利用计算机模拟人的翻译活动,实现翻译自动化。它是人工智能的重要研究领域。

在电子计算机刚出世的时候,人们就想到利用计算机进行翻译工作。最初是想在计算机中建立词典,然后通过查词典的方法从原文生成译文。但由于当时没能解决一词多义、文法多义及成语使用等方面的问题,机器翻译没有成功,还闹出了一些笑话。随着计算机技术的进步,机器翻译自20世纪70年代开始复兴,目前已进入工程化、实用化阶段。

人在翻译时,必须掌握两种语言的词汇和语法,需要查阅词典,同时也需要了解上下文语境、领域背景知识等。机器翻译和人工翻译相似,机器翻译系统在计算机中存贮编好的机器词典和语法及相关的领域知识。词典包括综合词典、成语词典、结构词典、多义词典。当待翻译的原文输入机器翻译系统后，系统先进行词法分析，从输入语句中切分出词，通过查阅词典确定词的意义、词性和词法属性，再根据上下文、领域知识选取多义词中的一个含义。然后经过语法分析，进一步明确各个语法成分、各个词之间的关系，产生机器内部表示。最后，根据文法要求调整语句成分的次序，进行修辞加工，即增加或删除某些成分、某些词，最终通过查阅词典产生译文、输出译文。

　　翻译按其要求及难易程度可分为三种。一种是再创作，如剧本翻译，需要在完全理解原文的基础上重新写作译文；另一种是科技文献翻译；第三种是粗译，如用自然语言进行情报或文献检索。目前，机器翻译系统主要属于后两种形式。要实现再创作，难度仍然很大，需要进一步研究。但可以相信，机器翻译将会越来越符合人们的翻译要求，越来越令人满意。

☞ 关键词：机器翻译

为什么计算机会看

　　人类眼中的大自然是一个绚丽多彩的世界。人类能用眼睛感知周围景物的图像，还能够根据以往的经验识别和理解这些图像的含义。现在计算机在一定程度上也能感知和理解景物图像，即计算机在一定程度上也能看东西。

　　曾经有过一则报道，20世纪70年代初的某日，一个"大胡子"在中东某机场登上了飞往巴黎的客机。当飞机抵达巴黎后,在海关的出口处,"大胡子"被法国警察逮捕了。是计算机识别出了这是名恐怖分子。尽管他乔装打扮,还是未能瞒过计算机的"火眼金睛"。原来,法国警察早就收集了那些恐怖分子的照片,把图像输入到计算机中。在机场的出口处,电眼——电子摄像机注视着经过的旅客,并对旅客的图像进行分析、比较等一系列处理。当正在处理的图像与已存入的恐怖分子的照片图像一致时,计算机系统就立即向警察报警。

计算机的"眼睛"实际上是一些类似摄像机的成像设备。对由这种成像设备所得到的图像,先经过一些专用装置与计算机配合起来进行预处理,以改善其视觉质量。然后可把它转换成计算机内部的表示形式,即把图像进行数字化。在计算机内部,所有信息都是由数字化的代码来表示的。数字图像的数据量是很大的, 比如将一帧黑白电视图像数字化为一幅 $512 \times 512 \times 8$ 比特的图像,其数据量超过 256KB。如果是彩色图像,则至少还要增加 3 倍。因此,必须对图像进行压缩存储,否则,当处理连续的影像时,存储空间很快会被占满,以致计算机再也无法处理。

接下来计算机就对图像的内部表示用一系列复杂的数学变换进行处理。

最后从上述信息中获得场景中物体的三维描述,识别出其中存在的物体,确定这些物体的位置和姿态,再将这种表示与系统模型库中已有的物体模型相匹配(即进行识别),识别后就可进一步进行定位工作。这与人类的视觉过程是类似的。人在看到一幅图像之后,要分离出其中的物体,并在大脑中对该物体进行检索和回忆,识别出该物体,进而取得有关该物体的信息。到了这一步,计算机便完成了对景物图像的感知和理解。

计算机视觉与人类视觉相比,还处于比较低级的阶段。人类视觉信息的不断研究与探明,必将对计算机视觉技术的发展起到促进作用。

☞ 关键词:视觉　图像处理　图像识别

为什么计算机能听

当你坐在计算机前,机械地敲击键盘,逐个地输入字符,你可能会有一种与"哑巴"在对话的感觉。

如今,一种全新的声音控制计算机的方式进入了人们的生活。例如,当一个总经理上班,到了办公室门口,他对着门喊一声"开门",办公室门自动打开。进了门说一声"请各部门经理立即到会议室开会",五分钟之内,各部门的经理都来到了会议室。这是怎么一回事呢?原来,安装在总经理办公室的一台计算机能听懂总经理的话,是它指挥门和电话语音系统作出了反应。

为了能更加方便、自由地和计算机"对话",计算机工作者早就着手研究如何使人能够通过语言与计算机进行直接的对话。

人与机器进行对话,首先就是要让机器能够听懂人的语言,并且按照人的指令处理一系列的事务,最后将执行的结果以语言的形式通知有关的人。

使计算机能够听懂人类的语言,必须要有一套复杂的软、硬件设备来支持,它必需包括语音分析器、存储器以及有关的控制电路等基本部件。

话筒获得语音信息后,把语音送入语音分析器,语音分析器提取必要的语音信息参数,并与存储器中的标准语音进行匹配,如能匹配成功,则计算机理解(识别)了该语音信息,并作出相应的响应。

一般的语音识别系统都有学习的功能,使用者可以训练它。比如,电话局可为移动电话用户提供一种语音拨号系统。用户可先训练一下自己的电话机,把经常要拨的电话号码及对方姓名对着电话机念上三遍。以后再用时,只要按一个键开启系统,然后报出对方姓名和号码,即可自动接通。这种移动电话语音识别系统的设计原理是:计算机系统中的语音库将用户首次读入的姓名和电话号码制成标准语音样本,以后每次使用时,都将用声音输入的姓名和号码与库中的语音样本进行比较,如一致,则接通相应的电话。

语音识别的对象分为三个层次。首先是对单音节的识别,然后是对单词的识别,进而是对符合某种规则的语句的理解。在现实世界中,任何两个人的发音不可能完全相同,甚至同一个人说一个字也不总是以同一种语言、语调来说。另外,同一个单词又可能有不同的含义。这就使计算机难以令人满意地理解自然语言。目前大多数语言理解系统十分简单,往往带有很大的限制,离真正的理解还有很大的差距,有待进一步研究。

关键词:**语音分析　语音识别　语音库**

为什么计算机会说

如今给计算机配上声卡、语音合成和语音识别系统，就等于给它配上了"人工嘴巴"和"人工耳朵"，它便能说会听了。

计算机之所以会说话是计算机语音合成研究的成果。计算机语音合成就是用计算机和专门设计的装置来再现人能够听得懂的语音。录音编辑方式是常用的一种语音合成方法。

在录音编辑方式中，先把合成所需要的全部语音信息录制下来，然后把语音模拟信号变换成数字信号，并按照一定的编码方式组成一个文件存入存储器，如磁盘、磁带或光盘。当需要输出时，计算机可直接从存储器中读取有关语音的存储信息，将数字信号转换成语音模拟信号，再把语音模拟信号送入语音输出设备，如声卡、音响、喇叭，并通过播放软件输出。这样，人们便可以听到计算机发出的声音了。

计算机语音合成与计算机语音识别是计算机语音处理领域中两个最重要的分支，它们彼此互为补充：往往为了语音合成而求得的参数，可应用于语音识别；同时，利用语音识别时分析语音而得到的参数，能够合成语音。

与计算机语音识别相比，计算机语音合成方面的研究已取得较大的成果。在我们的日常生活中，像能哭会笑的发声娃娃、定时发出乐音以提醒用户的自动洗衣机、能发出美妙音乐的八音盒等家用电器或发声玩具，都是利用语音合成技术制造的。

关键词：**语音合成　语音模拟信号　语音识别**

模糊推理就是模糊的推理吗

人们在判断一个事物的属性或特征时，总希望得到清楚明确的结论，如"真"或"假"、"是"或"非"。在客观世界中，许多事物可以精确地表达出来，例如，把人分成生和死、男和女，又有许多事物并不能"精确"地表达出来，例如，高与矮、胖与瘦、多与少等。你可能觉得一个身长178厘米的朋友很高，但如果他生活在北欧，当地人会觉得他不算"高"，甚至觉得他有些"矮"；生活在广州的人会觉得0℃的天气"非常冷"，可东北人却觉得一点都不冷。很多概念的判断标准会因人而异、因地而异，在区分时，会受到许多因素的影响，没有"泾渭分明"的界线，彼此间的差别是"模糊"的。

如何让计算机也能表达这种"不精确"的概念和信息呢？

如果用传统的"是或不是"这种逻辑来解决,显然是不适合的,而应该用"模糊逻辑"的方法来表达。

模糊逻辑是对不可精确表达的信息进行处理的方法和工具。在模糊逻辑中,对一个概念的判断允许"部分真""部分假"。它不仅在概念描述上有"精确"与"模糊"之分,而且在逻辑推理方法上也有"精确"与"模糊"之分。在有些情况下使用精确推理也会出现错误的结果。一个有名的例子就是"秃子悖论":

"如果有 $n-1$ 根头发是秃子,则有 n 根头发也是秃子"。

"没有头发是秃子"。

上面的这两点都是正确的,但是如果从 $n-1$ 开始推理100万次,则会得出"有100万根头发是秃子"这种荒谬的结论。

事实上,人类所作的很多推理都不是基于精确知识的,而是"模糊"的。铁匠师傅可以根据炉火的颜色,判断出温度;牧民可以根据太阳的角度判断出时间;有经验的农民可以根据云彩的形状和颜色等判断出晴雨变化。人类的模糊推理的能力是使用传统逻辑推理无法实现的。

简单地说,模糊推理是基于模糊逻辑的推理。它可以用规则的形式粗略地表示为:"如果对一组前提的模糊匹配成功,那么可以得出相应的结论,这些结论的'真'、'假'程度,与对前提所做的模糊匹配的结果相关。"

在这里,由于前提和结论都可以是模糊概念,根据模糊逻辑的有关理论,可以通过隶属函数值来表示前提模糊匹配的程度,即结论的"真"、"假"程度。隶属函数的取值通常是0到1之间的一个数。当值为0时,表示完全不可信,而当值为1时表示完全可信,在 0 到 1 的范围内,随着值的逐步增大,则真的程度即可信度也增大。

现在就可以用模糊推理来解决上面提到的"秃子悖论"问题了。我们用 $T(BOLD(HAIR_n))$ 表示"有 n 根头发是秃子"的可信度,则上例可表示为:

$$T(BOLD(HAIR_{n-1})) = T(BOLD(HAIR_n)) + \varepsilon$$
$$T(BOLD(HAIR_0)) = 1$$

其中 ε 为 0 到 1 之间的一个很小的正数。利用上式推理就会得到正确的结论。

与传统逻辑基础上的推理方式相比,模糊推理更接近于常人的思维推理模式,所以在实际应用中,常常用于构造模糊专家系统的推理机。这样,通过将某些领域内专家的经验用模糊规则的形式表述和整理出来,便可以通过模糊推理提供模糊决策、模糊诊断等服务。可以说模糊推理技术提高了计算机的智能水平,也使人工智能更接近人类智能的形式。

现在你应该明白了:模糊逻辑不是模糊的逻辑,模糊推理也不是模糊的推理。

☞ 关键词:模糊逻辑　模糊推理

机器学习是怎么一回事

机器学习研究的是怎样使用计算机模拟或实现人类的学习活动。

学习是人类具有的一种重要的智能行为。在人类社会中,

94

不管一个人的学问有多高，本领有多大，如果不学习，则他的水平就只能停留在一个固定的水平上，再也不会有新的创造。但一个人若具有很强的学习能力，虽然现在的能力不是很强，但是以后他有可能具备许多新的本领。如果机器具备了某种学习能力，其情形与人相似。1955年，美国的赛缪尔设计了一个下棋程序，这个程序战胜了设计者本人。又过了三年，这个程序战胜了美国一个保持八年之久的常胜不败的冠军。这个程序向人们展示了机器学习的能力。

那么机器是怎样学习的呢？以下是一个简单的学习模型（见下页）。其中方框表示系统的程序部分，圆圈表示系统接受或保存的信息，箭头指出了系统运行中数据的主要流向。环境向系统的学习部分提供了某些信息。这里的环境指系统的工作对象，如医疗系统中病人的当前症状、检验的数据和病历。学习部分获得知识，并扩充、修改和更新知识

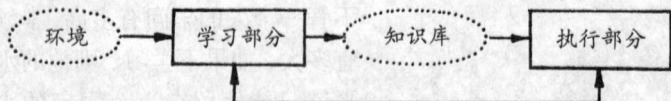

简单的学习模型

库。执行部分根据知识库完成任务,同时把获得的信息反馈给学习部分。

计算机进行学习的方法有机械式学习、观测学习或发现学习、指导学习、示例学习、类比学习等。

机械式学习也称死记硬背学习,是"记住"某种知识,以便需要时用它,例如,计算机学习乘法口诀,记每个棋局以提高水平等。

观测学习也可说是发现学习,科学家们正是通过对客观事物进行观察测量,取得大量数据输入计算机,然后进行分析、综合、归纳推理,最终概括出科学的定律、定理。已有的观测学习系统有:能发现初等数学、集合论、数论等基本概念的AM系统等。

示例学习是一种归纳学习的方法,如教一个程序怎样学习"狗"的概念,首先提供给程序包括狗在内的各种动物和其他物体,说明各种动物和物体的特点,并说明它们是不是狗,这些都是狗的正例和反例,程序由此推出根据物体特征识别狗的规则。

机器学习速度快,不受生命年限限制,学习的结果传播得也快。可以想象,人类在机器学习上的每一进步,由于机器学习的积累与传播作用,都会使计算机能力显著增强,甚至对人类社会产生影响。机器虽然是人造的,但若机器具备了学习功能,学得又很快,几天之后的能力,我们已很难预料,更不要说几年、几十年之后了。

为什么会产生信息"组合爆炸"

不知你听说过没有,信息急剧增加会产生"爆炸"。这到底是怎么回事呢?看了下面一个简单的例子,你就会明白了。

有一张城市图,售货员必须走遍每一个城市,并且恰好只走过一次。图中每两个城市之间有一条道路,上面标有两地之间的距离。现要求为售货员设计一条行走路线,使得从这些城市中任一城市出发,然后回到出发城市,所走的路线最短。这就是有名的"货郎担问题"。

要求解该问题似乎是不难的,只要找出图中各种可能的路径,再进行比较,取最短的那条即可。如果城市数目少,这个方法是切实可行的。但城市数目一多,这种方法也就失败了。如城市数为 N,则城市间的不同路径为 $N!$ ($N! = 1 \times 2 \times 3 \times \cdots \times N$)条。如果计算一条路径的长度花去的时间总量为 0.1 微秒(10^{-7} 秒),则计算出所有路径的长度花去的时间总量为 $N! \times 0.1$ 微秒。在现实事务中,要求售货员访问 24 个城市也不算什么稀奇的事,但 24! 已经大得出奇了。计算出 24 个城市之间的所有路径长度花去的时间总量为 $24! \times 0.1$ 微秒(即 $6.204484017 \times 10^{22}$ 微秒,约 19.6 亿年)此时,如 N 增加 1,即 24 加 1 变成 25,则所花的时间就扩大了 25 倍,即为 $25! \times 0.1$ 微秒(约 490.5 亿年)。N 增加 1,则所花时间总量就扩大

（N＋1）倍，这种增长速度之快是令人难以想象的。这种现象就是所谓的"组合爆炸"问题。

还有一类问题叫博弈问题。如人和计算机下棋，为了保证最后取胜，计算机可以将所有可能的走法都试一下，然后选择取胜的走法。每试一步走法就有一种棋局，而棋局的数目是非常大的。例如，国际象棋不同的棋局数为 10^{120}，围棋不同的棋局数为 10^{761}。

找到所有可能的走法都试一下，然后选择"最佳方案"是可以做得到的，但这样做所花费的时间和存储空间是十分惊人的。以目前计算机的能力来解上述"难"题是不可能的，因为任何一台计算机的存储器容量总是有限的，不可能有无限大的容量。任何一台计算机的每一个动作，都需要一定的时间来完成。

为了便于理解，我们就从计算机下棋的时间耗费来考虑"组合爆炸"问题。

目前计算机的运算速度可达每秒 1 亿条指令，用最优方法设计程序，每走一步需执行 10 条指令，这样，每走一步需要的时间是 0.1 微秒。计算机实际可达到的速度估计为 2 毫秒/步（1 毫秒 ＝ 10^{-3} 秒）。串行计算机理论速度极限为 10^{-12} 毫秒/步，而并行计算机理论速度极限为 10^{-11} 毫秒/步或 10^{-104} 年/步。

即使用并行计算机的理论极限速度计算，求解国际象棋的完备算法也要 1 亿亿（10^{16}）年才可以算完。可我们已知宇宙史才 150 亿年。

关键词：信息组合爆炸　货郎担问题
　　　　时间耗费

为什么要用系统工程的思想
来指导工程建设

我们经常看到一条交通有序的马路，因需要更换或新埋自来水管道而被掘开，管子埋好后，掘开的马路再被重新修整好。在埋设管道和修路期间，周围的环境和交通运输都受到影响。有时同一路段没过多久又因需埋通信电缆而被掘开，埋设完毕再重新修路。这样挖路、修路重复好几次，造成了人力、物力的巨大浪费。发生重复施工的原因是水、电、煤、通信、下水道等市政工程建设施工，没有进行整体规划与设计。

现在，上海在进行市政建设时，都事先有统一的规划与设计。例如正在实施的延安路高架、外环线建设工程，都在整体规划下尽量保证交通顺畅，先进行地下管、线施工，再进行地面高架施工，最后修整路面、绿化环境，完全改变了以往的情况。又如宝钢这个复杂的大工程，也是在统一规划下分批分期有序建设中完成的，取得了重大的经济效益和社会效益。

实际上，以上市政建设项目在实施过程中都运用了系统工程的理论与方法。系统工程是以大型复杂系统为研究对象，按一定目的进行设计、开发、管理、控制，以期达到总体效果最优的理论与方法。它是一门工程技术，用以改造客观世界，并已取得实际成果。系统工程的思想运用于市政工程建设，就是从市政工程全局整体出发，考虑到它的目的、功能及各有关项目的相互关联性，从上到下进行规划设计，从下而上进行有序施工。

用系统工程的思想来指导工程建设的例子还有很多，如古代李冰父子主持修建的四川都江堰工程,近代火箭、人造卫星发射,原子弹研究与制造,上海南浦大桥与杨浦大桥建设工程等等。

☞ 关键词:系统工程

电脑能代替人脑吗

在当今的社会,计算机已得到了广泛的应用,成为人类从事有关脑力劳动的得力工具。计算机具备每秒千百万次乃至成亿次的运算能力,具有极大的存储容量,而且能做到精确无误,既不厌其烦又不知疲劳,这都是人类智能所望尘莫及的。现在,计算机与多媒体技术相结合,已能写会画、能看会说、能听会唱。

在我国,人们习惯把计算机叫做电脑。电脑既然有这么大的本领,它是不是能代替人脑呢?

如果了解计算机的内部构造及其工作原理,就会知道,计算机不过是按程序"照章办事"而已,它只不过是人把自己如何解决问题的某些能够用语言表达的知识、方法、经验等编写进了计算机程序。只有能用语言明确地描述的问题,才有可能让计算机来求解。不能用任何语言描述的问题,计算机也无能为力。人类的智慧,恰恰就有许多非语言所能表达的成分,如印象、感觉、直觉、经验、灵感等等,这些"只可意会,不可言传"。人能"一目了然"的事物,哪怕是用最先进的电脑,经过千万次、乃至上亿次运算,也未必能认识或者根本就不可能认

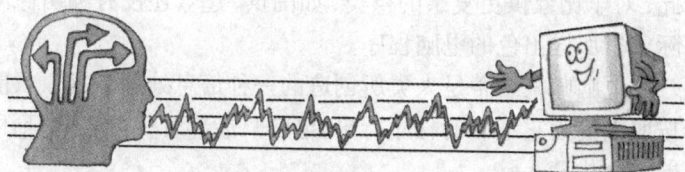

识! 原因是人脑的生理结构和运作方式与电脑完全不同,没有语言可描述,这就意味着不存在算法。没有算法就不可能为计算机编写程序,计算机肯定无法求解。有些问题虽然有算法,让计算机求解需要花几万年以上的时间, 实际上计算机也无法解决问题。

　　另一方面,计算机和人类解决问题的方式也大不一样。就以下棋来说,电脑的真功夫在于以快取胜。电脑下棋程序所做的是:每下一步棋,就检验对手所有可能的招数,并考虑每一招的所有可能对策,再从中选择最有希望获胜的一步棋。人类下棋虽然也是走一步看几步,但棋手的高明之处在于不是死板地思考每一种可能性,而是根据长期积累的经验,在审视当前棋局后, 直觉地把注意力集中到比较有希望取胜的几着棋上, 再选择一步棋。虽然电脑程序也能通过一些程序设计技巧,积累"经验"、压缩搜索空间,但却不可能像人类棋手那样"审时度势,随机应变"。正因为如

此，对于比象棋更复杂的棋类，如围棋，迄今还没有编出像国际象棋那样出色的电脑程序。

电脑归根结蒂是人类所创造的一种信息处理工具，只能按照人们为它编制的程序行事。电脑只能部分代替人脑，不可能完全代替人脑。

☞ 关键词：人脑　电脑　人类智能

人脑和电脑能不能相连

电脑是人脑的延伸，如果能将电脑与人脑直接连接起来，将某种特殊的硅片植入人脑内部，弥补人类记忆力有限这一重大不足，不是可以扩展人类的智能了吗？随着电脑技术的日益发展，已有科学家预言：电脑将可与人脑连接起来！

德国科学家已经在一个硅片上培育成功了一种与人类的神经细胞极为相似的老鼠的神经细胞，并且将神经细胞的电子脉冲信号传送到了特制的传感器上。科学家们认为，从理论上说，将人类的神经细胞与超微型的硅片连接起来是完全可行的。美国科学家也在打算利用同样的原理让盲人重新恢复视力，他们把超微型电子芯片置于盲人已破损的视网膜内，在电子信号的刺激下，让盲人能够看到一些简单的轮廓，他们的最终设想是用两片芯片，激发视觉神经，其中一片用于捕捉射入眼睛的光线，另一片将信号输送到神经细胞，这样就绕过了破损的视网膜。

人脑和电脑一旦相连，电脑将能直接接收人脑的意念，或

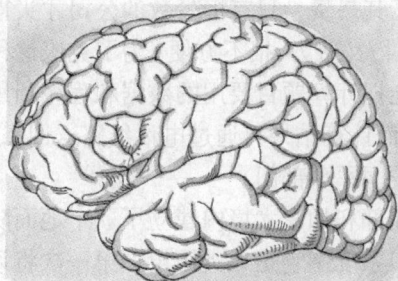

解除病人的痛苦，或让人通过意念来操纵机器。电线将能替代神经，甚至可以把记忆集成块装入人脑，从而使人脑具有不可思议的高智商。学外语、弹钢琴这种费时费力的困难事，也可借助装在人脑中编有程序的硅片而变得易如反掌，说不定还能把整个人脑的内容拷贝到集成块上，在电脑上永存呢。

反对将人脑和电脑相连的人认为，如果人脑和电脑真的可以连接，将会带来许多人类意想不到的问题；而支持者却认为，这项实验一旦成功，必将造福于人类。科学家的最终目标是找到一种可以进行人脑与电脑双向信息交流的办法。人脑和电脑相连，在近期是做不到的，目前还只是人们的理想。

☞ 关键词：电脑　人脑

计算机网络是怎样发展起来的

自 1946 年电子计算机问世以来的很长一段时间里，计算机不仅非常庞大，而且极其昂贵，只有极少数的公司才买得起。那时，人们上机既费时，又费力，很不方便。为了克服这种困难，人们就想到能不能把计算题目要用的数据和程序利用电话线路送到计算机上，而计算结果再通过电话线路送回来？最早实现这个想法的是美国军事部门。

1950年，美国在其北部和加拿大境内建立了一个地面防空系统，简称赛其（SAGE）系统。它是人类历史上第一次将计算机与通信设备结合起来，是计算机网络的雏形。

赛其系统还不能算是真正的计算机网络，因为由通信线路所连接的，一端是计算机，另一端只是个数据输入输出设

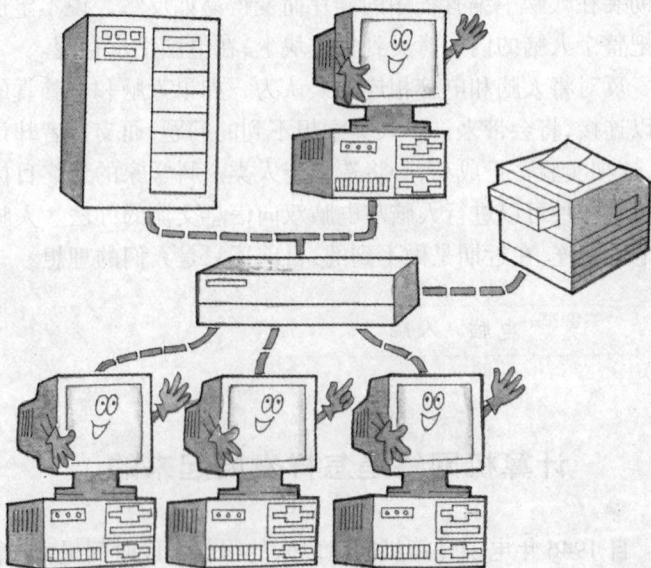

备,或称终端设备。人们将这种系统称为联机终端系统,简称联机系统。联机系统很快就得到了推广应用。按照这种方式,人们只要将一个终端通过通信线路与计算机联起来,就可以在远地通过终端利用计算机,好像人就在机房里面一样。

除了在科学计算上的应用外,联机系统在商业上也得到了大量的应用,如用于航空公司的自动订票系统。航空公司在各售票点的窗口都装一台终端,通过通信线路连到总部的大型计算机上。这样,总部的计算机随时可知道每个航班已经发售了多少票,各终端上的售票员也随时可知道哪些航班还有余票,大大提高了工作效率和服务质量。

在发展联机系统的同时,人们也在探索能不能将计算机通过通信线路连接起来,使得一些计算机上的用户能够利用其他计算机强大的计算能力、昂贵的外部设备和丰富的信息资源。20世纪60年代,美国国防部高级研究计划局资助计算机网络的研究,于1969年12月建立了只有四台主计算机的ARPA网络。这是世界上第一个计算机网络,它就是今天因特网的前身。ARPA网的成功引发了计算机网络研究的热潮,这些研究为计算机网络的发展奠定了理论基础。

随后,以国际商用机器公司(IBM)和数字设备公司(DEC)为代表的各大计算机厂商几乎都推出了自己的网络产品,但是计算机网络的普及是微型计算机(俗称个人计算机)出现以后的事了。

关键词:计算机网络　联机终端系统　联机系统

105

为什么计算机网络有局域网、城域网和广域网之分

依据网络的规模和所跨的地域，可以将计算机网络划分为局域网、城域网和广域网。局域网，一般是指网络的规模相对较小，通信线路不长，覆盖面的直径一般为几百米，至多几千米。整个网络通常安装在一个建筑物内，或一个单位的大院里。城域网是指一个城市范围的计算机网络，而广域网则是指更大范围的网络，可以大到一个国家，甚至整个地球。

虽然局域网、城域网和广域网这些词是着眼于所跨地域的，但是人们更多地是从网络组建技术上去区分它们。一般认为，用局域网技术组建的网络是局域网，而用广域网技术组建的网络是广域网。自然，城域网是用城域网技术组建的，但单独提城域网技术比较少见。这些技术的差别主要是在于所用通信线路及其通信协议上。

在局域网出现之前的计算机网络中，计算机之间的连接主要使用电信部门提供的电话线路。电话线路本来是用来传输讲话声音这种模拟信号的，为了能够传输数字，必须在线路两端各加一台专门的设备——调制解调器。由于线路和当时技术条件的限制，调制解调器的传输速率比较低，很长时间维持在每秒 600 比特到 9600 比特（Bit 的音译，二进制位）的速率上，电话线上近几年才达到每秒 33.6K 比特（1k = 1000）和每秒 56K 比特。概括地讲，广域网的特点是传输距离长、传输速率低、技术复杂、计算机设备规模大、建网成本高等。

局域网的产生和普及，得益于个人计算机（简称 PC 机）

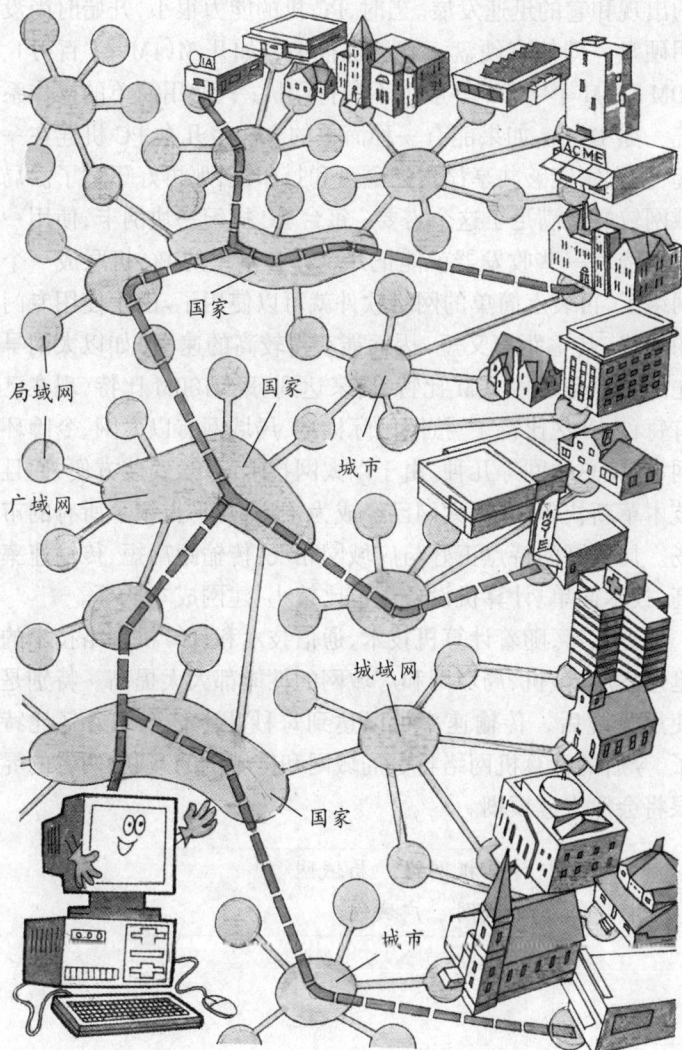

局域网

广域网

国家

国家

国家

国家

城市

城市

城城网

的出现和它的迅速发展。当时,PC 机的能力很小,开始时尚没用硬盘,即使有硬盘,容量也很小,如几 M(1M = 1 百万)、10M、20M 个字节;一般也不配打印机;只使用简单的操作系统,如 DOS。如果能有一种简单的方法将几台 PC 机连在一起,使大家能够共享昂贵的磁盘和打印机,那再好不过了。局域网较好地满足了这个需要。每台 PC 机配一块网卡,使用一根电缆和一些收发器就能把几个办公室里的 PC 机联成一个网络了,再装上简单的网络软件就可以使用了。由于使用专门的缆线,传输距离又短,因而能获得较高的速率,如以太网早先的速率是每秒 10M 比特,后来达到每秒 100M 比特,现在已有每秒 10 亿比特了。按照国际标准,局域网有以太网、令牌环网、令牌总线网等几种。由于以太网技术简单、安装方便,而且技术革新快,现在以太网已经成为主流,几乎占领了所有的市场。局域网的特点正好与广域网相反:传输距离短、传输速率高、技术简单、计算机设备规模比较小、建网成本低等。

近几年,随着计算机技术、通信技术和计算机网络技术的迅速发展,微机、局域网和广域网的性能都大大提高。特别是使用光缆后,传输速率可以达到每秒几十亿至几万亿比特了。今后的计算机网络将是局域网和广域网的互联,两者的界限将会愈来愈模糊。

关键词:计算机网络　局域网
城域网　广域网

为什么成千上万人在同一网络上
工作不会发生混乱

人类社会正以不可阻挡的步伐迈向 21 世纪,一个崭新的信息时代已经到来, 全球信息高速公路的建设热潮正方兴未艾, 而作为国际信息高速公路雏形的因特网已遍布全世界170 多个国家和地区,它的用户目前已有 1 亿以上。为什么这么多的人能在网上各取所需,不产生混乱呢?这是因为人们在网上通信时都遵守网络协议。

在计算机网络中, 每台计算机在与其他计算机交换信息时必须遵守的一些规则和约定,就叫网络协议。

其实,我们打电话与人交谈时,也自觉或不自觉地遵守一些规则和约定,例如:打电话时先拨电话号码,如遇忙音待会儿再打;接通后,介绍自己或询问对方,弄清是与谁在打电话;讲话时用双方都懂得的语言;一个人讲话时,另一个人不讲,不然都听不清;听了几句话后,要答理一声,否则讲话人以为你没有在听,或以为电话坏了;听不清时请对方重讲一遍,等等。如果你把这些规则和约定整理一下,仔细地写下来,可能有许多条。如果要写得清楚一点,也许要写成几个约定,例如电话拨号操作规程、电话通话语言约定、电话通话应答规程、电话通话礼仪规范等。

显然,计算机网络也需要有一些协议。原因是计算机很死板,只能做人们预先编排好的事。计算机通信涉及的方面比较多,如通信线路、传输技术、计算机硬件、软件、应用类别、安全等,比较复杂,因而计算机网络不仅需要协议,而且需要许多协议,这样,网上通信才会井然有序。

那么计算机网络协议是如何分类和管理的呢？在计算机科学中,一种常用的方法是分层次。举例来说,人们会话通信可以分为三个层次:内容、语言和传输。在内容层上,关心的是谈什么和如何谈;在语言层上,考虑的是利用双方都懂的语言(如普通话)和词汇,如何把通话内容组织成句子;在传输层上,考虑的是通话手段以及如何用这种手段实现通信,如书信、电报和电话等手段。

对照前面的例子,电话拨号操作规程属于传输层,电话通话语言约定属于语言层,而电话通话应答规程和电话通话礼仪规范属于内容层。

可以看出,分层次的方法有许多优点。每一层相对独立,功能明确,容易管理。特别是每一层上可以相对独立地制订约定,而且可以针对不同情况制订不同的约定。上面的例子中,传输手段从电话改为书信,只需要增加书信邮寄规范,不必更改有关内容层和语言层的规定。

国际标准化组织给计算机网络体系结构制订了一个标准,称为开放系统互连参考模式。它规定,计算机网络中每一个开放系统(可以是计算机,也可以是个计算机网络)都应具有下述七层功能:应用层、表示层、会话层、运输层、网络层、数据链路层和物理层。

计算机网络的协议也分为这样七层,每一个网络协议都是各系统同一层之间的协议。

关键词: 网络协议

调制解调器和网卡有什么不同

　　早在 20 世纪 60 年代，人们就设想利用普通的电话线来连接分隔两地的计算机，使它们能够相互传送数据。但是，电话线上只能传输声音———一种模拟信号，而计算机要传的是用二进制数 0 和 1 表示的一串数字信号。因此，需要有一种设备能将数字信号转变为模拟信号，以便在电话线上传输。调制解调器就是这样产生的。调制解调器总是成对使用的，需要联接的两台计算机都通过它连到电话线上。实际上，调制解调器是由调制器和解调器两个设备组合而成。调制器是将要发送的数字信号调制（即转换）为模拟信号，而解调器则将收到的

模拟信号解调制(即还原)为数字信号。调制解调器的英文名称 MODEM 取自调制器和解调器两个英文单词的前几个字母。除此之外,有的调制解调器还具有压缩、查错与纠错等功能。早先的调制解调器都是单独的设备,它接在计算机的串行通信口上。后来,人们把调制解调器做成一块板卡,直接插在计算机的总线槽里,这就是内置式调制解调器。另外,调制解调器又分为拨号的和专线的。前者是利用现有的电话线,联网时需要拨号;而后者则是从电信部门租用一条线路,固定连接,不需要拨号。

网卡是网络接口卡的简称。网络接口卡又称网络适配卡,它是一种直接插在计算机总线槽里的输入输出接口卡,计算机通过它连接到网络的线缆上。网卡都是针对特定的网络进行设计的,不同的网络需要使用相应的网卡。例如,用于连接以太网的是以太网卡,用于连接令牌网的是令牌网卡,用于连接 ATM(异步传输模式)网的是 ATM 网卡,等等。即使同一种网络,如果所使用的线缆不同,那么网卡也可能不同。例如,以太网可以使用粗同轴电缆、细同轴电缆和双绞线等几种,相应的网卡也有所不同。网卡可以完成网络所需要的许多功能。拿以太网网卡来说,它将计算机要传送的数据先放在自己的缓冲区里,将以字节为单位的数据变为二进制位串,再将二进制位串转变为网络可接受的形式发到网络上去。同时,它还侦听网络是否空闲,是否发生传送冲突等。

内置式调制解调器也是一种网络适配卡,它通过电话线连接广域网。但在习惯上,人们说到网卡,大多是指连接局域网用的网卡,如以太网卡。当前,有不少人将连接综合业务数字网(ISDN)用的 ISDN 适配卡称为 ISDN MODEM 或数字

MODEM。其实,这种叫法是不确切的,因为综合业务数字网是数字网,能够直接传输数字,不需要调制和解调。但是,调制解调器这个词越来越多地用来指那种通过电话线连接计算机的设备,因而这种叫法已为大多数人所接受。

在计算机网络体系结构中,调制解调器和局域网网卡都是实现物理层的功能的,但它们实际上是两种不同的设备。

☞ 关键词:调制解调器　网卡
　　　　　模拟信号　数字信号

为什么调制解调器会有不同的速度

在选购调制解调器时,我们会注意到产品最重要的指标之一是速度。速度通常是以比特/秒或 K(1K = 1000)比特/秒来度量的。例如,2K 比特/秒表示调制解调器每秒钟能传送 2000 位二进制数。调制解调器的速度越快,我们上网或交换文件就越方便。大约 20 年前调制解调器刚问世时,速度是 300 比特/秒。现在,市场上常见的是 33.6K 比特/秒和 56K 比特/秒。那么,调制解调器的速度是由什么决定的,将来还会提高吗?

通信所能达到的最大速度,是由发送和接收方之间的媒介——信道决定的。比如我们说话,其沟通的速度就取决于我们能讲得多快（每分钟几个音节）和每个音节能表达多少意思。如果房间的回声很厉害,我们就不能讲得太快,否则前后发的音就会混在一起。这种"回声"效应在通信中用"频率响应"来度量。另一方面,如果周围的噪声很大而我们又不能再提高音量,那我们就应避免使用声音相近的音节,以免被听错,这就减少了每个音节所能表达的意思。在通信中,用"信噪比"来度量噪声对信号的影响。信道的频率响应和信噪比是影响通信速度的重要参数。

当然,在同一信道,通信速度还与所用的方式有关。这种方式在通信中叫做编码技术。编码的好坏直接影响到通信的速度。

1948 年,贝尔实验室的科学家香农创立了通信的数学理论,提出了根据一个信道的频率响应和信噪比计算传输速度极限的方法。只有当传输速度低于这个极限,我们才能无错误地传送数据。但是,至今人们还没有找到达到这一极限的一般方法。对每一个具体的信道,我们必须找到适当的方法纠正信号传送中的失真,并通过编码来发现和纠正由于噪声造成的错误。随着这些技术的不断改进,数据传送的速度也得以不断提高,从最初的 300 比特/秒到 1200、2400、9600、14400、19200 比特/秒等。对电话线来说,目前达到的 33.6K 比特/秒已经很接近"香农极限"了。

那么,我们又如何超越"香农极限"而达到 56K 比特/秒的速度呢?这是利用了电话线路的特殊性。当今绝大多数的电话网络都是数字式的,用户的语音或调制解调器的信号都是连续变化的电压,称为模拟信号。在通常情况下,它通过普通的电话线(称为本地环)送到电话分局。在分局的数字交换机上,这些电压被转换成数字信号(称为量化),再通过分局之间的数字网传到受话者所在的分局。在那里,这些数字信号再被还原成模拟信号,通过本地环传给受话者。上述的量化过程是不很精确的。在电话系统中，每个模拟信号只被量化成一个 8 位二进制数。量化时，交换机根据用户送来的模拟信号，送出与之最接近的预设值所对应的数字。而最终受话者得到的，就是这个预设值。所以，用户实际发送的电话与交换机所选预设值之间的差别就成了信道中的误差或噪声，称为量化噪声。这种设计对语音传送是比较理想的，但对传统的调制解调器 (33.6K 比特/秒) 来说，量化噪声就构成了信道噪声的主要来源，从而限制了调制解调器的最高速度。

56K 比特/秒的技术则不同。这种技术要求通信的一方直接接入数字电话网。通常这是因特网服务提供者(ISP)。而我们用户则通过本地环接入电话网。在下传方向(从 ISP 到用户方向)，发送方直接将数据送入数字电话网，而不经过量化，这样就没有量化噪声。用户的调制解调器只要根据所收到的模拟信号判明分局交换机发送的是那一个预设值，就能得到所要接收的数据。而在上传方向 (用户到 ISP)，仍然要量化，所以也仍采用传统的技术，最大速度为 31.2K 比特/秒。由于大多数用户很少上传大的文件，这种非对称的安排是较合适的。

由此可见，我们之所以能在下传方向达到高速度，是因为所用的信道与以前不同了。这并不违反香农的理论。电话网内部给每个用户的容量是 64K 比特/秒，我们又需要牺牲一些速度来补偿本地环上的信道失真，56K 比特/秒的速度也几乎达到了这种技术的极限。

需要注意的是 56K 比特/秒的速度并不是随处都能达到的，有很多因素都会使我们达不到最高速度。通常，能达到 40 多 K 比特/秒就很不错了。

综上所述，目前调制解调器的速度已接近电话系统能力的极限。再要进一步提高，就需要采用 ISDN、DSL 等技术。

还有一点需要指出，调制解调器的标示速度并不等于实际的文件传送速度。原因在于，首先，调制解调器会根据线路质量自动选择最优速度，并不总是使用最高速度。其次，网络其他部分的情况，如因特网的速度、ISP 及被寻访站点的负荷，以及计算机与调制解调器之间接口的速度等，都会影响最终的传送速度。另外，所传送文件的可压缩性也是一个重要影响因素。

☞ 关键词：调制解调器　模拟信号　量化噪声

超文本"超"在什么地方

我们知道，通常一篇文章分成好几个段落，每个段落有好几个句子，每个句子又由一些字组成。可以说，文章是由字、标点符号、空格、"另起一行"和"另起一段"这样一些符号像一条线一样排列组成。在计算机中，我们称这种符号为文本字符，称这样的文章为文本。可以看出，文本有两个基本的特点：第一，文本由文本字符组成；第二，文本中的字符是从头到尾呈一条线那样排列的，因而称文本具有线性结构。所以，我们在读书、读文章时，一般也是从左到右，从上到下，从头到尾地读。

超文本是按超文本标识语言的规则编写的文本。超文本标识语言是在瑞士日内瓦的欧洲原子核研究组织于 20 世纪

80 年代末、90 年代初开发成功的。与一般的文本相比,超文本正是在上述两个基本特点上扩展了。

首先,在超文本中,可以放置一些"超链接",每个超链接都可标识另外一个超文本。如果你读过古典文学,一定会记得这类文章对一些难懂的字句会有[1]、[2]等形式的注,然后在文章的末尾附有相应的注解。超链接类似于这种注,但文章的注只有一层,因为注解中不会再有注解了。然而,由超链接所标识的超文本还可以含有超链接,它们又可标识其他的超文本,于是通过一个个超链接可以读到一个个超文本。例如,当你看一篇关于国外体育新闻的报道时,如果文中提到美国职业篮球联赛 NBA 时含有一个超链接,那你就可以进一步看关于介绍美国职业篮球联赛的文章。于是,就有可能一步一步读到芝加哥公牛队、著名球星迈克尔·乔丹等的文章。而且,"超链接"所标识的超文本文件不一定在当前的计算机里,而可以在所在的计算机网络的任何地方。所以超文本像棵树那样,具有树状结构,而不具有线性结构。

第二,超文本中的超链接可以链接的东西,除了文本之外,还有声音、图片、动画、电影片断等多媒体信息。因此,当你浏览超文本时,可以听到音乐,看到图片、照片,甚至还能观看电影和 VCD,这是多么美妙啊。

超文本文件是具有特殊格式的文本文件,通常需要用专门的软件才能使用。

关键词: **文本 超文本 超链接**

为什么要用因特网

因特网是从美国本土发展起来的，现在已经成为世界范围的网络。因特网虽然是当今世界上最大的计算机网络，但它实际上是由许许多多小网络组成的。

因特网有两个重要的特点。一是大。据 1998 年 7 月的统计，因特网已经覆盖 212 个国家和地区，目前全世界登记的域名达 650 多万个，因特网的用户有一亿多人。二是规范统一。因特网统一使用"TCP/IP"网络协议，为各种应用的开发提供统一的平台，因而已经有了许多标准的应用，例如：万维网浏览、文件传输、电子函件、远程登录、新闻组等。

现在，上因特网已经成为一股热潮，政府、单位、个人、家庭都在纷纷上网。上因特网的目的是为了使用因特网。那么，大家为什么要用因特网呢？

第一，因特网上有丰富的信息资源，各种信息应有尽有，还有丰富的功能强大的检索和获取信息的工具，如浏览器、搜索引擎等。如果你对新闻感兴趣，那么你可立刻从网上找到发生在世界各地的最新新闻；如果你对某个科学问题感兴趣，那么你能在网上找到它的详细介绍；如果你对电影感兴趣，那么从网上可以马上知道好莱坞的最新消息，甚至可以选一部电影或一个片断来欣赏一下；如果你对体育感兴趣，那么你能从网上了解到发生在世界各地的赛事和体育明星们的趣闻轶事；如果你想留学，那么你能从网上知道哪些学校招收留学生，有哪些专业，招多少人，需要什么条件……

第二，因特网提供了多种多样的人与人之间的交流工具。你可以通过因特网向你的朋友发送电子函件,可以通过因特网向国外朋友打长途电话,你还可以与许多朋友一起在因特网的聊天室聊天,也可以在因特网的新闻组里讨论问题,或者在网上一起玩游戏。

第三,企业可以通过因特网了解市场需求,及时开发适销的产品,为用户提供更好的服务;还可以在网上做广告,开展网上营销。

第四,企业可以利用因特网来建造自己的网络。

正因为如此,这几年上因特网的用户数急剧增加,大约每十个月就翻一倍。

关键词: 因特网　网络协议

因特网中的信息是怎样传递的

让我们先考察一下打电话和寄信这两种通信方式。打电话时,通话双方的电话机之间始终有一条固定的线路连接着,而且这条线路不会被其他人使用,直到有一方挂断电话为止。电话是按照占用线路时间收费的。邮寄信则与打电话不同,每一封信上都清楚地写明地址,它们通过一个或多个邮局的转发才能送达收信人;每一封信都与其他信一起运送,一封信不会独占一辆汽车、一架飞机或一列火车;信的运送方式和运送路线在途中也可能变更,例如因某段公路塌陷而改道。信通常按照重量来收费。因特网中信息的传递类似于信的传递。

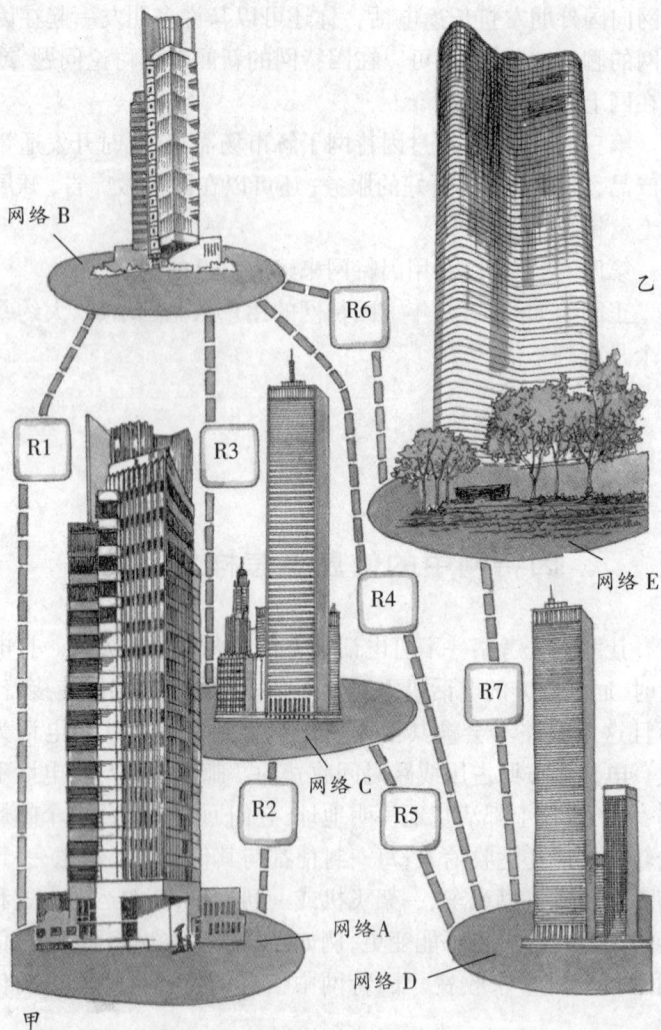

网络 B

R6

乙

R1

R3

R4

R7

网络 E

R2

网络 C

R5

网络A

网络 D

甲

我们在前面已经提到过，因特网是由许许多多小的网络连接起来组成的。当两个网络需要连接时，都通过一个叫做"路由器"的设备，它主要用来选择路径。因特网中的信息就靠这些路由器，从一个网络传到另一个网络，最后到达目的地。让我们看一个例子，上页图中有五个网络，通过七个路由器(Rn)连在一起。当网络 A 中的甲要发送一个信息给网络 E 中的乙时，这个信息可能经 R1、B、R6 和 E 到乙，也可能经 R2、C、R5、D、R7 和 E 到乙。可能性还有许多，计算机甲和网络中的各个路由器会选择一条最优的路径。

但是，实际情况并非这样简单。第一，在因特网中，当为信息选定一条路径后，这条路径不是固定不变的。例如，当甲开始发送信息时选择了经 R2、C、R5、D、R7 和 E 到乙的路径，但当信息到达网络 C 后发现直接到达网络 D 的线路不通，网络 C 可能会给这个信息重新选择经 R3、B、R4、D、R7 和 E 到乙的路径。也就是说，每当信息在某处要向前方传送时，网络都根据当时的情况选择最优路径。

第二，当你要传送一个文件特别是大文件时，因特网不是把整个文件一起传送，而是先把它分成一个个较小的信息块，每一块上都标明发送方和接收方的地址，然后每一块都单独传送。这样的一块信息，称为分组或包。因为这种分组是在互联网协议（即 IP 协议）中使用的，所以又称为 IP 分组或 IP 包。由于一个文件的各个 IP 分组是单独传送的，就可能走不同的路径。所有的 IP 分组到达目的地后，再根据传输控制协议重新整理、排序、合并，恢复为原来的文件再交给用户。

关键词：因特网　路由器　IP 分组

121

因特网上的计算机是怎样起名的

在我们的城市里,每个单位、每个家都有一个地址,如某某路几号几室。这种地址是唯一的,不会从一个地址找到两个单位或两个住家。同样,连到因特网上的每台计算机也有一个唯一确定的地址:IP 地址。

每个 IP 地址占 4 个字节,是个 32 位的二进制数。书写时,从左面开始,依次将每个字节写为一个十进制数,它们之间用点号分开。例如,上海热线的 IP 地址是"202. 96. 209. 5"。

显然,这种数字形式的 IP 地址是很难记忆的。人们就想,能不能取一种既便于记忆,又不容易重复的名字呢?

现在,因特网上的计算机可以有这样的名字,这就是域名。每个域名由若干个子域名组成,子域名之间用圆点分开,每个子域名由若干个字母和数字组成。例如,上海热线的域名是 online. sh. cn。域名的结构是分层次的,域名中较右的子域名代表较高的层,这沿用了欧美人书写地址的习惯。在上海热线的域名中,cn 表示中国,sh 表示上海,online 表示热线。如果上海热线有几台机器,则可以在上述域名之前再加一两个子域名来表示。例如,上海文汇报的域名是 whb. online. sh. cn。

域名中最后一个子域名的使用有约定。在北美,这个子域名用于区分单位的性质,常用的有:com 表示商业机构,edu 表示教育机构,gov 表示政府机关,int 表示国际组织,mil 表示军事部门,net 表示网络运行与服务中心,org 表示其他组织等。但对于其他国家和地区,最后一个子域名常常是两个字母的国家和地区代码,例如:cn 代表中国,hk 代表香港,tw 代表台湾,jp 代表日本,uk 代表英国等;而倒数第二个子域名往往是区分单位性质的,或表示国家次级行政单位。

那么,如何从域名找到相应的 IP 地址呢? 这是由域名服务器来完成的,它有一个存放了域名与 IP 地址的对照表的数据库。自然,一个域名服务器的数据库不可能包括所有域名的对照表。事实上,因特网上有许多域名服务器,它们协同完成域名的转换工作。

为保证地址和名字的唯一性,因特网有一个网络信息中心,负责 IP 地址的分配和域名的登记。我国的中国互联网络信息中心负责最高子域名为".cn"的域名的登记。

> 关键词:因特网   IP 地址   域名

家用计算机如何上网

现在我们讲上网,无论是政府上网、企业上网,还是家庭上网、个人上网,这个"网"通常都是指因特网(Internet)。

如果你想上网,首先得选择上网的方式。如果你家里已经安置了电话,那你可以选择利用电话线拨号上网,这是家庭上网最常用的方式。如果那样的话,需要选购一台调制解调器,内置式和外置式都可以。调制解调器的传输速率通常有每秒 33.6K(1K = 1000)比特和 56K 比特两种。后一种调制解调器的速率是不对称的:因特网向你传送时 (俗称下行)是每秒 56K 比特,而你向它传送时 (俗称上行)只有每秒 33.6K 比特。第二种选择是综合业务数字网（ISDN）。一条 ISDN 线路提供 2B＋D 三条信道，可以接电话机、传真机、计算机等七个设备。一条 B 信道的速率是每秒 64K 比特，一条 D 信道的速率是每秒 16K 比特。上网时，可以使用一条或两条 B 信道，所以速率可达每秒 64K 或 128K 比特。当你只用一个 B 信道上网时，还能同时打电话。但是，目前我国有的地方尚未开通 ISDN 业务。除了以上两种方式外，正在发展的还有另外几种方式。但当前家庭联网的主流方式还是利用普通的电话网。

选择好了上网的方式，接下来你就得找因特网服务提供者（ISP）了，他们是专门提供这种服务的，譬如上海热线也是个 ISP。你得找一家信誉好、速度快、收费低的 ISP。选好后，到他们那儿申请办理入网手续。办理完了，他们会给你一个上网用的电话号码、一个密码（又称口令）和一个你自己选定的用户名。此外，一般还会给你一个电子函件地址。

假如你选择了电话上网方式，接下来要安装调制解调器，并在操作系统上安装网络软件和浏览器软件，然后再设置一些参数。关于这些，一般只要对照调制解调器和 ISP 提供的说明书，一步一步照着做就可以了。

做完这一切，你就可以上网了。

关键词：上网　传输速率　因特网服务提供者

因特网服务提供者提供什么服务

因特网是一个由许许多多网络组成的覆盖世界各地的网

络。一个网络甚至一台计算机,只要通过某种方式与因特网连接,并愿意被他人访问,都可成为因特网的一部分。

那么一般的用户怎样连到因特网上去呢? 这就要找因特网服务提供者(ISP),他们提供两种服务:接入服务和内容服务。

接入服务,就是提供一种方法,使你的计算机或计算机网络连到因特网上。接入服务一般有三种:专用线路、帧中继连接、拨号线路。在这三种方式中,专用线路代价最高,速度也最快;拨号线路代价最低,速度也最慢。最普遍使用的方式是拨号方式,家用计算机上网都用这个方式。拨号方式又有两种:普通电话线路和综合业务数字网。如果家里已经安置了电话,那么再买一个调制解调器就行了。综合业务数字网,简称ISDN,它的费用比普通电话高一些,但速度却快多了。

在我国, 中国公用计算机互联网 CHINANET(简称 163 网)是因特网的主要接入网,它在北京、上海和广州三地通过卫星和太平洋海底电缆与美国的因特网端口相连。因此,中国的 ISP 的接入服务实际上是使他们的用户直接或间接连到CHINANET 网络上。

内容服务,是指上网功能方面的服务。那么因特网服务提供者提供哪些内容服务呢?一是给客户一个电子函件地址,为客户设一个专用的电子信箱。二是提供万维网信息浏览服务。我们所谓的联网,实际上只是连到他们的机器上,再通过他们的机器连到因特网上。他们的计算机负责将域名翻译为IP 地址。他们一般也提供或组织一些信息库供直接浏览。除了这两种服务外, ISP 通常还提供文件传输、新闻组、信息检索等因特网服务。此外,如果你在上网过程中遇到什么问题,也可以找他们咨询。

怎样在因特网上查到所需要的信息

因特网上的信息浩如烟海，我们怎样才能从那么多的信息中找到所需的信息呢？一种办法是靠自己平时随时记录和整理有用的万维网站点，另一种办法就是依靠搜索引擎。

搜索引擎是一种万维网站点，他们除了提供信息内容服务外，还提供信息检索服务。他们提供的信息检索服务主要有两种方式。

一种是索引方式。这种索引将万维网上的信息按照一种分类方法组织成树状结构，你可以一级一级地查下去，直至找到你想浏览的网页。例如，它的第一个网页上给出政治、科技、文化、艺术、体育等几个大类的栏目。如果你对体育感兴趣，则可把鼠标移到体育栏上点一下。接着，它会给你展示第二层的栏目，有国内体育和国外体育。再下一层可能是篮球、排球、足球、乒乓球、羽毛球、冰球、手球、棒球、高尔夫球、曲棍球……最后，可能在"最近一周足球比赛结果"栏目下显示出若干篇报道文章的题目，这时，你就可以选一篇来阅读了。实际上你每选一次，浏览器都把你的选择传送给搜索引擎站点，然后搜索引擎站点再将结果传送给你。如果搜索引擎站点很远（如在美国），那可能得稍为费点时间。

另一种方式是查找方式。提供这种服务的万维网站点的

126

第一个网页上有一个空的栏目,供你填写查找要求。在那儿,你可以填入要查找内容的主题词和关键词。例如,你填了"故宫博物院",搜索引擎站点会查出有关故宫博物院的文章。使用这种方式时,关键的一点是你的要求要比较恰当,如果要求太一般,搜索引擎站点可能给你找出成千上万篇文章;如果要求太严,可能查了很长时间,结果一篇也找不到。

搜索引擎的服务能力取决于该站点联系的万维网站点的数目、数据库更新的时间周期、信息分类方法和它的信息检索算法。它收集的站点少,自然信息就少;更新周期长,信息就会陈旧;分类不合理,本来可查到的信息可能就查不到;算法不好,查找的速度就慢。搜索引擎站点有不少,比较著名的英文站点有 Yahoo!(雅虎)、Lycos、Alta Vista、Excite、Infoseek 等,中文站点有 Sohu(搜狐)、我是野虎(5415 的谐音)、Yeach(网易)、Goyoyo(香港悠游)、Whatsite(台湾哇赛)等。

关键词:因特网搜索引擎
　　　　万维网　信息检索

怎样在因特网上找朋友

在因特网上找朋友的办法可多啦。如果你上了网,你就会在一些网页上看到聊天室和讨论组。这些聊天室和讨论组都有一些聊天、讨论的主题,你都可以参加,甚至你自己也可以成立一个。参加聊天和讨论的人,可以用真名,也可以用"化名",如大侠、夜猫子。日子长了,你也许会找到一个情投意合

的朋友。这样找到的
朋友，可能是本地
的,也可能是外地的,还可能是外国的。不过,如果你要弄清这
类朋友的真面貌,可能需要费些周折。

找朋友的另一种方法是利用因特网上一些服务器提供的
名址服务。名址服务分为两类:白页服务和黄页服务。白页服
务提供查找有关因特网用户的信息，可用来查找某人或某单
位的名字、工作单位、电话号码、电子函件地址等信息。比较有
名的白页服务工具是 Finger(手指)和 Whois(谁是,或是谁)。
Unix 服务器一般都提供 Finger 服务，能找到该服务器上用户
的信息。因特网上提供 Whois 服务的,最著名的是因特网网络
信息中心的服务器，而我国有中国互联网络信息中心的服务
器。黄页服务提供因特网上各种服务器的 IP 地址,类似于电
话簿。国内也有提供黄页服务的站点,如中国黄页。

如果你在因特网上找到了朋友，你们可以用电子函件单独进行通信，也可以通过因特网打电话，还可以用网络寻呼机互相寻呼。如果你们的计算机装有摄像头等设备，你们还可以通过因特网见面哩。

☞ 关键词：因特网　白页服务　黄页服务

怎样从因特网上得到免费软件

我们通常碰到的计算机软件和许多游戏软件，都是需要花钱购买的。那么，有没有不花钱的软件呢？有。因特网上有许许多多不需要钱或只需要少量钱的软件，你可以用文件传输协议下载，甚至用浏览器下载。这些软件的共同特点是短小精悍、实用、使用简便。这些软件大致有三类：公用软件、共享软件和自由软件。

公用软件就是公共领域软件，"公共领域"是指不受著作权和专利权限制的地方，所以这类软件可以任意拷贝，随意使用，不必付费。这些软件都提供源程序，自己还可以修改。

共享软件也叫分享软件。这类软件是"先用后买"，下载后可使用一段时间。到了规定的时间，就不让你用了。如果想一直使用下去，就需要向软件开发者注册，付一定的费用。

自由软件是由美国麻省理工学院的斯涛尔门倡导的，他出于对一些软件厂商的不满，决定把自己开发的软件产品与人分享。他还提出了自由软件的概念，成立了自由软件基金会。他的倡导得到了世界上成千上万软件开发者的响应，掀起了自由软件开发的热潮。这类软件在因特网上占相当大的比例。这里的"自由"强调的是自由,而不是免费。因而,自由软件可能免费,也可能要收少量的费用。有时,这些软件被人们统称为共享软件或自由软件。虽然它们称为共享的、自由的、公用的,但其中不乏高质量的产品,著名的操作系统 Linux 就是其中的代表。人们认为这个操作系统将是微软公司视窗 Windows 操作系统强有力的对手。美国有一家不小的公司完全用自由软件建立了因特网网站。

需要指出的是,这些软件通常不能在商业上应用,也就是说不能用它来赚钱。同时,使用者还得遵守职业道德,使用了这种软件后得作出说明,尊重开发者的知识产权。

关键词: 因特网　公用软件
共享软件　自由软件

万维网与因特网有什么关系

1989 年 3 月,廷·伯尔纳斯—李在欧洲粒子物理实验室提出一项计划。后来,正是这项计划,创造了超文本标记语言,制订了超文本传输协议,创造了"浏览器/万维网服务器"的模式。这项计划就是:把同行们的文章以超文本文件的形式存放在服务器里,通过"超链接"把相关的文章链接在一起。这样,在阅读一篇文章时,很容易找到相关的资料。这就是万维网的雏形。1992 年 7 月,万维网在欧洲粒子物理实验室内部广泛应用。到 1993 年 1 月,全世界有了 50 个万维网服务器。

1993 年 2 月，美国国家超级计算中心开发并发表了一种名为马赛克的浏览器软件，它是第一个商业意义上的浏览器软件。从此，万维网得到迅速发展。

万维网的英文名称是 Wold wide Web，意思是世界范围的网，简写为 WWW 或 Web。国内有人曾将它翻译为环球网、全球网等，现统一翻译为万维网。虽然万维网被称为网，但更确切地说，它是因特网上的一种信息浏览服务：提供服务的计算机是万维网服务器（或站点），请求服务的计算机使用浏览器软件。浏览器与服务器之间的通信使用超文本传输协议 HTTP，它是在因特网的 TCP/IP 协议上实现的。万维网服务器上存放了许多主页（Home Page，又称为网页），它是用超文本标记语编写的超文本文件。为了便于识别，每个主页都有一个叫做统一资源定位器（简写 URL）的地址，它通常有下列形式：

服务://域名/路径/文件说明

其中，域名是因特网上万维网服务器的域名；路径和文件代表该网页在万维网服务器中存放的目录和文件名称；服务是指定所要的因特网服务，它有好几种，如 ftp（文件传输）、telnet（远程登录）等，至于万维网服务是用超文本传输协议的英文缩写 http。从上面的内容可以看出，统一资源定位器 URL 不只用于表示万维网主页，还能表示许多其他网络资源。其实，所谓的超链接也是统一资源定位器 URL。

当用户使用浏览器查看主页时，可在它的窗口里输入所要浏览的主页的 URL 地址。浏览器把这个 URL 地址传送给万维网服务器，服务器根据 URL 地址把所规定的主页取来传输给用户。收到主页后，浏览器软件会根据超文本中标记的要求来处理：对于文字信息，立即显示在屏幕上，而对于其他多媒体信息，则调用有关的程序来播放。浏览时，当鼠标在主页的超链接（鼠标呈手状）上点一下，则可进一步浏览这个超链接所规定的网页。

因此，万维网也可以说是由因特网上的万维网服务器组成的网络，或者说是因特网上主页的集合，还可以说是一种把信息组织起来的方式。

☞关键词：**万维网　超链接　浏览器**
　　　　　　主页　因特网

什么是网络电话

顾名思义，网络电话就是通过数据网络传送语音的系统。由于所用的通常是互联网，而互联网又使用 IP 标准，所以网络电话又叫 IP 电话。

最初的网络电话是通过用户的计算机实现的。发话方将语音通过话筒输入计算机，计算机将其数字化后，通过所联结的网络送给受话方的计算机，再还原成语音播放出来。后来的商业性网络电话，则通过"网关"实现。网关是专用的计算机系统，作为普通电话与互联网之间的接口。使用网络电话时，用户通过普通市内电话与附近的网关相联。网关之间则使用互联网传送数字化的语音。只要提供了受话方的电话号码，发话方所联接的网关就能自动找到受话方当地的网关，建立起联系，并由受话方网关通过市内电话呼叫受话方，最后接通电话。网关是标准化的,不同提供商可以相互联接,服务更多用户。用户则不需要附加设备,就可以使用互联网来代替长途电话网打长途电话。

网络电话有什么特点呢? 这得先从电话网与互联网的区别谈起。我们在打电话时,当电话接通后,电话网上就保留了从甲地到乙地的一条通道。即使我们不说话,别人也不能使用这部分网络容量。不管整个网络多么繁忙,我们只要接通了,通话质量就不会受影响。这种联接方式叫电路交换。而在互联网中,数据被分成一个个分组(包),每个分组被独立地在网中传送,并与来自其他用户的分组分享网络容量。这叫分组交换。这种传送方式与寄送信件类似。如果同时从甲地向乙地发出数封信, 那么每封信的到达时间、途经的中转站都可能不同。在邮局总负荷过重时,信件就有可能被延误或丢失。

网络电话使用互联网。通话时,双方通常都有一半时间是静默的,这期间网络就不需要为某一方传送数据。再加上数字化的语音压缩技术, 可将数据量减少到普通电话的十分之一以下。因此,用网络电话通话,每个用户所需的容量较小。但是因为没有预先保留通道,在线路繁忙时会发生话音延迟,出现话音断断续续的现象。如果对语音进行了压缩,还会影响通话质量。网络电话不像普通电话那样有普遍的标准,它的质量在很大程度上因地、因时而异。

除了以上因素外,目前网络电话流行的主要原因是,在很多国家长途电话业受垄断或政府控制的影响,通话费偏高。网络电话避开了长途电话网,就可以低价竞争。当然这种商业情形是可能改变的。从长远看,网络电话最大的潜力在于提供多点联接、数据和语音结合等普通电话不能提供的服务,在这方面,还有待不断开发。

网络电话的普及也促进了互联网技术的发展。为了解决分组交换在延迟和可靠性上的弱点,人们推出了不少新技术,既吸收电路交换的优点,又尽量与现有标准兼容。新一代的数据网应用了多等级服务质量的概念,对实时性要求高的数据给予优先通过。可以说,在同一数据网上提供多媒体服务,以不同的价格、性能满足不同的用户,是当今数据网络的一个重要发展方向。

关键词:网络电话　互联网　网关

能在网上看病吗

1994 年, 上海的科研工作者研制成了远程医疗系统, 成功地实现了网上看病。1994 年 5 月, 上海又开设了"上海名医远程医疗会诊系统", 汇集了海内外 250 多位中西医教授为公众服务。远程医疗是利用计算机网络进行医疗的一种模式。所谓远程, 就是指医生与病人可以不在一起。所以, 我们也可以通俗地将采用远程医疗方式的医疗系统称为网络医院。

一个远程医疗系统通常由病人服务医疗系统、专家医疗系统和会诊中心组成。前两者可以很多, 会诊中心只有一个, 他们通过计算机网络(特别是因特网)连在一起。远程医疗系统是这样工作的: 病人就近到设有病人服务系统的医院进行检查, 该医院将病人的资料通过网络传送到会诊中心。会诊中心收到病人的资料后, 根据病情为病人分配或联系适当的专

家医疗系统，并为病人和专家约定会诊时间。会诊时，病人和本地医生一起通过计算机网络与远地的专家见面，进行交谈讨论，最后由专家给出诊断和处理意见。会诊后，病人由本地医生按照专家的意见进行治疗。必要时，可以再次进行会诊。当专家医疗系统只有一个时，会诊中心就与该系统合在一起了。对于少见的疑难病，采用远程医疗，可以通过因特网在全国，甚至在全球寻医。

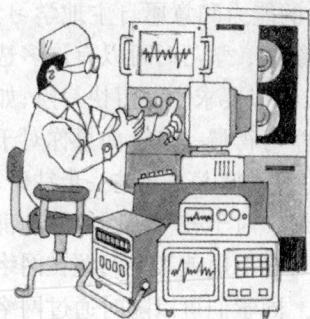

根据上海名医远程医疗会诊系统的要求，一个医院，只要具备一定的检查化验设施，配备一台多媒体计算机、一台影像传送设备、一个摄像头、一台传真机、一台打印

机等设备，安装病人服务医疗系统软件，并能够连到因特网上，那么就可以建立病人服务医疗系统。这些要求，对于县级、地级医院，特别是省级医院都不会有很大的困难。多建立一些这样的系统，求医难、问药难的问题就可以大大缓解。一些患有重病、大病的病人，不需要长途跋涉到北京、上海等大城市去求医了。即使必须要到那些大城市去动大手术，也只需确诊、联系好了再去。

☞ 关键词：远程医疗系统　网络医院

什么是远程教学

远程教学，是利用计算机网络进行教学的一种模式。所谓远程，就是指老师与学生可以不在一起，同学与同学也可以不在一起。所以，我们通常将采用远程教学方式进行教学的学校称为网络学校。与一般的学校相比，网络学校有几个突出的优点。

第一，同学们可以根据自己的能力和意愿自主地学习、讨论和考试。因为教材是精心组织的，学习时可以有许多选择。如果你觉得这部分比较好懂，可以要求学习得快一点；如果你觉得那部分不太好懂，可以学习得慢一点；如果你对于某个部分兴趣浓厚，可以要求提供附加的资料，进一步钻研、深造。网络学校有自动的答疑系统，对于教材范围的问题都能立即给予答复。同时，同学们可自由地就某个问题在网络上发起讨论，畅所欲言、各抒己见。同学们可以随时通过网络与老师交流意见,老师通过网络给予指导。网络设有庞大的试题库,考试的出题和评分都可以由计算机自动完成,可以做到大家的考题不同,难度相同。因而同学们可以自己决定考试的时间和地点。

第二,教材不单单是文字和插图,还可以配上优美的声音、可爱的动画和漂亮的图像等多媒体信息,甚至还可以采用虚拟现实的技术。当学习到我国的故宫博物院时,你将能身临其境似的到里面参观一番;在学习人体解剖时,你还可以到血管里、胃里转悠一下。这样学习多么有趣啊!

第三,每一部分教材都由最好的、最有经验的老师来编写。对于已经在网络学校使用的教材,无论是老师、学生,还是家长或其他人都可以提意见。因而,教材将会不断改进,越编越好。

目前,远程教学有两种形式。一种是采用万维网的形式,教材集中放在服务器上,老师和学生采用浏览器进行教学。另一种是采用电视会议的形式,老师和学生们可以相互看到对方,听到对方讲话。我国已经成功地开设了好几所网络学校,都采用第一种方式。

当然,网络学校还是个新生事物,还在不断发展和完善中。不久的将来,同学们通过网络就可以找到最好的学校、最好的老师、最好的课程。到那时,大家再也不必担心本地没有好的学校,再也不必担心考不上重点学校了。

关键词: 因特网　远程教学　网络学校

什么是家庭网络

顾名思义,家庭网络是建造在家庭中的计算机网络。你把家中的几台计算机联在一起,也算是一个家庭网络。但是,今天家庭网络的含义已经远远超出了这些。家庭网络的目标是不仅把计算机联起来,而且把所有的家用电器和其他的设备都连接起来,营造一个舒适、温馨的家庭环境。

家庭网络的功能大致包括三方面的内容:家庭安全、家用设备自动化和家庭通信。在家庭安全方面,家庭网络要连接防盗、防火、防煤气泄漏等各种控制和报警装置,还要连接摄像机这类监视设备以及呼救装置。在家用设备自动化方面,家庭网络要连接电灯、电视机、音响、电冰箱、洗衣机、电饭煲、电烤箱、微波炉、窗帘开闭机、数码相机以及电表、煤气表和水表等设备。在家庭通信方面,家庭网络要连接计算机、电话机、传真机等设备。家庭网络的基础是结构化综合布线。

建造了这样的家庭网络,那生活该有多舒服啊。你可用一个遥控器来操作和控制所有的家用设备。客厅、过道、卫生间里的灯可以随着你的到来和离去而自动打开和关闭。你在书房里制作的多媒体节目,可以传到客厅的视听设备上播放。家庭网络可以自动调节家中的温度和湿度。如果将办公室的计算机连到家庭网络上,你坐在办公室里,就可以看到摄像机和数码相机摄下的镜头和照片,你可以查看各种设备的状态,例如煤气开关是否关好了;如果没有关好,你可以让它关上。快下班了,你可以让电饭煲把饭煮上。如果冬天,太阳很好,你可以把窗帘打开,让阳光照到你的房间里。如果家里来了窃贼,你的手持计算机可以立即告诉你，甚至可以让家庭网络自动拨打 110 报警电话。

建造这样的家庭网络不是梦想，从技术上讲，没有太大的难点，许多大公司都在积极地研究和开发家庭网络产品，目前的障碍主要是费用问题。但随着人们生活水平的提高，拥有这样的家庭网络为期不远了。

☞ 关键词：家庭网络　计算机网络　综合布线

计算机、电视机和电话机
可以三合为一吗

计算机、电视机和电话机三种功能，是能够由一个设备来实现的。

例如，目前的计算机已经可以收看电视、打电话了。如果你在计算机里插上电视卡，接上天线或接通有线电视线路，那么就可以在计算机的屏幕上看电视了。如果你的计算机安装了声卡，并能上网，那么你就可以利用因特网来打电话。通过因特网与大洋彼岸打电话，只要支付本市电话费和上网信息费，比打国际电话要便宜得多。

同样，电视机也能用来打电话或上网。现在有一种像单碟 VCD 机那样大小可以放在电视机上的设备，叫做机顶盒。机顶盒通过电缆调制解调器与有线电视网络相连，通过有线电视网络连接因特网，因此，装上了机顶盒，就可以在电视机上浏览因特网了。有的机顶盒也能用来通过因特网打电话。但是，要使用机顶盒，目前的有线电视网络还需要改造，因为有线电视网络只是沿从电视台到用户这一单一方向传输电视信号，没有反方向的传输功能。通过机顶盒，还能实现点播电视的功能。现在的电视，都是它播什么，你就看什么。有了点播电视功能，你就可以选择自己喜爱的节目，这是因为电视台设有一个影视服务器，这台计算机上存放了大量的电视电影资料。假如播放电视节目时，你去冲了一杯咖啡，耽误了一段，那没有关系，你可以要求重播。

电话机也能实现电视、计算机的功能。现在有一种电话机，上面有液晶显示屏，屏上有个触笔式键盘。通过它，可以上因特网、收发电子函件，也可以看电视。

那么，计算机、电话机和电视机这三种设备有没有必要三合为一呢？实际上没有这个必要。因为多种功能的设备与单一功能的设备相比，价

格总会高一些,操作也会复杂一些。此外,用于大型科学计算的大型计算机,通常不需要电视机的功能;而打普通电话时,简单的电话机常常更实用。

关键词:计算机　机顶盒　网络电话　因特网

什么是电子邮局和电子信箱

你一定给好多朋友写过信吧,那么你写的信怎样送到你朋友的手中呢?譬如,在上海的你给在北京的小张写了一封信,过后你把它投入邮筒。到一定时间,邮递员会来打开邮筒,把里面的信都取走送到邮局。邮局工作人员把来自各邮筒的信按照要寄的地址分类,你的信和其他寄往北京的信,将通过火车或飞机运到北京,再送到北京市的邮局。在那里,工作人员把各地运来的信按照邮政编码进行分类,把你的信和同属一个邮区的其他信件一起送到相应的邮局。最后邮递员将信送到小张住处的信箱里。

目前,在因特网上使用得最广泛的是电子函件(E-mail),有人亲切地称呼它为"伊妹儿"。电子函件传送的过程与信件类似。当你从因特网服务提供者 ISP 那儿申请上网时,他们一般同时给你一个电子函件地址。那么这个 ISP 的电子函件服务器就是你的电子邮局,他们在这个服务器的磁盘存储器里会开辟一个区域给你设立一个电子信箱。如果你的朋友小张也有电子函件地址,那么他的电子邮局和电子信箱就在他办理上网的 ISP 那儿。当你给小张发出一份电子函件时,这份函件首先传到你的电子函件服务器里，并会立即放入你的电子信箱中。然后，电子函件服务器会把你的电子函件通过因特网传送到小张登记的电子函件服务器里，再放入小张的电子信箱中。这样，当小张用电子函件软件查看他的电子信箱时，就会看到你发的电子函件了。

电子函件与一般信件的不同之处在于，电子函件不需要使用邮筒和邮箱，电子邮局已为"邮区"里的每一个人单独设一个信箱，每个人都把要寄出的信投放在自己的信箱里；由于电子信箱直接设在电子邮局里，因此寄信、收信都十分快捷、方便。

关键词：电子函件　电子邮局　电子信箱

电子函件可以挂号吗

当你给朋友写了一封信并把它寄出后，如果地址和名字都写对，那么他一般会收到你的信。如果地址或名字写错，那么信一般会退回来。但如果邮寄过程中出了差错，信可能会遗失。要是你寄的是挂号信，那么信保证会交到对方手中。

电子函件的情形是类似的，但也稍有些差异。你之所以能够向朋友发送电子函件，是因为你们都已到因特网服务提供者（ISP）处申请设立了电子信箱，取得电子函件地址，而这些ISP的服务器将是你们的电子邮局。信息在计算机网络中的传输是严格按照协议规定进行的。对于电子函件，因特网也有一系列的协议，如电子函件消息格式协议、因特网函件多用途扩展格式协议、简单函件传输协议、电子邮局协议等。依照这些协议，你发的电子函件一定会传送到你朋友的电子信箱中。如果对方的电子邮局正常工作，而且传输顺利，那么函件在几秒到几分钟内就能送达。如果地址写错了，那么电子函件很快会退回给你。电子函件不像普通信件那样可能会在途中丢失，从这一点讲，它是不需要"挂号"的。

但是，电子函件到了你朋友的电子信箱中之后，并非万无一失了，如果你的朋友丢了信箱钥匙(泄露了密码)，电子函件就有可能被别人取走。从这一点讲，电子函件还未实现"挂号"功能，因为它没有交到你朋友的手中。那么，电子函件是不是可以"挂号"呢？可以。如果你在发送电子函件时选择了"接收通知"的选项，那么对方取走你发的电子函件时，你会收到一个通知。但是，人们很少使用这个功能。如要使用，还需要有支持这个功能的电子函件软件。为了防止电子函件在因特网中传送时被人复制和窃取，或因密码泄露而被取走，电子函件还提供了加密和数字签名等手段。

☞ 关键词：电子函件　网络协议

为什么有时收到的中文电子
函件是一堆乱码

接收电子邮件，偶尔会收到"一堆乱码"。这是发送方与接收方所使用的中文操作环境不一致造成的。

中文电子邮件在发送前要经过编码，即将汉字编成

ASCII 码方式进行发送,接收时又要经过解码,即由本地的汉字操作环境自动地将 ASCII 码还原成汉字。所以发送方与接收方所用的汉字操作环境要一致,编码和解码的方法要相对应,否则就会出现乱码现象。

中文操作环境又叫中文平台。一般来说,中国大陆使用的是一种简体中文平台,而台湾地区使用的是一种繁体中文平台。假如将"沉默寡言、埋头工作"这句话从大陆发到台湾,那么接收到的将是"阘口口粮走晴_郒"。同样,将这句话从台湾传到大陆,也会得到一堆乱码。

那么在中文平台不一致的情况下,有没有办法接收到正确的中文呢?有。这就是运用汉字操作环境所提供的工具——文本转换器进行转码,这样得到的中文就和原文一致了。

当然,也可直接将发送文件扫描成图像文件格式,或用传真软件将它转换为图像文件,以图像格式文件放在 E - mail 附件中发送给对方,这样就不会因中文平台不同而造成种种麻烦。

☞关键词:电子函件　中文平台

为什么可以在家中购物

以往,买东西总要上街去买,现在,呆在家里也能买到东西。网上购物已经成为一种新的时尚。据统计,1998 年全世界实际的网上交易额达到 430 亿美元,预计 2002 年可以达到 1.3 万亿美元。这得归功于因特网。

网上购物就是通过因特网来购物。网上商店以万维网的主页形式开设在因特网上，它通过一层层的超链接链接着许许多多的主页。譬如，一家名为"啥都有"的网上商店，它的主页上可能罗列了该店商品大类的名目，如化妆品、鞋帽、计算机、家用电器、文具、钟表、家具、服装等。如果你用鼠标点了一下计算机，它会展示一个关于计算机的主页。在这个主页上，又有整机、便携机、手持机、CPU、内存、硬盘等。如果你用鼠标点了一下整机，它又会展示关于整机的网页……当你找到所需的某个型号的计算机，再点一下，又出现一个网页，它详细地列出了该机的技术指标、售后服务项目和价格等，同时，网页上会有一个表格，列有姓名、地址、购买数量、折扣、总金额、支付方式等，供你决定选购时填写。填了这个表格就完成购物了，商店会把货物送到你的家中。

网上购物有很多特点。一是你对感兴趣的商品可以作详细了解。如果商店与厂家一起精心制作，那么一个产品的主页可以非常丰富多彩，可以有商品的功能、性能和使用方法的精彩演示，通常上街购物时是很难了解这么多情况的，因为一般的售货员不可能对每一件商品都了如指掌。二是你可真正做到货比三家，因为到各个网上商店了解各个品牌的情况十分方便。三是省去了你上街的劳累。四是价格较便宜。

在我国，网上购物还是一个新生事物，许多地方还不尽如人意，例如主页的链接层次比较多、商品介绍不够生动详细、信用卡使用不普及、法规和相应措施没有跟上等。尽管如此，网上购物还是非常诱人的，你不妨试一试。

关键词：网上购物　万维网

145

电子身份证有什么用处

我们日常生活中使用的证、卡有很多,如身份证、工作证(学生证)、医疗证、阅览证、借书证、电话磁卡、各种信用卡、消费卡等等。那么多的证和卡,都带着不方便,忘了带却办不成事。那么有没有可能把这些证和卡统一合并成一张卡呢?这是完全可能的。不久的将来办事只需要一种卡——电子身份证。

电话磁卡和各种银行的信用卡,都是磁卡。磁卡的背面有一条黑色的磁带,可储存少量的信息,例如电话磁卡上存的是剩余的钱数,信用卡上存的是密码和银行账号等信息。电子身份证是一种智能卡(简称 IC 卡)。智能卡一般有存储卡和 CPU卡两种,都有比较大的存储器。带 CPU 的智能卡有一个极小的计算机,它有中央处理器 CPU、只读存储器 ROM、随机存储器 RAM、射频通信接口、调制解调器、电源线路等,还有卡操作系统 COS,因而它既有存储功能,又有处理功能和通信功能。目前,智能卡的存储器容量,大的有二百万个字节。

电子身份证将是一种带 CPU 的智能卡,可以存放个人的身份证、个人经历、工作状况、医疗资料、驾驶证、个人信用、房产资料、指纹等身份识别信息以及收入、缴纳税情况、公积金、养老保险、银行账户、卡上零星金额数目等各种信息。电子身份证不仅可以代替上述各种证件和卡,而且还能做好多事呢!

譬如,当你去外地旅游,你能用它买机票、乘汽车、住旅馆、吃饭,还能用它记录一路的花费;你上图书馆可以用它借阅图书和资料;你生病上医院,不仅可以用它来挂号,而且卡上有详细的医疗资料,可以帮助医生及时地作出正确的诊断;你再也不用去缴煤气费、电费、自来水费、电话费、房租等各种费用,因为卡上都会自动扣除的;如果你想美餐一顿,打电话订购就行了,不一会儿餐馆服务员会把美味佳肴送来,你不必付钱,因为费用已经在卡上扣除了……这有多方便啊!

你也许担心,电子身份证这么重要,万一丢了怎么办?这可不必担心,因为电子身份证可以有加密和其他安全措施。例如,证上可以存放你的指纹信息,这样在用卡时机器会核对使用者的指纹,因而你的电子身份证别人拿到了也没有用。

关键词: 电子身份证　智能卡

谁是"黑客"

电脑"黑客"是指那些凭借娴熟的电脑技术和破译密码的本领,非法侵入他人计算机系统窃取信息,甚至破坏各种计算机系统的人。他们是一批蒙着神秘面纱,神出鬼没的现代电脑系统的"超级杀手"。

美国国防部曾经破获一件黑客大案,主犯冒用"系统经理"身份进入1000多个服务器,浏览了12万个账户,光顾了五角大楼的四个海军系统、七个空军系统。近年来,黑客们侵入美国五角大楼电脑系统的次数每年平均达16万次以上。在1997年,"黑客"侵入了美国佛罗里达州的警务应急系统,使应急警务和消防部队的瞬时响应功能受到严重干扰,损失惨重。美国中央情报局的主页曾被"黑客"涂改,某银行的巨额资金曾被俄罗斯的"黑客"通过因特网划走。

我国近年来也多次发生"黑客"入侵事件。如:1998 年 6 月 15 日,上海破获首例入侵"上海市公共信息网"案件,"黑客"先后多次攻击这个网络并登录成功,入侵了网络中的 8 台服务器,破译了多个网络工作人员和用户的密码与账号。1998 年 9 月 22 日,工商银行镇江花三湾分理处一对兄弟"黑客"内外勾结,利用无线电入侵方式,盗取人民币(现金)26 万元。案件破获后,"黑客"们受到了严厉惩处。

因特网上日益增加的犯罪行为引起了人们的关注,许多案例已给企业、政府部门以至个人带来了不可挽回的损失。如:一位欧洲的电脑"黑客"侵入了美国几个名牌大学的电脑网络,盗走 4.8 万个密码,给这些学校带来不少问题和困扰。墨西哥的一个电脑"黑客集团"侵入墨西哥政府的电脑网络系统,修改了财政部的主页,恐吓说要销毁政府资料,公布政府银行账号,监视议员网上活动,并宣称要在墨西哥发动一场电子战争。"黑客"们的行为使墨西哥政府官员十分为难和担忧。

"黑客"们乱改他人档案资料，盗用他人密码和 IP 地址，非法收集 E-mail 地址，在网上传播病毒、散布谣言、传播色情内容、盗用他人信用卡购物……上述一切在我国都是明令禁止的违法犯罪行为。

在所有"黑客"中，最具威胁的是一伙能发现并攻击因特网缺陷的软件工程师。他们不断编写出功能强大的探测工具，去查找因特网中计算机系统的漏洞。一旦发现某个系统有漏洞，他们就会登录和控制这个系统。

自古以来，兵来将挡、水来土掩，有盗贼就会有警察和军队。我国和其他一些国家的反"黑客"攻击技术已取得重大进展，反"黑客"攻击软件的功能不断加强，在"黑客"入侵时能瞬时拦截查杀他们的程序正在不断开发出来。相信在不久的将来，计算机网络会有一个和谐、安全的环境。

关键词：黑客　计算机系统

什么是防火墙

过去很长一段时期中，房屋都是砖木结构，甚至是茅屋，

如果一家失火,就会燔及四邻,所以,为安全起见,就会在自己居住地周围修筑高高的围墙,以阻挡外来的火势,保护自身的安全,这种墙就叫防火墙。推而广之,古城墙也是一种防止敌寇入侵的防火墙,在安全上至关重要。在《三国演义》中,曹操的 80 万大军在赤壁中了庞统的连环计,把舰船连在一起,又不设防火墙,周瑜一把火就把曹营烧得横尸遍野。如今,网络系统不仅把系统内部的计算机紧密联系在一起,还进行网间连接。特别是因特网,它把世界各地的计算机系统都紧密地连接在一起。因此,如果不严加防卫,一旦网络受到敌方或"黑

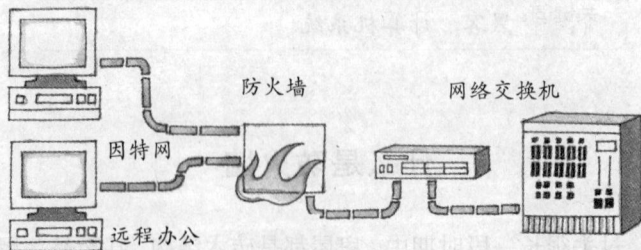

防火墙　　　　网络交换机

因特网

远程办公

客"们的攻击,后果就不堪设想了。

在互联网上,人们采用类似防火墙的方法,保护网络资源不受侵害,具有这种功能的设备就称为"防火墙"。防火墙是一种中间隔离系统,插在内部网与互联网之间,作为两者之间的阻塞关卡,起到加强安全与审计的功能。

建立防火墙的目的是保护自己的网络不受外来攻击,为此需要确定哪些类型的信息允许通过防火墙,而哪些不允许通过,这就是"防火墙安全策略问题"。目前主要有两种截然不同的安全策略:一种是拒绝一切未被特许的东西进入内部网;另一种是允许一切未被拒绝的东西进入。从网络安全性的角度来看,前者严格,它的意思就是:除了被确认是可信任的信息外,其他都不允许进来,但这样可能影响互联性;而后者宽松,它的意思就是:除了被确认是不可信任的信息来源以外都可以进内部网络,这有利于信息交互,但可能存在安全隐患。

采用哪种安全策略的防火墙,取决于网络自身条件和环境。要在对自己网络进行安全分析、风险评估和商业需求分析基础上确定安全策略,采用相应的防火墙。

☞ 关键词: 防火墙　互联网

为什么防火墙不是万能的

防火墙和实际生活中采取的各种消防措施一样,只能最大限度地减少灾害,而不能消灭灾害。近来,因特网上的"黑客"攻击程序大量出现,这些"黑客"攻击程序以正常文件为载体，以病毒方式传播，突破了防火墙系统针对"黑客"攻击程序采取的防卫措施，巧妙地潜入并隐蔽在系统内部，开设后门，与外部"黑客"进行"里应外合"。之所以产生这种情况，是因为网络防火墙技术有一定的局限性。

当前的防火墙技术的局限性主要表现为：

1. 由于防火墙对信息流进行过滤的基本依据是网络主机的源地址和目的地址，而这种主机地址比较容易伪造，且如果同一地址中有多个用户，防火墙也无法进行区分。

2. 由于防火墙只对地址进行判别，没有双向身份鉴别，因而给伪造服务器提供机会。

3. 防火墙对访问的控制是粗略的，不能管理信息流的传输进程。

4. 防火墙的物理结构是防外不防内的，它不能防止来自内部的攻击，对进了网的用户的操作和访问缺乏审计能力。

因此，要更好地保证网络安全，除不断改进防火墙技术外，还要使用各种加密技术、身份鉴别技术，注重认证和授权，并加强管理，才能使网络系统有一个良好的安全的环境，确保本系统的信息财富不遭盗窃和破坏。

☞ 关键词：防火墙　黑客　网络安全

什么是信息高速公路

1992 年，美国总统克林顿和副总统阿尔·戈尔竞选时提出建设"国家信息基础设施"，把它作为竞选纲领之一。1993

年1月，克林顿就任美国总统后，立即调整了美国的科学技术政策，加强了信息技术的地位，并授权成立了国家信息基础设施特别小组。同年9月15日，特别小组郑重宣布，美国将实施一项"将永久地改变美国人民的生活、工作和互相沟通方式的信息高速公路计划"。所以，信息高速公路是信息基础设施的通俗称法。

这个信息高速公路计划的目标是要在美国建立一个以光缆为干线的、高速的、遍布全国的、四通八达的数字通信网络，能把全国的每个地区、每个部门、每个单位、每个家庭都联结起来。该计划还规定了许多具体的目标。例如，人们通过信息高速公路可以在家里工作，在家里直接查看各种各样的信息库，获取科学、文学、艺术等方面的作品和资料，可以在家里选看最新的电影，可以在家里存款、取款和购物，可以在家里享用社会的医疗保健服务，也可以在家里通过电子方式与各级政府部门取得联系；学生通过信息高速公路可以享用最好的学校、最好的教师和最好的课程；公司通过信息高速公路可以了解市场动向，开展网上营销，可以直接从客户那儿获取订货单，同时从其他公司订购原材料；如此等等，还有许多。这一计划给人们勾画了一幅多么美好的前景啊！

我们可以把"信息高速公路"理解为以计算机技术和通信技术为"路基"、以光纤电缆为"路面"的"高速公路"，它以具备计算机、电话和电视功能的多媒体计算机为"汽车"，高速地传送和交换各种各样的多媒体信息。预计它第一阶段的传输速率是每秒1G比特（10亿个二进制位）；而第二阶段将达到每秒1T比特（1万亿个二进制位）。每秒1G比特的速率究竟有多快呢？我们来看两个例子：到1998年底，我国通向因特网的总速率为每秒 1.43256 亿比特, 只及每秒 1G 比特的 1/7; 传送英国的 33 卷《大不列颠百科全书》, 利用现在的通信网络要 13 个小时, 而按每秒 1G 比特的速率只需 4.7 秒。

自然, 只有一个国家的信息高速公路是不够的, 还应该有全球的信息高速公路。美国信息高速公路计划提出后, 在世界各国引起了强烈的反响, 得到了高度的重视, 许多国家也都提出了自己的信息高速公路计划。我们国家也在制订和实施适合中国特色的"中国国家信息基础设施"计划。

☞ 关键词: 信息高速公路

信息高速公路"塞车"怎么办

随着入网用户和网上信息量的急剧增加, 因特网越来越不堪重负, 信息高速公路上的"塞车"现象犹如大城市中的塞车状况一样日益严重, 有人已经将"万维网"戏称为"万维等待网"了。

有没有办法解决这一日益尖锐的矛盾呢? 办法还是有的。

办法之一是开辟一条"旁路"。美国国家科学基金会为了帮助科学家解决相互传递大信息量的数据文件时要花费较多等待时间的问题, 将特意为科学家们开辟一条"旁路", 让他们驶入"快车道", 这样, 在不同地点的科学家可以在因特网上以小组的形式在"一起"工作, 相互之间交换大量的数据文件, 并且还可以召开电视会议。

办法之二是建立"因特网第二"。这项计划是将高速信息

154

通道加入到今天拥挤的因特网上去。科学家心目中的"因特网第二",是终端用户迅速而可靠地将大量的数据通过电话、电缆、卫星和其他已发明的网络进行传递的一种方法,"虚拟会议"正是领先于当今技术的一种先进手段。今天的因特网就像是一条拥有无数入口处、毫无交通管制的单车道公路,那里没有红灯限制你,没有人对你说你不能用它,因此当交通繁忙时,公路上的车辆的速度自然就会降下来,"万维网"变成"万维等待网"也就在情理之中了。而"因特网第二"将增加收税"车道",从而提高网络的速度。

我们可以相信,随着信息技术的进一步改进,信息高速公路上的"塞车"现象会逐渐好转。

☞ 关键词:信息高速公路　因特网　万维网

什么是程控电话

自从第一台电子计算机问世以来,人类生活发生了巨大的变化。后来有人提出,能不能利用计算机技术为电话通信服务呢?

随着科学技术的不断进步,经过电话专家的多年努力,1965 年,美国研制成功了世界上第一部用电子计算机控制的电话交换机。它采用电子计算机作为中央控制设备,把各种控制功能、步骤、方法,预先编好程序存入存储器,利用这些程序软件来控制电话的交换、接续工作。这种控制方式叫"存储程序控制",简称"程控"。用程控交换机连接的电话机,称为

"程控自动电话",简称"程控电话"。

程控电话交换机使电话网实现了智能化,使电话机能按人的旨意行事,并可实现许多先进的功能。比如说,它能存储电话号码及自动进行拨号。如果电话一时未接通,你不必花时间重新拨号,按一下重拨键,命令计算机自动重拨。

如果你外出,在这期间有人打来电话,你不必担心丢失重要信息,程控电话会按照你事先设定的号码,遵照你的"指令",将打入的电话自动接到你所在的话机上。

程控电话还有"热线服务"功能。你只要一拿起话筒,它就能自动接通事先约定的某一部话机。当你不想打热线电话,而想打其他电话时,只要在摘机 5 秒内拨号就可以了。

打电话,对方占线是常有的事,程控电话的"遇忙回叫"可以解除你的烦恼。当对方占线时,你拨一下功能码,挂机等候,一旦对方电话空闲下来,就能自动回叫接通。

还有,如果你正和朋友小远商量春游的事,期间,你还想约佳佳一起去,这也好办,只要你按一下按钮,先停止与小远的谈话,而和佳佳联系,待和佳佳商量后,再按一下按钮就又可恢复与小远的谈话,不必反复重新拨号。

程控电话还可以开办"缩位拨号"业务。现在我国大城市电话号码已经升到 8 位,如果打长途电话,号码可能长达十几位。这样,打一个电话,仅拨号就要占用不少时间。为了减少拨号时间,可以把常用的电话号码缩至两位,只拨两位号码就可打通电话。

程控电话还有免打扰服务、限制呼叫、叫醒服务、三方通话、会议电话、追查恶意电话等先进功能。

程控电话交换机具有接续速度快、接通率高、话音清晰、保密性强等许多优点，可以为用户提供十几至几百种通信业务。程控交换机还能自动对系统的运转状况进行监视，对机器故障进行诊断和检测，日常维护比较方便。

目前我们国家的通信网络有 99.5% 的电话已经实现了程控化，截止到 1997 年 6 月底，全国每百人中就有 7.2 人拥有程控电话，在一些大中城市，比如北京、上海、广州、西安、天津等，每百人中就有 24 个人有一部程控电话。

关键词：程控电话　计算机
　　　　程控交换机

为什么有些城市的电话号码特别长

如果你仔细观察过电话号码的编排，你会发现，有些城市的电话号码特别长，而有的很短，这是为什么呢？

原来，电话要互相接通，每一部电话机必须有一个电话号码，而且这个号码是电话网中独一无二的。为了实现电话间的自动拨号，各个国家电话号码的编排，必须符合国际电话电报咨询委员会对国际电话号码编号的规则。国际电话号码是由国家代码、国内长途区号、电话局号和用户号码组成的，采用不等位编号。也就是说，国家或地区的电话容量不同，国家代码的位数也就不同。但是，总的号长不能超过 15 位。比如：美国俄亥俄州某电话号码为：

1	216	349	8669
（国家代码）	（长途区号）	（电话局号）	（用户号码）

由此看来，国家代码位数少的，电话号码就长，相反则短。美国是世界上人均拥有电话数量最多的国家，它的国家代码是1，为1位代码。而圣诞岛的代码是619164，为6位代码，是世界上最长的地区代码。

我国的长途电话号码是由邮电部统一规划制订的。它由长途区号、电话局号和用户号码组成，最长不超过10位。为了使电话交换机能判别电话是否是长途电话，打长途电话时要加拨长途字冠：打国际长途时要加拨"00"；打国内长途时要加拨"0"。例如：你在北京直拨上海图书馆的电话，应拨：

0	21	6445	5555
(国内长途字冠)	(长途区号)	(电话局号)	(用户号)

有趣的是，一个城市电话网的号码编排，还与这个城市的地域环境、经济状况、政治地位、人口数量及电话的普及率有很大关系呢。

一座城市地域偏僻，经济不发达，信息闭塞，电话普及率就低，电话数量就少，当然电话号码的位数也少。从理论上讲，当电话号码为4位时，电话局可装机一万门，采用5至8位编号时，前几位为局号，后4位为用户号。我国已统一规定，首位号码为"0"，用作长途自动拨号代码，"1"用作各种特别服务号码字冠，例如：112表示障碍台，119表示火警，168表示信息台等。故只能用2～9作为首位号，实际上只有80%的号码分配给用户。一个4位制的电话局，最多有8000个电话号码。依此类推，8位时，最大容量为8000万门。

上海是我国经济较发达的大城市，又是世界上人口最多的城市之一，人口数量达1400万。这几年，通信事业发展很快，电话普及率近30%。照这样看来，这个城市的电话号码需要几

位呢?由于7位制号码达800万个,而上海的装机容量(安装的电话数量)已达500万门,按照专家们测定,一般电话交换机装机容量达到号码数的30%～50%时,电话号码就要升位。所以,为了保证上海的通信事业有更大的发展,上海于1995年11月15日,将电话号码由7位升至8位,成为继巴黎、东京、香港之后,世界上第四个实行电话号码8位制的城市。

因为电话号码的长短受长途区号的限制,所以长途区号短的城市,市内电话号码就长。8位电话号码是世界上城市电话号码中最长的。太平洋中的圣皮埃尔岛,整个国家人口才6000,人口最集中的首都圣皮埃尔,也只有5000人。如果那里的人们个个都拥有一部电话,4位号码已经足矣。这大概是世界上最短的电话号码了。

关键词: 电话号码　电话普及率

为什么能用磁卡打电话

你有没有发现,在街边大帽子式的电话亭里,安装了一种公用电话,它不让你投入硬币,而是要你插入一种磁卡打电话。这就是能自动计费和收费的磁卡电话。

你也许奇怪,为什么用磁卡能打电话呢?磁卡可以付电话费么?

实际上,磁卡是一种由硬质塑料做成、涂有磁性材料的卡片。大小如同一张名片,在磁轨上可以写入或读出信息和资料。当它预先储存一定的币值,输入接通电话的防伪密码数据之后,就成为一张电话磁卡。人们将其插入磁卡电话机中,它就像一把能够开启电话机的钥匙,接通电话电路,并起到现金币值的功能,及时支付电话费用。一般电话磁卡面值有10元、20元、50元、60元、100元几种。电话磁卡分为地方性磁卡和全国通用磁卡。比如:上海电话局发行的上海市通用的电话磁卡,只能在上海市内使用;邮电部发行的全国通用电话磁卡,可在全国各地有磁卡电话的地方使用。购买时,要注意是否与你所要用的磁卡电话相同。

磁卡电话机是一种由计算机控制,能自动收取电话费的新型公用电话。当你插入磁卡打电话时,磁卡电话机上的磁卡读写器,首先把记录在磁卡上的磁信息准确地读出来,检测出磁卡有效后,方可接通电话电路。用户拨通电话后,它按用户所拨打的地点、实际通话时间,将磁卡上的储值依次递减,同时在话机的液晶显示屏上不断显示磁卡内所储有的余额。当磁卡储值将要减到零时,磁卡电话机将发出催促音,提示使用者尽快完成通话,一旦催促结束,通话就自动中断。如果在20秒内迅速插入第二张有效磁卡,就能继续通话。通话完毕后挂上话机,话机会自动停止计费,并在磁卡相应的标价处打下孔后退出磁卡,和孔对应的标价就是剩余金额。

磁卡电话为人们拨打长途电话提供了极大的方便。磁卡轻巧、易于携带,一卡在手,便能走遍神州。此外,电话磁卡设计精美,已经在世界各地成为人们收藏的热点。

关键词:磁卡　磁卡电话　币值

什么是数字电话

电话给人们的生活带来了方便。不过,它有时也会给你带来一些烦恼。装有电话的家庭,可能有过这样的经历:深更半夜,突然响起电话铃声,一个令人厌恶的骚扰电话,搅得你不得安宁;有时还会发生盗用电话的现象,使你蒙受经济损失。如果使用了数字电话,你的上述烦恼就会解除。

平常我们使用的普通电话,是将声音经过送话筒变成电信号传送出去的,这种电信号时刻模仿我们说话的声音,随着声音的变化而连续变化,所以叫"模拟信号"。传送模拟信号的话机,被称作"模拟电话机"。模拟信号在电话线上传输,不断受到外界干扰，而且通信距离愈远，杂音干扰愈多，失真也就愈严重。用模拟电话来通话，保密性也较差。在电话线上，只要接上一部话机，便可知道双方通话的内容。而数字电话则是将模拟话音信号进行编码变成数字信号。这里的数字信号可不是我们平时所用的 1、2、3、4、5 等十进制数字，而是用 0 或 1 表示的二进制数字。数字信号就像拍发电报时"嘀嘀嗒嗒"的电报信号，是一些毫无规则又不连续的电脉冲。所以数字电话具有防盗打和保密功能；而且数字信号抗干扰能力特别强，使得话音信号更加清晰。

数字电话具有许多模拟电话不可比拟的优点，例如：它在通话的同时，可向对方传送一些简短的文字信息，或者连接电脑上网访问。数字电话具有主叫号码显示功能，可以在来电响铃期间，在液晶显示屏上显示对方的电话号码。这样，用户可以见"机"行事，既可从容地接听重要电话，也可将非重要的电话转入语音信箱。数字电话还可以当作电子笔记本使用。用户可将 50～100 个电话号码和姓名存入话机中，还可直接按姓名或电话号码拨号。数字电话是靠电脑控制的，它会帮你自动存贮和记录打进打出的电话，它还能让主人设置日期和时间，它有十种不同的振铃音可供选择，并可向对方发送中/英文短信息。它还有免提通话、重拨号码、快速拨号、呼叫转移、三方通话、会议电话等多种功能。

随着电话网络的数字化，数字电话通信的优点日益突出，可以说，越来越多的人会喜爱数字电话。

关键词： 数字电话　模拟电话
数字信号　模拟信号

为什么电话中有时会出现
电台的广播声

打电话有时会遇到这样的事,一拿起话筒,里面传来的是电台的广播声。检查一下电话线路,并没有与收音机相接。这是怎么回事?

原来,由于音频信号频率很低、传播不远,人们就将它加到高频载波上,然后再送上高高的天线铁塔,向空间发射,这就好比让音频信号插上了高频电波的翅膀,这样广播电台的无线电波才能飞向远方。一般情况下,电话机的受话器是听不到高频广播信号的。但是,有些地区市政建设不完备,尤其是高层住宅楼内没有电信管线,电话线不得不架设在室外,从空中飞入室内。天长日久,电话线被风吹、日晒、雨淋,接头处就开始氧化。氧化层具有类似收音机中的二极管的作用,它能对广播电台的信号起到"检波"作用,也就是说,能从高频载波信号中,"检"出带有广播信号的音频信号来。当电台播音时,无线电波作用到如同天线一般的电话线上,电话机、电话线上的分布电容,就像收音机中的滤波器,将氧化层"检"出的广播信号,从高频信号上"搬卸"下来,再由它控制电话机中受话器的振动膜,于是人们听到了广播声。

还有,如果电话线缠绕在暖气管道上,或与暖气管平行、挨得很近,当广播信号作用到暖气管道上,暖气管道就像一副巨型的接收天线,将感应到的广播信号,经过电磁耦合,耦合到电话线上。此时,电话机就和收音机一样,能接收到广播信号了。

此外，电话机的手机绳呈圈绕式，也相当于一根接收天线。当电话装机地点处于广播电台强磁场地区，就会产生感应电压经过电话机，你就会听到广播声音。

电话机中的广播声，会干扰正常的通话。所以，电话线应避免装在室外，应尽量敷设在楼内的电信管道中，并远离强磁场干扰区；实在躲不开强磁场区，也可以在手机绳电路中并联一支旁路电容，将广播信号滤除掉。

☞ 关键词：广播信号　音频信号　高频信号

打电话出现回声现象是怎么回事

回声现象到处都有。当我们对着山谷大声喊话时，不一会儿，就能听到一连串此起彼伏的回声。原来，声音传到山谷，然后被反射回来。这说明，声音的传播需要一定的时间。

打电话时，也同样有回声。只是传递声音的电波，具有光一样的速度，1秒钟可以绕地球7圈半，一般市内电话距离很近，回声现象发生得极快，使人们感觉不出来。

但是，要是打国际长途电话可就不同了。因为远距离的国际电话是通过太空中的通信卫星传送的。我们知道，同步通信卫星在离地面约3.6万千米高空，在同一颗同步通信卫星下，电话信号从甲端的卫星地面站经卫星转发到乙端卫星地面站，再返回到甲端卫星地面站，这二上二下的行程达14.4万千米。如果按电波传播的速度每秒30万千米计算，这上天入地的时间，约需0.54秒。可不要小看这一点点延迟时间，打电

164

话的时候，每隔 0.54 秒就送回一个自己讲出来的声音，这会给打电话的双方造成难以忍受的回声干扰，使人听起话来很别扭。这就是电话中的回声现象。

为了消除这种现象，专家们研制出了回声抑制器。它是根据电话用户在发话时不收听、在收听时不发话的特点设计而成的，分别装在两端的卫星地面站的通信线路上。当甲端用户发话时，电话信号向乙端传送，回声抑制电路在接收通道加进一个衰减器，把送回来的回声，衰减变弱；在甲端收听对方的回话时，回声抑制器把甲端的发送通道断开，以防止接收信号通过发话通道送回对方，形成干扰。不过，在回声抑制电路中，机械式的触点开关控制通信线路的闭合或打开，它受通话双方是否在讲话的控制。当开关动作跟不上甲、乙双方讲话的节奏时，回声干扰就会"乘隙而入"，使打电话的人们感到有回声。有的时候，控制电路中的机械开关触点发生故障，也会失去抑制回声作用，电话里就会出现回声现象。

为了克服回声抑制器的缺点，人们又发明了一种回声抵消器。它是根据正负信号相互抵消的原理来设计的。在卫星通信线路的两端，加装回声抵消器。当甲方讲话时，回声抵消电路立即行动，将甲方发送的话音信号进行采样，经过数字电路倒相，变成极性相反的回声抵消信号，暂时储存起来。当甲端话音信号到达乙端后，回声信号又被送回甲端。这时，早有准备的极性相反的抵消信号，立即迎了出来，使回声信号化为乌有。不过，有时抵消信号出来得慢一点，回声干扰抵消得不干净，线路里还会出现较轻的回声现象。

☞关键词：回声现象　　卫星通信
　　　　　回声抑制器　回声抵消器

电话啸叫是怎么回事

　　打电话时，偶尔听筒中会传来一阵刺耳的尖叫声，这是因电话机或电话电路中的放大器产生自激振荡所引起的。

　　大家都见过舞台演出时使用的麦克风和扩音设备吧，当音响师未调好放大器的输出增益，就会出现自激振荡，这时喇叭里会传来一阵刺耳的尖叫声。电话机的啸叫也一样。当你拿起电话机的听筒或按下电话机的免提键，有时会听到一阵尖叫声。这种现象多半是由于电话机中的某些元器件脱焊的缘故。在正常的情况下，电话机中的放大器正常工作，不会产生自激振荡。但是，一旦电话机的电子元器件被损坏，就会改变电话机中放大电路的正常工作条件，使放大器的工作特性大大恶化,引起放大器自激产生振荡,出现啸叫声。

人们打长途电话时偶尔也会听到啸叫声。这大多是由于长途电路中部分增音放大设备不稳定,电路增益过大所致。长途电路电缆较长,时常受气候、电源等因素的影响发生线路衰耗,使话音信号产生衰减。因此,必须沿途加装增音器,才能保证话音信号精神百倍地长途跋涉到达对方。如果增音器的增益过大,会破坏电路中的放大器的正常工作,产生自激振荡,发出啸叫。

另一方面,有的话机送、受话器过于灵敏,以致周围一点响动或把手柄放在桌子上这种轻微的动作,也会引起送话器的振动膜发生振动,产生声音。我们知道,电话机的手柄是用塑料制成的,质地较轻,容易发生共振现象。共振结果会有交变电流不断通过受话器,产生噪音。由于送、受话器挨得很近,受话器发出的声音经空气又回送到送话器,如此循环往复,在送、受话器之间就会出现自激振荡,产生啸叫。

电话机的自激振荡有害无益,会使电话机的寿命缩短。所以,听到电话啸叫声,应找出原因,及时修理。平时应注意维护、保养好电话机。

关键词: 送话器　受话器　自激振荡

打电话的声音愈高
对方就愈能听得清楚吗

常打电话的人都有这样的体验,当对方听不清你的声音

的时候，你会不由自主地提高嗓音。这样做对方就能听得清楚了吗？让我们来看一看电话机是怎样把声音传给对方的吧。

用电话来传送声音，离不开电话机中的两员大将——送话器和受话器。送、受话器担负着"声变电"、"电变声"的任务。当人们朝送话器讲话时，声音使送话器里的振动薄膜产生振动，它会随着声音振动的大小，改变带电量的大小，形成话音电流，经过放大器的放大，传送到对方电话的受话器，受话器将电信号变成振动的声波，传入人们的耳朵。

一部合格的电话机必须通过邮电部门的检测，才能进入电话网使用。因此，电话机在出厂时，必须对其各方面的性能进行检测，使它符合国际统一标准。其中，电话机的响度过大、过小都是不符合标准的。

当人们以正常的话

168

音打电话时,送话器中的振动薄膜振动得很协调、合拍,产生的话音电信号是在正常范围内,送到对方话机的声音响度适中,清晰而又逼真。如果高声打电话,作用到送话器中振动薄膜上的声压超过一定限度,所产生的话音电流超出了正常电话机送出的范围,此时的话音信号会产生变形,对方听到的声音不但没有增大反而失真,这就好比一个大高个要通过一个为正常人设置的门,必须弯腰低头,才能通过。

那么,打电话时听到对方的声音小是什么原因呢?影响声音大小的原因是多方面的。电话机使用久了,里面的电子元器件会老化;因为使用不当、碰撞、受潮等,一些电阻会损坏,电容会失效,集成电路会脱焊;另外,对方电话机的受话器,天长日久电磁会失效。以上这些都会使电话中的声音变小。除此之外,电话线上电压不足、线路的传输损耗等,也会造成话音响度减小。所以,打电话时声音小,要查明情况正确处理,高声讲话往往是徒劳的。

关键词:送话器　受话器　响度

打电话听不到自己的声音好吗

打电话时,在电话机的听筒中听到的自己的说话声,叫"侧音",也叫"旁音"。

如果电话机的侧音太大,会使讲话人感觉不舒服,产生听觉疲劳。同时,讲话人以为送出去的声音太大,会不由自主地降低说话的音量,使对方听起来声音变小。侧音太大还会减弱耳朵的灵敏度，使人打电话时，对方传来的话音听起来好像很微弱。再有，如果侧音大，周围嘈杂的噪声进入送话器后，噪声信号与来话声音信号混合在一起，会使人感觉话音很不清楚，降低了话音的清晰度。

为了消除电话机中的侧音，电话机中都装上了"消侧音"电路。在实际通信过程中，完全消除侧音是不可能的，也没有必要。如果完全消除侧音，打电话时，讲话人一点儿听不到自己的声音，就会怀疑自己的声音是否已经送了出去，这时就会不由地拼命提高嗓门，大声讲话，实际上这么做是完全不必要的。再说，能够听到微量的侧音，有利于对电话机进行检验，证明电话机的送话器和受话器都是好的。

关键词：侧音 送话器 受话器

聋哑人能打电话吗

聋哑人玛丽亚出生在澳大利亚，3 岁时由于医疗事故，导致她从此生活在一个"无声的世界"里。聋哑人虽然不能"说"和"听"，但能够"写"和看。于是，人们研究出一种专供聋哑人使用的"聋人电话"。它是借助于文字信息的交流，达到"通话"目的。现在，玛丽亚有了一部自己的电话，也可以像正常人一样，通过电话与人交流了。

聋人电话机是由三位墨西哥工程师发明的。它是由集成电路板、打字键盘和一个液晶显示屏组成的。这种电话的工作原理并不复杂。普通电话机上都有四行三列数字键，在 2 到

9 的每个数字键上都有三个字母。而聋人电话机将每个字母用两个数字代码有规律地表示出来。用普通电话拨打聋人电话时，键入代码，聋人电话会将代码译成文字，显示在液晶屏幕上。用聋人电话拨打普通电话，是通过打字键盘上的字母键和各种功能键，把自己要"说"的"话"，变成文字内容，显示在屏幕上，再由该装置转化成复合声音传到对方听筒中。聋人电话除有普通电话的存储、重拨等功能外，还有选择功能，可以根据对方使用的是聋人电话或是普通电话自动切换，显示屏上能够自动显示拨打状态。这样，聋哑人也就能像正常人一样互相交流，通"电话"了。

除此之外，还有一种"以骨传声"的电话，叫"骨传电话"，也是专门为那些听力不好和发音器官有障碍的人制造的。它的原理类似于助听器，是将普通受话器内的振动膜做成塑料制的突起物，受话时使受话人耳边的镫骨振动，从而达到传声的目的。发话时利用喉头的振动来进行通话。

☞ 关键词：**聋人电话　骨传电话**

电话线能和电力线挨在一起吗

在装修新居时，有的人为了图省事，在进行室内布线时，往往将电话线与电灯线平行地布在一起；有的农村为了节省一些电线杆，将电话线架在电力线上，这些做法都是不符合通信线路布设、架设要求的。

大家知道，电力线上通过的电流电压至少是 220 伏特。电灯线和电话线的外皮，虽然有橡胶、塑料等绝缘材料裹着，但是，它们并不都是绝对不导电的。特别在潮湿天和梅雨季节，由于空气湿度大，它们更容易导电。这样，电灯线上的电流就会击穿电线表皮的橡胶、塑料等物，流到电话线上。由于电灯通常是采用单相交流电供电，一根接火线，一根接地线。当我们触及电话线或手握电话机时，从电灯线上流过来的电流就会通过人体接入大地，形成通电回路，造成触电事故，有时甚至烧坏电话机。

电话线与电力线挨得太近，输电电流还会产生电磁感应现象，在电话线上诱导出感生电流，这时电话机中就会出现"嗡嗡"的交流声，对通话产生干扰。电话线与电力线挨得愈近或平行长度愈长，这种干扰也就愈严重。

因此，架设电话线时，要尽可能地避免靠近电力线。实在无法避开时，应该拉大距离，使电话线垂直通过电力线，并且在交叉处，用竹竿、绝缘物体将电话线保护起来，以防电力线中断搭到电话线上，造成触电事故。

☞ 关键词：电话线　电力线

为什么下雨打雷，有时会把电话击坏

电闪雷鸣是一种常见的自然现象。据统计，地球上每年发生的闪电多达 31 亿次，平均每秒钟达 100 次，仅在我国广东省的雷州半岛，每年平均打雷时间就达四个月之久。雷电对电子设备的破坏力很大，全世界每年由此造成的直接经济损失在 10 亿美元以上，伤亡人数达 5 万多人。

雷电对通信的破坏活动主要有以下几种：第一、雷电直接击中电话线路和设备，产生危险的电压和电流，这叫"直击雷"；第二、空中的雷云放电，在电话线路上感应出危险的电压和电流，这叫"感应雷"；第三、一种直径约 10～20 厘米的带电气体球——球状雷，能随风飘移，能缩扁钻入窗缝，造成雷击事故。我们都有这样的常识，雷电最容易击中高耸凸出的物体。电话明线一般架设在野外，高突于地面，又有良好的导电性，最易遭直击雷袭击；埋在地下的电缆也会受到雷击的破坏。当雷电穿过埋地电缆附近的土层时，会把电缆芯线的绝缘层击穿，使雷电流涌向电缆。如果电缆附近有树木，雷电流也可能通过树根泄流到电缆上，使电缆遭受破坏。因此，人们在电线杆、电话亭和电话设备等处都安装了避雷器，以防雷击。

安装了避雷针就不会遭受雷击吗？其实并不尽然。避雷针的作用不是避雷，而是引雷，它是通过接地导线，将雷电流泄入大地，起到保护电话设备和人员安全的作用。由此可知，

电话坏了！

避雷针只对直击雷有防护作用，对感应雷和球状雷则无能为力。由于避雷针的尖端有引电作用，在把雷电引入大地的过程中，还会产生强大的感应电磁场。如果电话线和电话设备处于磁场中，则会成为感应电流的最佳通道。再有，如果避雷针的接地系统不良，电流不能顺利向大地泄放，则安装在电话设备上的避雷器、电话线、建筑物钢筋等也会成为雷电的泄放通路，从而造成雷击事故。此外，避雷针的地线电阻很小，在雷电波的冲击电压作用下，避雷针上会产生强大的感应电势，当人或其他设备与之接近时，这个感应电势就会放电伤人、损坏设备。

为了保障人员和电器设备的安全，多雷地区或雷雨季节，要在电话设备上加装避雷器，埋好保安地线；雷电交加时，应立即停止使用家用电器，拔下电源插销和天线插头，不使用电话和自来水，远离门窗，以防雷电侵入，造成危害。

关键词：电话设备　雷电　避雷针

为什么雨天电话容易串音

你有没有发现，一到夏天或梅雨季节，电话串音现象特别多，有时电话声音还变小，杂音加大。碰到这种情况，有人认为是电话机坏了，或是埋怨电话局没有把线路接好。其实，问题出在电话线路上。

电话线是有线电话的动脉，话音电流是沿着电话线传送到对方的。信号在传输过程中，要经过许多岔道和接头，线路越长，岔道接头越多。如果这些岔道处的接头没有进行很好的封接和绝缘处理，电流就会泄漏出去，这种现象就叫"漏电现象"。

我们都有这样的常识，除了金属外，水、潮湿的木头、潮湿的棉纱等都能导电，而且它们的导电性能与空气的干湿度有很大关系。在晴朗的天气或冬季，空气很干燥，干燥的电缆外皮对电流的阻力很大，电流会乖乖地沿着电缆传给对方。但是，在夏季或梅雨季节，雨水较多，周围空气潮湿，电缆内的棉纱、接口处的绝缘胶带受潮发霉，使得绝缘性能降低，严重时绝缘胶带不但不能隔绝导线间的电流，反而发生漏电现象，在各导线之间搭起了"导电桥"。用户通话时，有一部分电流就会通过"导电桥"窜入其他线路，造成串音。有些地方的地下电缆井盖封得不严，雨水会顺着井口流入电缆管道，地面的积水也会渗漏到电缆井里。电缆中的铁线或铜线受潮生锈后，会挤破绝缘外皮，水汽便乘隙而入，导致通话中的串音现象；严重时电缆浸泡在雨水里，会使电缆短路，通信中断。

电话电缆并不都埋在地下，有些架设在露天，电话线上难免会有一些鸟巢，还可能缠绕上风筝。在雨季、潮湿的日子里，这往往会导致灾害，因为这些东西被雨水淋湿了，就会成为导体，使话音电流中途泄漏掉，导致电话声音变小，甚至话音电流接到了另一条电话通路上，造成严重的串音现象。

所以，夏天、雨季要加强电缆、电话线的维护，采取防潮措施，如：及时排除电缆井里的积水，用红外烘烤的办法排除潮气，使接头离开地面，以防串音、漏电现象产生。

☞ 关键词：**串音　漏电　电话线**

保密电话是怎样将通信信息加密的

日常生活中，电话是人们相互联系不可缺少的通信工具。电话中无关紧要的内容，即使被人窃听，也无所谓。若是机密的信息被人窃听，后果就不堪设想了。这时候，使用对通信信息加密的保密电话，就显得十分必要了。

我们现在使用的电话，按照通信信息在线路中的传输方法，可以分为模拟电话和数字电话两大类。

使用模拟电话时，电话机上的话筒，先将声音信号转变成电信号，通过线路和电话局交换机转接，传送到对方后，再在对方的电话机听筒中，还原成声音信号放送出来，从而构成双向电话通信。在线路中传送的电信号有幅度和频率两个主要特征。发话人声音的音量，能使电信号的幅度发生变化，而发话人声音的音调，能使电信号频率发生变化。由此可见，模拟电话在线路中传送的是一种模拟声音信号变化的电信号。电信号仿佛是声音信号的"影子"。窃密者只要设法得到这种电信号，就能很容易地让这种电信号在耳机或扬声器中变成声音信号放送出来，使通信内容泄密。

如果在电话通话时使用保密器，就能对通信信息加密。保密器能改变模拟电信号的特征，按与对方预先规定的密约，将电信号原来的高频率改变成低频率，将原来的低频率改变成高频率，甚至可将整段电信号分割成若干小段，分别进行颠倒，使电信号的特征发生"混乱"。这种完全走了样的电信号在线路中传送时，即使被窃听者获取，在耳机或扬声器中放送出来的也是一种严重失真的面目全非的声音。这样就起到了保密的作用。当然,对正常的接收来说,保密器会按预先规定的密约,将颠倒弄乱的电信号的特征"拨乱反正",使其还原成原来的模样,就能放送出清晰的声音信号了。

至于数字电话,它在线路中传送的是由"0"和"1"两个数字组合形成的电信号,这种电信号在技术上叫信码,本身具有较高的保密性。为了密上加密,就将信码的组合搞乱,越乱越好,在接收时,再按事先规定的密约,将搞乱了的信码还原,这样就能正常通信了。因为数字电话在线路中传送的是一种已被搞乱了的信码,即使被窃听,一时也很难破译,起到了保密的效果。

随着电子技术的进步,加密技术会更加先进,电话的保密性将越来越好。

关键词:模拟电话 数字电话 加密

为什么一条电话线路上可以通多路电话

如今要想与朋友说说知心话,不必出门,打个电话就行;长途电话更是将相距遥远的人们拉得更近了。然而,建立一条长途电话线路的投资是惊人的,且不说敷设电缆、跋山涉水所花费的人力、物力,单就所用的电话电缆而言,仅100千米长,就要耗费铜12吨、铅50吨。

在这样一条昂贵的长途线路上,如果每一对电缆线只通一路电话,实在是太浪费了。于是人们便设想在一对导线上传送多路电话。

1908 年，有人开始在一条电话线上做传输两路电话的实验。1918 年，美国最先研制成了载波电话机。从此，在一条线路上通多路电话的梦想得以实现。

那么载波电话机是怎样实现多路通信的呢？

人们说话的声音频率范围在 300～3400 赫兹。如果把 3 个人的声音同时送上同一条电话线路，那么它们相互之间准会"打架"，让收听者无法分辨。如何解决这个难题呢？人们想到了铁路运输货物的方式，要通过铁路把不同的货物运往远方，只要把它们分别装在不同的列车上，让列车载着货物跑就行了。如果我们把声音频率在发送端分别"搬移"到高低不等的频率上，

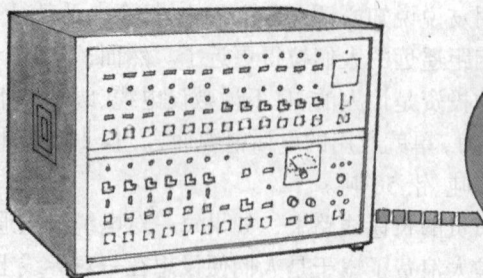

再把它们送上电话线路进行传输，几种声音不就能在一条电话线路上各走各的"路"，互不影响了吗？到达对方后，接收端再把所需的话音信号从载波频率上"搬卸"下来，恢复原貌，送给受话人。在这个过程中，话音信号是经过几次变化才到达对方的，通话的双方根本感觉不到，就好像在打普通电话。这种话音信号通过变频处理，在一条电话线上传送多路电话的通信方式，叫做载波通信。

就像火车在铁路线上奔驰会受到摩擦力和空气阻力作用一样，电话信号在长途线路上传输时，也会遇到阻力，能量不断消耗，信号变得越来越弱。为了使信号不减弱，人们就在长途载波通信线路上，每隔一定距离设一个增音机，不断将减弱的信号放大，使它精神百倍地继续长途旅行，完成长途通话任务。

在不同材料的电话线上，载波电话的传输距离和通话路数不尽相同。比如，铁线只能传输 12 路电话，而同轴电缆最多可以开通 4380 路电话。

载波电话的发明，大大提高了线路的利用率，节省了投资。由于传输时对话音信号进行了变换，因此载波电话保密性好，不易窃听。在 20 世纪 50 年代以后，各国广泛采用载波电话进行长途通信。我国的载波长途通信网络早已通达全国各个省市，边远地区、通信线路少的农村也都开放了载波电话。但是，载波电话是模拟通信，随着通信技术的发展，特别是数字通信的出现，载波通信将逐渐被光纤通信取代。

关键词：载波通信　频率搬移　增音机

翻译电话与电话翻译是一回事吗

在国际交往中，如果你只懂本国语言，那么，无论你走到哪里，语言障碍就会成为旅途中的大敌，这时翻译人员就是双方语言交流的桥梁。打电话也会出现这种情况。如果你打的是国际长途电话，对方说的是另一种语言，那么，你们双方都不知所云。现在有一种翻译电话，它就像一位善解人意的小翻译，为人们解除语言障碍，使通话的双方能顺利地互相交流。

翻译电话也叫自动翻译电话。在这种电话机内装有自动翻译电路，具有识别语种、并根据指令将其翻译成另一种语言的功能。

电话服务公司还有一种电话翻译服务，全称"同声传译国际电话"。它是由翻译人员为用户提供的一项服务——同声传译。

翻译电话和电话翻译不是一回事。翻译电话是通过技术措施实现的，而电话翻译是一个服务项目，两者都是为了使用户达到国际间不同语种相互通话的目的。

自动翻译电话是由音码器、语音合成器和电子计算机等组成的自动口语翻译系统，它可以解决语音处理与计算机翻译两大问题，并通过国际通信卫星线路传递信息，形成国际间的自动翻译电话通信系统。

未来的自动翻译电话，将采用智能处理技术，提高人机对话能力，基本上实现双方语言即时对译，所听到的机器合成语音会模仿通话双方的音质和感情。

同声传译国际电话为不懂外语的人们提供电话翻译和电

话代理等服务。使用时只需将通信对方的电话号码告诉电话服务公司,翻译人员就会将对方的讲话内容翻译出来。同声传译电话最早出现在巴西,以后英国、意大利和日本等国也相继开展了此项服务。

关键词: 翻译电话　同声传译

什么是会议电话

在日常工作中, 人们经常要召开全国性的或省市级的会议。组织会议的人员,往往要提前十几天做准备工作。参加会议的人,旅途往返,十分辛苦。有没有更好的办法,既达到了开会的效果,又省时省力呢?有。这就是利用"会议电话"来召开会议。

把不同地点的多个用户,通过长途电话线路、市内电话线路或通到农村的电话线路连接起来,利用电话召开会议,这种电话业务叫"会议电话"。用电话召开的会议称为"电话会议"。目前邮电部门有专用的电话会议室,政府部门或一些大的机关也有自己的电话会议室或会议电话, 供召开电话会议或参加会议的人员使用。我国可以召开从中央到各省、市、县,直至乡镇的全国性电话会议, 各部门各单位也可以召开中小型电话会议。

召开长途电话会议, 要提前向电信部门的电话会议室登记,说明开会的时间、会议题目、参加单位、人员等。会议室根据登记内容,通知各单位或参会人员按时收听。会议主席所在

地设有会议电话汇接机,各地的分会场设有会议电话。

电话汇接机是由电脑控制的,它将各地会议电话与之连接,以便传送主会场的会议信息。各地参会人员的发言是受会议主席和值机员控制的,参会者的发言请求,通过值机员转告主席,只有得到主席的允许,值机员才能接通电路,发言才能被各地参会人员听到。这是为了防止各地会场的杂音进入会议电路,保证会议电话音质清晰。会议电话还装有话筒、收发放大电路,便于多人发言和收听,它还配有录音机,便于备案存档。

单位内部的程控交换机也有会议电话功能,可以组织召开电话会议。一般可由话务员根据会议通知,通过话务台将各个参加会议人员的电话分机,接入电话会议。

会议电话不仅提高了人们的工作效率,而且节省了旅费和时间。

☞ 关键词:会议电话　电话会议　电话汇接机

什么是集团电话

如今,电话已经相当普及,办公室里几乎都装有电话。据统计,人们在处理日常工作时,更多的只是内部联络,商谈工作。如果全部使用外线电话,既不方便,又要付较多的电话费。如何将这些内部办公电话有效地连接起来,方便人们办公,而又不致占用更多的外线呢?采用集团电话就可以做到这一点,它特别适合于人数不多的部门、学校和公司使用。

集团电话是一种小型电话交换机,它由微电脑控制,不需话务员转接电话,是一种先进的办公用电话系统。它的话机有一组特殊的呼叫键,好像组成了一个通信集团,"集团电话"由此得名。集团电话可以将5~6部内线电话连接起来,共用一条外线,或者按8比2、12比3的配置连接内外线电话。人们只要通过一部电话主机,就可以方便灵活地按办公电话的要求,进行软件编程,设置各种功能。当外线打入时,集团电话可以自动帮你接入所需分机,无人接听时,系统内的电脑会告诉你主人的留言。

集团电话机与众不同,它除了与普通电话机共有号码按键外,还有许多显示线路状态和设置功能的按键。每部电话机都可以方便地接转外线打来的电话，并可监视外线使用情况。当你需要使用外线电话时,按下相应的空闲外线键,就可打出外线电话。内线电话和外线电话是相互保密的,所以决不会相互干扰。

集团电话和程控电话一样,有许多先进功能和独特功能,比如呼叫转移、遇忙回叫、自动重拨、免打扰、内部通话、外线预约、免提话筒、电话会议和秘书电话等。

集团电话系统还可以和许多种办公设备相连接。有了它,就像聘请了一位聪明能干的小秘书,它不仅能为人们自动接转电话,还能收发传真、上网发送电子邮件、传达留言,甚至通过门控电话迎送来访的客人呢。

如今,在许多中小企业、机关、学校和写字楼中都可见到集团电话的身影,人们称集团电话为办公室里的"秘书电话"。

关键词：集团电话　内线电话　外线电话

可视电话与电视电话是一回事吗

看到电视电话这个名字,你就会猜到,它是电视和电话机联姻的后代。电视电话的问世,使人们在打电话的同时,不但能闻其声,而且能见其影,它被称为现代"千里眼"和"顺风耳"。然而,电视电话既要传送双方的声音,又要传送双方的图像,它所占用的频带宽度是惊人的。据专家们计算,传送一路电视电话信号要占用1000路普通电话的信号宽度。因此,昂贵的电视电话费用,使百姓望而却步。

如今,一种既能在一路电话线路上进行通信,又能看到对方的音容笑貌,且通话费用和普通电话基本相同的通信方式正在悄然兴起,这就是可视电话。

可视电话和电视电话是一回事吗?

从表面上看,可视电话和电视电话似乎并无差别,它们都有一部与普通电话类似的按键电话机,一个显示对方相貌的电视屏幕和一架拍摄通话人上身像的摄像机。实际上,它们差别很大:电视电话传送的是活动图像,而可视电话传送的是静止图像。

我们都知道,普通电话传送声音,使用一对电话线就可以了。而电视电话则不然,它在电话网上,既要传送话音信号,又要传送通话双方的活动图像,共需要三对传输线。由于一般电话线路传输的是模拟信号,速率在64K(1K = 1000)比特/秒。而活动的电视图像信号,必须是数字信号,要在数字线路上传输,传输速率是前者的数十倍,因此,必须采用信号压缩的方法加以传输,或者接入光纤通信网,让它在宽阔的信息高速公路上进行传输。

与此不同的是,可视电话的静止图像是在现存的模拟电话系统中传送的。它采用图像信息压缩和存储技术,先将逐行扫描的图像信息传送到对方存储起来,等到信息量足够显示一幅图像后,再在屏幕上显示出来。这样,传送一幅用户的半身静止图像,约需5秒钟;如果是彩色图像则要10秒钟。人们在打可视电话时,先将摄像镜头对准自己,拍下固定的图像,按一下发送键,将静止图像信号发送给对方,然后等待对方发送过来对方的图像。由于声音信号也在这一条电话线上传输，因此在线路传送图像的时候，双方是不能通话的。

无论是电视电话，还是可视电话，你要是有了它，就能"面对面"地与远方亲人通话；和同学讨论数学题时，你也不用费尽口舌，描述几何图形和数学符号，对方一看图形便"一目了然"；有了电视电话、可视电话，人们还可以召开电视会议、传送各种技术资料、图表和文件。随着通信技术的不断发展和普及，电视电话和可视电话会越来越受到人们的青睐。

> 关键词：电视电话　可视电话　图像信号
>
> 话音信号　模拟信号　数字信号

为什么移动通信中要用"蜂窝"网

无线电话、寻呼机和对讲机等无线通信工具都是在移动过程中使用的，这类通信方式统称为移动通信。

移动通信是靠电磁波传递信息的，电磁波传达的地方叫无线电覆盖区域。人们手持移动电话或其他移动通信工具，只要在这个区域内都可以进行通信。通常移动通信的无线电波覆盖区域和一个城市的大小一致。要覆盖这么宽广的面积，采用什么形状的覆盖区好呢？

无线电波是通过基地台的天线向四周发射信号，覆盖区域是一个圆。这几年使用移动电话的人不断增多，而频率资源有限。为了充分利用无线频率，解决"僧多粥少"的问题，美国贝尔实验室的通信专家提出了建立蜂窝式移动电话系统的建议。为什么要将无线小区划分成蜂窝状呢？

在大自然中人们发现一个奇妙的现象：蜜蜂的窝是由许许多多正六边形的"小房"紧密地排列起来的。蜂窝的这种构造引起了科学家的注意。分析表明，正六边形占有空间最大，有效地利用了材料。

于是，人们将这种结构也应用到无线电覆盖区域上。无线电话的基地台采用的是全向天线，覆盖形状大体是一个圆。但因小区彼此邻接，用圆形小区进行排列，必然会产生较大的空隙或重叠。如果分别把同样大小的正方形、菱形、正三角形、正六边形等等，紧密地排列在平面上，你会发现，只有正六边形、正三

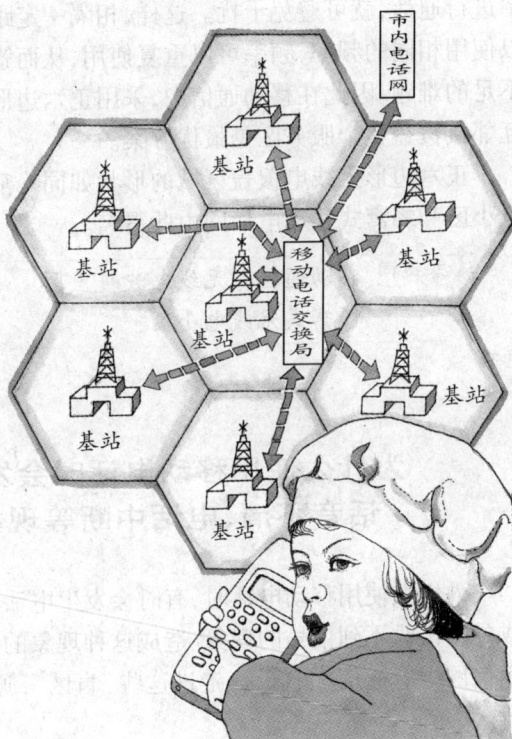

角形和正方形,可以不产生空隙和重叠。实际上,每个小区有效覆盖区是一个圆内接多边形。如果小区选用正三角形的话,相邻两区之间重叠部分太大,正方形会好些,重叠最小的还是正六边形。

所以,选用正六边形可使无线电覆盖小区有效面积最大,覆盖同样面积的服务区域所需小区个数最少,这样可以节省建设投资,且只要对发射的无线电波的强度进行控制,使它限制在小区之内就行了。同时,在相邻的小区中,选用不同的频率进行通话,就可避免干扰。这样,相隔一定距离的小区中可以使用相同的频率,频率可以重复使用,从而解决了频率资源不足的难题。因此在移动通信中,采用正六边形无线电小区相互邻接覆盖整个服务区是最优方案。

正六边形无线电覆盖区域的形状如同蜂窝,蜂窝式无线电小区和蜂窝式移动电话网由此得名。

👉 关键词:移动通信　无线电波覆盖区
　　　　　蜂窝式无线电小区

为什么使用移动电话时会发生话音不清、电话中断等现象

人们在使用移动电话时,有时会发生电话中断、话音不清或寻呼机收不到信号的现象。造成这种现象的原因,在于移动通信网中有通信"盲区"。走进这些"盲区",通信就会受到影响。

那么什么是通信盲区？为什么移动通信网中有盲区呢？通信盲区就是指无线电波被山丘、树木、楼群和桥梁所阻挡、反射，移动台接收到很弱的无线信号，甚至收不到信号的区域。

在移动通信网中，无线电波所覆盖的区域内难免有山丘、树林、立交桥和高大建筑群等，无线电波在这些地区就会被阻挡、反射和屏蔽，产生阴影效应，这就像阳光照射在树木或楼群上，会在树下、建筑物旁形成阴影一样。移动通信网在这些地区容易产生通信盲区。还有，在蜂窝式移动电话网中理想的蜂窝是正六边形的，各个蜂窝小区组合在一起，形成天衣无缝的通信区域。而实际上，移动电话基站所组成的蜂窝形状是近似圆形相切的排列，再加上地形和建筑物的影响，蜂窝小区所形成的通信网难免有地方通达不到。

当人们在进行移动通信时，有时会行走在楼群之间，有

时会乘车穿过隧道、立交桥，有时会行走在广告牌下，或树叶浓密的大树底下，这些地方都会有通信盲区。此外，蜂窝小区间的死角也是通信盲区。在这些地方进行移动通信，就可能出现电话中断、语音不清、寻呼机收不到信号等现象。现在你知道了移动通信的特点，遇到这种情况就有对策了：只要换一个位置，调整一下天线的角度，就可以继续通信了。

☞ 关键词：移动通信　通信盲区

为什么移动电话的声音
没有普通电话清晰

"丁零零……"电话铃响了。拎起电话听筒，传来了对方的声音，听起来很清晰。这是固定安装在室内的普通电话，它给人们带来了便捷的通信方式。如果在外出途中需要打电话，可以使用便携式的移动电话（俗称手机或大哥大）。但是，在移动电话里听到的声音，有时候就没有在普通电话里听到的声音那样清晰了。

固定安装在室内的普通电话，在打市内电话时，要通过电话局内的程控交换机和线路，才能将通话双方联接起来。双方在通电话时的声音信号，要先变成相应的电信号，在有形的金属线路中来回传送。这种电话在通信技术上叫有线电话。有线电话上的电信号是在封闭的线路中传送的，不大会受到外界环境中电磁的干扰，所以当电信号在电话机中还原出声音信号时，就很少有干扰引起的噪声，听起来十分清晰。

移动电话通信是一种无线电通信。它在传送模拟声音的电信号时,不使用金属线路,而使用高频率的无线电波作为载体,在空间向四面八方传播,并与无线电基站内的发射机和接收机,以及安装在每台移动电话内的微型收发信号器,组成无线电双向通信。这与使用普通电话进行有线通信是不一样的,它很容易受到外界电磁干扰而产生噪声。宇宙中的银河系、大气中的电闪雷鸣、工业设备和用电器具上迸爆的电火花等都能产生频率范围极宽的电磁波,其频率一旦与移动电话接收的无线电波频率吻合,它们就会长驱直入,被移动电话接收到而产生干扰噪声。

另外,由于技术和设备上的原因,移动电话还会受到两个相同或相邻频率的无线电波的同频或邻频干扰,产生讨厌的噪声。在高楼林立的大城市中,受到地理位置和建筑物影响,无线电波传播不到或只能传播到很少一部分的地区,移动电话的声音会很轻甚至听不到,而噪声会很大,使通信质量变差。

移动电话在传输过程中信号没有放大,这也是声音不清晰的原因之一。

采用数字电信号的移动电话(俗称数字机)比起采用模拟电信号的移动电话(俗称模拟机)来,通话清晰度已有了很大的提高。随着通信技术的发展,将在移动通信全系统中

采用更优化的设计。到那时,移动电话的通话清晰度就可与普通电话相媲美了。

关键词：电话　无线电通信　移动电话

为什么在火车上听不到收音机的广播,却能打移动电话

乘过火车的人都有这样的体验:如果火车上拿出半导体收音机,无论怎样调整方向,都收听不清广播电台的节目,而在火车上打移动电话,却丝毫不受影响。收音机和移动电话都靠无线电波传递信号,为什么在火车上收听不到收音机的广播,却能打移动电话呢?

大家都知道,火车车厢是用金属材料制造的。广播电台发射的无线电波属于中短波范围。中短波的传输特性是:有一定的绕射能力,可进行远距离通信,但穿透能力很弱,一遇到金属,像钢板、铝、铁板等材料,就会被屏蔽掉。所以,旅客手中的收音机往往收不到电台的广播节目。而"蜂窝"式移动电话的工作频率在 900 兆赫兹以上频段,它的电磁波频率范围属于超高频段。这种电波信号绕射能力差,但穿透能力很强,可以穿过窗户进入车厢。再加上移动电话网电磁波覆盖的小区半径只有几千米,手机与基站台的发射功率达到数瓦,在几千米半径内实现正常的通话,当然不成问题了。

👉 关键词:收音机　移动电话　电磁波

为什么在飞机上不能使用移动电话

1996 年 7 月 11 日,中国南方航空公司的 CZ3504 航班由上海飞往广州,飞机接近广州准备降落时,飞行员发现飞机进入着陆航道后,罗盘指示的航道与实际航道不符。经查,客舱里有四五名旅客正在使用移动电话。移动电话停用后,飞机罗盘随即恢复正常指示。

1998 年 2 月 16 日晚,"华航"一架由印尼飞往台北的班机在降落时坠毁。乘客和机组人员全部遇难。在追查飞机失事原因时,调查人员怀疑这次空难事件是由于有人在飞机准备降落时使用移动电话,干扰飞机通信所致。

据国际飞行员联合会的一项调查报告统计, 近年来每年

都发生 20 多起由电磁波干扰造成的飞行险情，而且在已发生的空难事故中，不排除有这方面的原因。

为什么飞机上不能使用移动电话呢？

原来，飞机在空中是沿着规定的航线飞行的。整个飞行过程都要受地面航空管理人员的控制和指挥，飞行员利用机上的通信导航设备，进行地空联络，驾驶飞机。

飞机上的导航设备，是利用无线电波来测向导航的。飞机上的导航定向设备接收地面导航站发射的电磁波后，便能测定飞机的准确位置。飞机上的自动驾驶仪是一种自动指令接收检测和执行系统。它通过无线电波接收地面站的实时信息，并与标准信息进行比较，执行来自地面站和机上设备发出的指令。如果发现偏差，自动向其执行机构发出纠正偏差指令，执行机构根据指令自动操纵飞机，使飞机保持正常状态。

大家都知道，移动电话是靠电磁波传递信息的。如果乘客在机舱内使

禁止打电话！

用移动电话,移动电话辐射出的电磁波就会对机上导航、操纵系统产生严重干扰,飞机导航设备就会产生偏差,使飞机自动操纵设备产生误操作,从而导致空难事故的发生。

除了移动电话,设置在地面的寻呼台也会对飞机的航行产生干扰。

为了保证飞机的安全飞行,许多航空公司都宣布飞机上禁止使用移动电话。国际航空协会也正在考虑制订一些规定和措施,禁止旅客在飞机上使用具有电磁辐射的便携式电子设备,包括移动电话、寻呼机、便携式电脑和游戏机等。

关键词:移动电话　电磁波干扰

为什么雨天打移动电话杂音特别大

经常使用移动电话的人都有这样的体验:在下雨天,尤其是暴雨天,打移动电话时杂音特别大。人们通常以为这是话机性能不好,或者是通信网络出了问题。其实,这都是误解。

移动电话出现杂音现象,是由于电波信号受到了噪声的干扰。这与电磁波的传输特性有关。电磁波在空间沿直线传播,传播途中,它不断受到建筑物、树木和金属广告牌等物的阻挡,使信号衰减;它还受到人为噪声和自然噪声的干扰。人为噪声是指汽车引擎点火、电力线、工业设备中的电气设备以及家用电器等产生的电磁辐射所形成的噪声;自然噪声是指大气噪声、太阳噪声和银河噪声。除此之外,大气层中的氧气分子、水蒸气分子会对电磁波形成吸收作用,使信号衰减。晴天，自然噪声、吸收衰减比起马路上来来往往的汽车点火对电磁波的干扰要小得多，可以忽略不计。但是，一到雨天，尤其是当大雨或暴雨遮天蔽日、倾盆而下时，空中的氧气分子、水蒸气分子比平时多了几倍，噪声干扰就厉害了，再加上雨滴对电磁波还有散射衰减作用，使得移动电话通话时杂音变大。对于移动电话来说，使用频率越高，杂音和"雨衰"现象就越严重。比如900兆赫兹移动电话、通过微波进行远距离通信的无线电话和卫星电话，使用频率都较高，在大雨天时使用，就显得杂音特别大了，有时甚至引起通信中断。

目前，移动通信的杂音和"雨衰"现象，是人们力求解决而没有完全解决的技术难题。好在出现暴雨的日子并不多，因此它们对移动电话的使用影响不大。

关键词：移动电话　杂音干扰　雨衰现象

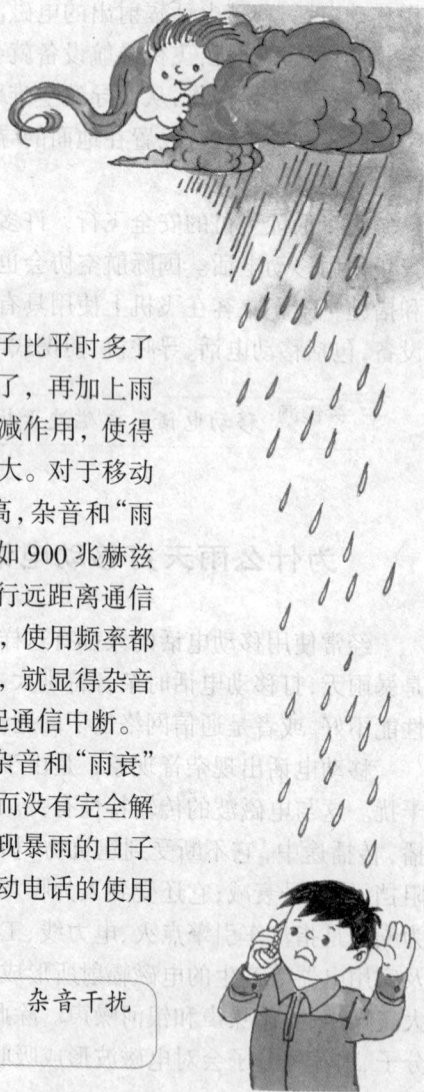

196

为什么在地铁里收不到寻呼信号

现在,使用寻呼机的人越来越多了。如果你的朋友有寻呼机,无论他在商店购物,还是在公园散步,你只要拨一个电话,寻呼台准能帮你找到他。

但是,小小寻呼机也有"罢工"的时候。当你要找的朋友正在乘坐地铁,即使你千呼万唤,朋友腰间的寻呼机也还是一点反应都没有,根本接收不到寻呼信号。那么,为什么在地铁里收不到寻呼信号呢?

寻呼机是靠无线电波传送信息的。无线电波在地面行走时,由于受楼群、树木、桥梁及山丘的阻挡和屏蔽,传不了多远,"体力"就消耗完了。于是,寻呼台总是想方设法选择有利地形,架设高高的发射天线,以便使无线电波传播得更远,为用户提供良好的服务。但是,无线电波一进入地下,便处于"休眠"状态。造成这种现象的主要原因是:无线电波受到大地的吸收、反射和屏蔽。此外,地铁一般都建在地下十几米深,站

台、隧道都采用钢筋混凝土结构。无线电波无法穿透这些钢筋铁甲进入地下，更不用说追随列车在地铁隧道中行走了。类似的情况还有呢，移动电话也是靠无线电波传送信号的，同样在地铁里也收不到信号。在其他的场合，比如地下停车场、地下超市和商业街、地下餐馆和娱乐中心、矿井隧道、铁路隧道、海底隧道等，也都接收不到无线电信号，甚至在钢筋水泥结构的建筑物内部，也常有无线电信号收不到的情况。

随着移动通信的不断发展，使用寻呼机、移动电话和其他无线电设备的人越来越多，要求使用移动通信的场所也越来越多。因此，专家们正在考虑在地下公共场所敷设引导电磁波传输的导波线，或者架设蜂窝式天线，以便将无线电波引入地下。相信未来的移动通信，无论是在天上还是在地下，都将畅通无阻。

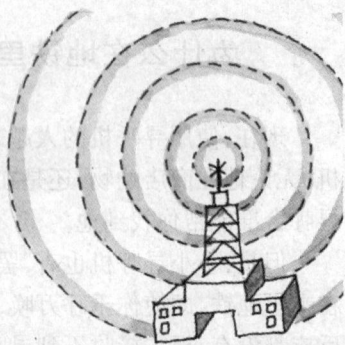

☞ 关键词：寻呼机　无线电波　屏蔽

为什么 BP 机能显示天气预报等信息

"B……B……" BP 机的液晶显示屏上,显现出一行行文字:"18 日,晴转多云,5 ~ 15℃。"这是在 BP 机上显示的天气预报。

BP 机是无线寻呼机的俗称,主要用来对被叫用户进行单向寻呼。它是有线电话通信网和无线移动电话通信网的延伸,由发送和接收两大部分组成。发送部分,都安装在寻呼电台中,主要有发射机、编码机、显示终端、计算机、排队机、调制解调器、发射机遥控装置、天线、有线电话网与控制中心之间的接口装置等。接收部分就是用户身上携带的 BP 机,它结构比较简单,能对接收到的无线电信号快速地进行变频、解调、放大、解码、存贮、状态控制等一系列技术处理,最终将传呼的内容显现在液晶显示屏上。

BP 机上的传呼过程,是有线通信与无线通信密切配合的结果。当甲用户要与乙用户联络时,甲用户要通过市内有线电话通信线路,或者用手机通过无线电移动通信网,拨通寻呼台的专用电话,采用人工或自动接续的方式,告诉寻呼台要求寻呼的乙用户的 BP 机号码,寻呼台就会发出与乙用户号码

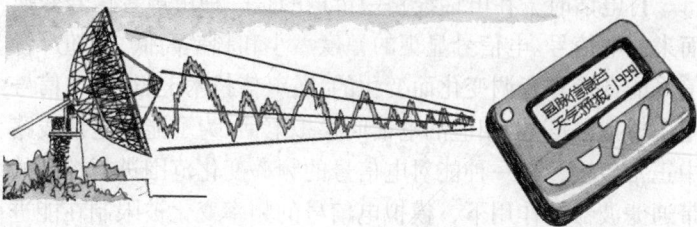

相对应的无线电信号，这个信号被乙用户的 BP 机接收到后，甲用户要求寻呼的有关信息内容就会在液晶显示屏上用数字或中文显现出来。显示数字的 BP 机，简称数字机，每个数字分别代表一种信息，需要比照对应的约定，才能明白数字代表的信息，比较麻烦。显示中文的 BP 机，叫中文机，文字清晰明了，使用起来十分方便。

由此可见，寻呼机上显示出来的数字或中文，都是寻呼台发送出来的。因此，只要寻呼台应用户要求发送天气预报，寻呼机上就能立即显示出来。BP 机还能显示股票行情等信息，这也是由寻呼台发送的。这与在电话或收音机上听到天气预报，道理相同。

☞ 关键词：寻呼机　无线电通信

为什么在一条电话线路上
既能打电话，又能传输数字信号

计算机上网，在没有专用线路时可使用电话线路，但这时要增用一套调制器和解调器，这是为什么呢？

打电话时，在电话线路中传送的是一种由声音信号变换而来的电信号。电信号显现的幅度大小和频率高低，是随声音信号的音量和音调变化而变化的，在电信技术上，这种电信号叫做模拟电信号，相应的电话叫模拟电话。为了能在电话线路中正常传输，在一种能对电信号的频率变化范围进行控制的带通滤波器的作用下，模拟电信号的频率变化被限制在能进行正常通信的很窄的范围之内。

电话线路大多是一种单股实芯铜质绞线。作为电信号在传输时的载体，它的传输特性优劣，与电信号的频率变化范围密切相关。频率范围越宽，频率越高，传输特性越差。因为模拟电信号的频率变化范围很窄，最高端的频率也在铜绞线能正常传输的范围之内，所以模拟电信号能顺利通过铜绞线而不受影响，电话声音清晰稳定。

对上网的计算机来说，在线路中来回传输的都是数字电信号。数字电信号比起模拟电信号来，频率变化范围要宽得多，高端的频率也要高得多。如果将计算机直接接在电话线路上，那么数字电信号在铜绞线上传输时，就会产生一种在电子技术上称作"集肤效应"的现象，对电信号产生阻碍作用，使电信号发生畸变，严重失真。

调制器能把数字电信号极宽的频率范围变换成与模拟电信号相同的频率范围，这样，数字信号在电话线路上传送时，就会得到铜绞线"一视同仁"的对待了，传输质量就得到了保证。解调器的作用，是将频率范围变窄了的数字电信号，变回成原来的模样。调制器与解调器构成了计算机用户与网络中心之间的双向联系。由于调制器和解调器是合装在一起的，所以简称为调制解调器，用 MODEM 表示。

有了调制解调器，一条电话线路上就既能打电话，又能上网了。如果电话线路使用具有宽频带传输特性的光纤电缆线，在一对光缆线路上就能同时打电话、上网、收发传真和收看有线电视节目了。

☞ 关键词：电话　模拟电信号　数字电信号

传真机是如何传递信息的

传真机是一种具备"眼睛"和"手"的功能的机器。传真机由发送机和接收机两部分组成。发送机具有"眼睛"的作用,它使用一种具有光电转换功能的光电管,能够识别画面上各部分颜色的深浅,并把它们转换成不同强度的电信号,经过电子电路整形、放大、调制、编码,再通过电话线路传送出去。

传真接收机起到"手"的作用,能将画面复制出来。当它接收到从线路上传送过来的电信号后,立即对它进行放大、解调、限幅、鉴频等处理,把电信号转换成图画信号,然后控制打印机,复印出原来的图画或文字。

在传真的发送和接收过程中,发送机和接收机必须"步调一致"。发送机对画面自左至右,自上而下,一行一行地扫描"分解",这要与接收机在传真纸上的记录顺序同步,扫描速度也必须相同。否则,接收后复印出来的画面就会歪斜,难以辨认。

除了扫描同步外,发送机和接收机每行扫描的起始点要相同。否则,印制出来的画面就会有中间割裂或重叠等问题。

传真机刚问世时,传输速度慢,操作起来也很麻烦。随着电子技术的发展,传真机不断改进。新型的传真机使用起来很方便,只要将它接在电话线路上,拨对方的电话号码,并把要传送的画面放在传真机上,很快对方的传真机上就会复印出同样的画面来。传真机与微电脑结合后,它不仅具有静止的图像通信功能,而且具有图像处理、数据处理、自动接收、办公自动化等新功能,能应用于各种自动化领域,满足迅速处理大量信息的需要。

关键词：传真机

为什么计算机能发传真

传真就是"传输真迹"，它是用传真机将新闻图稿、商业定单、文件、照片等，通过电话电路传送到对方，使对方在 15 秒内就能收到一份与原稿一模一样的复印件。然而，用传真机发传真也有不方便的时候，比如：遇到对方占线或未开传真机，就要人工不断拨号，占用许多时间。于是，人们便想到了计算机，用计算机来代替人工发送传真，既省时又省力，更奇妙的是，它还能存储转发、定时发送，或将一份传真同时发向多个不同的用户。

那么，计算机为什么能够发送传真呢？

实际上，人们只要在计算机上安装传真功能卡和相应的收发传真软件，就能模仿传真机的功能，将计算机数据代码

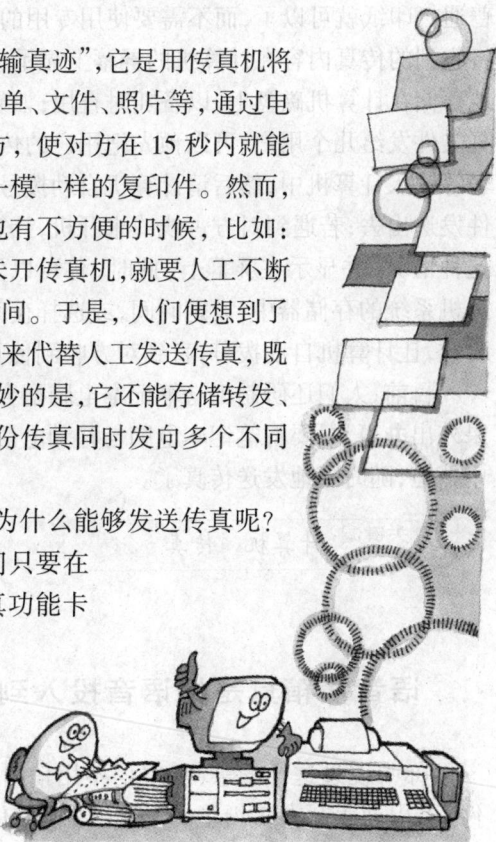

203

变成传真信号，按照人们设定的程序，通过电话线收发传真了。用计算机收发传真有许多独到之处：无论你发送还是接收传真，其内容都可以用计算机功能来处理，你可以通过键盘或扫描仪，将文字或图片稿件输入到计算机里，方便地进行文字编辑、剪裁或图形放大、缩小，还可以设计精美的传真封面，然后通过计算机网络或电话网络传到远方；接收传真时，用一张普通打印纸就可以了，而不需要使用专用的热敏纸；你还可以将收到的传真内容在计算机的屏幕上显示，或将它分门别类地存储在计算机磁盘上，以备随时查用；如果你需要将一份传真文件发给几个用户，可以预先把用户的传真号码、收件人姓名等输入计算机中，然后请计算机自动拨号，并依次将传真文件发送出去；若遇到对方占线或未开机，计算机会自动检测到这种情况，并显示在屏幕上，此时，你可以先将文件存放在计算机系统的存储器中，设定时间，或选择夜间电话线路空闲的时候，让计算机自动拨号，直到对方收到传真为止。

目前，人们还研制出与笔记本电脑配合使用的传真卡。如果外出办事，只要将笔记本电脑与移动电话相接，就能通过空中信道，随时随地发送传真了。

关键词：计算机　传真

语音信箱真是把语音投入到信箱里吗

你听说过这样的事吗？寄信不用信封、邮票和邮箱，"信件"不用动手写在信纸上，只要说一下信件的内容，这种"信件"便可在瞬间寄到收信人的信箱里。更奇妙的是,你若要发送同样内容的"信件",只需几秒钟的时间就可让十几个人同时收到。这一切是通过先进的通信技术——语音信箱实现的。语音信箱是怎么回事?它是将语音"信件"投入到信箱里吗?

语音信箱也叫电话信箱。它是利用电话网上的计算机对信息的存储和处理技术,为用户提供语音信息的存储和提取的一种新的通信终端。使用语音信箱,人们的语音信息可以像信件一样传送到收信人的信箱里,这种传送方式比寄信更方便、更快捷。语音信箱模仿普通邮政信箱,所不同的是语音信箱设在电信局机房的计算机里。语音信箱内所存的不是写在纸上的文字,而是记录在存储区中的语音信息。每一个 166 语音信箱都有一个信箱号码。如果你想使用它,可以到电信局租用一个。每个语音信箱都配有一个密码,它就像一把开启信箱的钥匙,只有掌握密码的人,才可知晓信箱里的信息。当有人要给收信人发送语音信息时,可用任何一部双音频电话来实现。方法是:拨 166 + 语音信箱号码,听到提示音后,向语音信箱讲述要存储的电话信息。语音信箱将收到的语音信息处理成数字信号,送到计算机的存储器进行存储。一旦语音信箱存有信息,信箱的主人便可从电话或寻呼机上得到通知,他也可以随时拨通自己的语音信箱,输入密码,开启信箱,提取其中的留言,并进行重听、保存、删除、留言等处理。

语音信箱还可以与移动电话、寻呼机和普通电话配套使用。当有人通过电话网拨叫信箱主人时主人未开启移动电话,或不便接听电话,电话便将其自动转接到语音信箱中进行留言。

一个语音信箱可容纳 20 条留言,每条留言可长达 3 分钟,留言可分为私人留言、加急留言、存档留言和转发留言。语音信箱还可以用广播的形式发布新闻、气象预报、商品广告、股票信息等,像 160、168 等信息台,就是利用语音信箱发布信息的。用户拨打信息台收听信息节目,就像在街头报栏读取信息广告一样,十分方便。

由于语音信箱具有保密性好、信息交流不受时间和地点限制等特点,如今使用语音信箱的人越来越多了。

关键词:语音信箱　存储器　语音信息

光纤通信是怎么回事

大家都知道无线电波可以传递信息,那么光波是否也能传递信息?光波可以通过光缆传输信息。这就是光纤通信。利用普通的光线就能传送话音吗?不行。从这样的光线电话中只能听到一阵模模糊糊的咕噜声。原因是普通的光线夹杂了许多不同波长(频率)的光,方向性差,用它来传递话音,就像收音机同时接收了许多频率的节目,各种声音重叠在一起,传送到听筒,使人无法听清话音。

1960 年,一位名叫梅曼的美国年轻物理学家,发明了一种用红宝石为受激物体的激光器,产生了一种具有单一频率、方向高度集中的光,叫激光。激光发明后,光通信才得以实现。但是,激光在大气层中传播,不断受到雨、雪、雾和灰尘的侵袭,甚至一层薄薄的窗帘也能阻拦光束,使光能量迅速减弱。怎样才能使激光不受损失地传到远方呢?

一次，一位希腊的玻璃工人偶然发现，光不仅可以从玻璃细棒的一端迅速地传到另一端，而且非常"驯服"，丝毫不向棒外空间发散，即使玻璃细棒是弯弯曲曲的，它也能顺着弯曲的线路前进。经分析，这是因为光射到玻璃界面时，发生了全反射的原故。

这一发现启示了科学家，他们尝试将拉得很细的玻璃丝——光纤作为光的"导线"。实验结果，不管玻璃丝怎样弯曲，只要入射角度合适，激光就会在玻璃丝内来回反射，"顺从"地沿着导线传到很远很远的对端。这种玻璃丝就叫光导纤维。将声音、文字和图像的电信号变成相应强弱变化的光信号，它就可以沿着光纤传输到远方。当你对着电话机的送话器讲话，或当摄像机拍下图像，声音或图像被变成了电流，经过电信发送设备变成一串由"0"或"1"组成的数字信号（其中"1"表示有光，"0"表示无光），光端机通过光纤射出一串明暗不同的光信号，传到对方的光端机上，由那里的接收端恢复成声音或图像信号，远方的人们就能听到声音、看到图像了。光纤通信就是这样实现的。

光纤通信加快了信息的传递速度，使信息走上了高速公路。光纤通信的容量大得惊人。在一根比头发丝还细的光纤上，可以同时传输几万路电话或者几千套电视节目。如果把几十根或几百根光纤组成一根光缆，其外径要比电缆小得多，但容量却成百上千倍地增加。通常电缆是用铜或铝制成的，价格昂贵，而光纤的原料是石英，即沙子，来源非常丰富。光纤重量轻、柔软性好、不怕雷击、不怕潮湿、不怕腐烂。光纤通信保密性好，抗干扰能力强，因而得到广泛应用。

现在许多国家都已建立了不同规模的光纤通信网络。我国在 1993 年 10 月开通了世界上最长的光纤通信线路。到 2000 年，我国的光纤通信网络将以北京为中心，联通到全国各个省会城市。在北京，光纤敷设到家门口的计划正在实施，人们随时可以把光纤引入家庭。到那时，人们不仅可以利用光纤传送电话，还可以在光纤通信网络上进行视频点播、观看有线电视、进行计算机网络通信，甚至坐在家里就能办公、接受远程教学。光纤通信将在各个领域大显身手。

☞ 关键词：光纤通信　光纤　激光

为什么一根光纤上可以
同时让成千上万人通话

当前，光纤已被广泛用作通信线路了。这是为什么呢？原来光纤不仅具有传输距离远、速度快、耐高温、重量轻等优点，更重要的是：它传输信息的容量特别大，以致在一根光纤上可以同时让成千上万的人通话，实现了过去使用电缆从来做不到的梦想！为了说明这个道理，我们先来了解一下电话机通话的过程！

当你对着电话机的话筒讲话时，声音立刻被转换成语音电流，通过电话线传输到所在的电话局。在那里，有专用的信号发送设备把语音电流变成适合用激光传输的光信号，之后通过光纤传送到接收方的电话局，再由那里的接收设备把这些光信号还原成语音电流，通过电话线传到电话机的听筒里，而听筒能自动地把语音电流转换成声音。这样，对方就能听到你的声音了。

这中间，信号发送设备把语音信号转变成光信号这一步至关重要。这项工作，在通信技术中叫做"调制"，它是通过"调制器"这一专用设备来完成的。它能把来自不同电话机的语音信号调制成具有不同频段的光信号，以备传输。由于光波的频段非常非常宽，比微波宽10万倍，比中波宽几千万倍，因此可供选择的余地非常大，能满足大量不同电话频段的需要。这和"马路越宽车道就越多，允许汽车的流量就越大"的道理一样。从理论上讲，在光纤这么宽的频段上，可以供一亿人同时通话都不成问题，只不过由于光电转换设备等本身的限制，实际上达不到上述容量，但是让成千上万门电话畅通无阻是完全不成问题的！

在语音信号和光信号相互转换的过程中，在处理成千上万的电话信息过程中，计算机发挥了巨大的作用。计算机运算速度快、存储容量大，能及时、准确地进行控制和管理。可以说，没有计算机，光纤再有本事也难以做到这一点。

关键词：光纤　光纤通信　调制器　频段

什么是多媒体通信

多媒体这个术语中的"媒体"是指文本（包括数据、文字、符号）、图形、图像、动画、声音、视频图像等。多媒体是指上述多种类型媒体组成的综合体，简单地说，是"声、图、文"的综合体。早先的通信一般都是单媒体通信，例如电话网络传送的是音频信号,计算机网络传送的是数据。

多媒体通信是要利用通信网络综合地完成多媒体信息的传输和交换。显然,多媒体通信要比单媒体通信复杂得多。首先,多媒体中的各种媒体的表现形式多种多样,如其中有声、图、文。其次,各种媒体对信息的传输有不同的要求。例如:通话信息的传输,对可靠性的要求不是很高,偶尔几个字没有听清关系不大,但对及时性要求很高,因为通话必须马上听到;数据信息的传输,对可靠性的要求很高(如银行的账单),而对及时性的要求可以低一些;视频信息的传输,其要求与通话信息的传输类似,但是信息量相当大,如一幅 1024×768 点的计算机屏幕图,如果用一个字节表示一个点的颜色和亮度,那么就需要 78.6 万字节,相当于近 40 万汉字的一本书;图像信息的传输,其要求与数据信息的传输类似,但是有的图像(如照片)的信息比一幅屏幕的信息还要多得多。第三,要实现多种媒体信息的同时传输。因此,多媒体通信比单媒体通信复杂得多。

与一般的数据通信相比,多媒体通信需要解决以下一些问题:一,各种媒体信息的数字化,即将各种媒体信息的表示统一为数字的形式;二,信息的压缩与解压缩,以减少各种媒体信息的储存量和传输量;三,多种媒体信息的混合传输和同步传输。例如,播放电影时图像与声音必须相配;四,大容量的高速传输技术。例如,播放电影时每秒钟大约需要 25~30 幅画面,因而要求每秒钟能传输那么多幅画面,且同时传输相应的声音信息。

多媒体通信的应用十分广泛,可用于可视电话、点播电视、远程教学、远程医疗等等。未来的信息高速公路将是一种多媒体通信网络,而未来的家用计算机将可能是集计算机、电视、电话、超级 VCD、DVD、音响于一身的设备。

> 关键词: 多媒体通信　单媒体通信

为什么信息传播少不了多媒体

信息领域中的"多媒体"是指文本、图形、图像、声音、动画与影视等各种媒体和计算机程序融合在一起所形成的一种不同于传统单一媒体的信息传播媒体。

报纸、杂志、书籍、电影、广播在此前都是以各自的媒体进行信息传播的,有的是以文字,有的是以声音,有的是以图像,有的则综合地以文、图、声、像作媒体。大家熟悉的电视,虽然兼有文、图、声、像各种媒体,但它与信息系统中的多媒体却有着明显的区别。

首先,观众、听众、读者接受传统的电视、电影、广播、书籍、杂志传播的信息是在被动的环境条件下进行的。电影、电视都不会根据某一观众当时的要求临时转向另一个新的相关节目,它只能根据节目的固有流程进行下去。也就是说,它们只能提供直线型的传播方式,人们在接受时很难与它进行交互。例如,在电视中播放 MTV《涛声依旧》时,我们不能要求它停下来,先让我们读一读唐朝诗人张继的名诗《枫桥夜泊》;而当我们在书中读《枫桥夜泊》这首诗时,也不能从书中看到介绍寒山寺的风景画,或听到《涛声依旧》的美妙歌声,更无法读到介绍苏州城古今变化的文章。但是,这一切在多媒体系统中

却是很方便就能实现的。多媒体在计算机系统支持下提供了交互性，这是它与传统媒体的区别之处。正是这个特性改变了人们使用和接受信息的方式，把人的主动性、积极性和创造性贯穿到日常信息活动中来。

其次，传统的文、图、声、像各种媒体基本上是以连续的模拟信号进行存储和传播的。在模拟信号领域要实现交互性非常困难,只有将模拟信号处理成数字信号,才可应用各种数学方法和电脑技术实现交互。声音、图像、视频一类媒体经数字化后要处理的数据量很大。随着计算机硬件、超大规模集成电路、大容量光盘存储器、数字信号处理技术,以及高速通信网络技术的发展,人们已成功地把以数字表示的文、图、声、像和计算机程序融合为一体,形成了今天的广为应用的崭新的多媒体。用这样的媒体传播的信息称为多媒体信息。能够产生、存储、传播多媒体信息的系统称为多媒体系统,由于系统中的信息都是以数字形式出现,具有各自特有的数据结构,其存储、传输、处理和播放的流程都可用程序进行描述和控制,这也使得交互性在技术上容易实现。多媒体系统将在现代信息传播中扮演越来越重要的角色。

关键词: 多媒体　交互

什么是数据通信

在谈数据通信之前,让我们先提一下与它相关的一个概念——模拟通信。模拟通信的例子在我们日常生活中很多。例如,广播电台通过空中传输广播节目,无线电视台通过空中传输电视节目,有线电视台通过光缆和同轴电缆传输电视节目,普通电话线传输语音等。就在我们家中,普通的电视机、录像机、CD 机、VCD 机、音响等设备通过音频、视频信号线互相传输信息,也都是模拟通信的例子。总之,模拟通信需要传输的是音频、视频等模拟信号。

数据通信，是计算机与计算机之间或者计算机与终端之间利用通信系统对二进制数据所进行的传输、交换和处理。它是计算机技术与通信技术相结合的通信方式。数据通信与模拟通信的主要区别是，数据通信要传输的是二进制数据，它可以是二进制编码的字母、数字、汉字和符号，也可以是数字化的声音、视频、图像等信息。

与上述概念相关的还有另两个概念：模拟通信系统和数字通信系统。模拟通信系统传输的是模拟信号，而数字通信系统传输的是数字信号。自然，利用模拟通信系统可以进行模拟通信，利用数字通信系统可以进行数据通信。然而，另外两种组合也是可以的，但要采用额外的技术。在利用模拟通信系统进行数据通信时，发送端要先把二进制数据调制成为模拟信号，再送入通信系统进行传输，接收端要把收到的模拟信号解调为原来的二进制数据。这一过程要由调制解调器来完成。同样，在利用数字通信系统进行模拟通信时，传送前要把模拟信息数字化，接收后要把数字信息还原为模拟信息。电话网属于模拟通信系统，而综合业务数字网 ISDN 则属于数字通信系统。今后的发展方向是数字化和数字通信。在不久的将来，我们所用的电话、电视等都将是数字化的。

关键词：数据通信　模拟通信　数字通信

为什么微波能进行远距离通信

说到微波通信，大家也许说不清是怎么回事，可要说到雷达、卫星转播电视节目，大家一定不会陌生。实际上，雷达和通信卫星都是利用微波来发现目标、进行远距离通信的。

那么，为什么让微波担当远距离通信的重任呢？实际上，微波属于电磁波，它和长波、中波、短波都是电磁波家族的成员。科学家发现，微波频段的带宽极宽，它是全部长波、中波和短波频段总和的 1000 倍。一般短波通信设备，只能容纳几个话路同时通信，而一套微波通信设备可以让几千个话路同时工作。由于电视图像信号占用很宽的频带，因此，传输电视信号非它莫属。此外，微波波束很窄，方向性很强，使用较低的功率就可将信号传得很远，而且，方向性强的好处还在于可以减弱通信中互相干扰的现象。由于微波通信具有频带宽、携带信息量大、受外界干扰小、建站快、投资较少等优点，人们早就想以微波作为通信的传输手段。

但是，微波波长很短，只有 1 毫米至 1 米。在传输信号的长途旅行中，它既不像长波那样，遇到障碍物时可以迈开"长腿"，翻山越岭；也不像短波那样，可以利用空中的电离层来回反射电磁波，实现远距离通信。微波具有近似光波的特性，像光线一样，传输路线是径直向前的，而且，它的反跳能力极强，一遇到阻挡物，就被反射回来。因此，微波只能在空中传播。大家知道，地球是圆形的，而微波只能视距传播，不能顺着地球的圆弧传播。也就是说，微波的传输距离只能限制在可以互相看得见的两点这样一个范围内。即使将发射天线架设在 40 米高的山上，微波也被地球的"大肚子"所阻挡，传输距离只有50 多千米。

有没有办法让微波跑得更远呢？

科学家们想到了"接力赛跑"的办法。参加过运动会的同

学都很熟悉接力赛跑吧。在竞争激烈的接力赛跑中,小小接力棒在运动员手中传递着,每个人以最快的速度,跑完各自的路程,接力棒被用最快的速度传到终点。为了将信号传送到远方,微波通信也采用了接力赛跑的方式。人们每隔四五十千米,就建立一个微波中继站;一连串的"微波中继站",就像古代的烽火台一样,每个中继站都有高耸的天线,把上一个中继站的信号接收下来,加以放大,再传送给下一个中继站。就这样,一站接一站地传送下去,实现了远距离的通信。

☞ 关键词: 微波通信　中继站

为什么要用卫星进行通信

在地球的卫星家族中,除月亮外,便是种类繁多的人造卫星。目前,人们利用卫星进行通信、侦察、导航和气象观测等工作,已经是常事了。

那么,为什么要用卫星进行通信呢?

我们知道,微波通信采用接力的办法,通过建立中继站实现了远距离的通信。但是,这种方式也有很大的缺点。因为地球上有些地方是无法建立中继站的。比如,从我国的北京到美国的纽约,距离有上万千米,中间隔着波涛汹涌的太平洋,如果每隔四五十千米,建立一个中继站,就得在海上建两百多个站,这是不可能做到的。

利用卫星进行通信的思想,最早是由英国科学家、预言家克拉克提出的。1945 年 2 月,克拉克发表了一篇《地球外的中继站》的科学预言论文。他提出利用人造地球卫星作为传送微波信息的中继站,将卫星放到赤道上空约 36000 千米的同步轨道上。这样,一颗卫星上的中继站所转发的微波,可以覆盖大约三分之一的地球表面。如果布放三颗等距离同步卫星,全球卫星通信即可实现。

1965 年 4 月 6 日,第一颗通信卫星发射成功。从此,人类真正在天上建立了"中继站"。

卫星通信是由一个地面站向卫星发射信号,经过卫星的放大、变频等处理,再转发给另一个地面站。一般来说,经卫星的这一"跳",最远的通信距离可达 13000 千米,三"跳"即可绕地球一周。通信卫星居高临下,因而不受任何地形条件的限

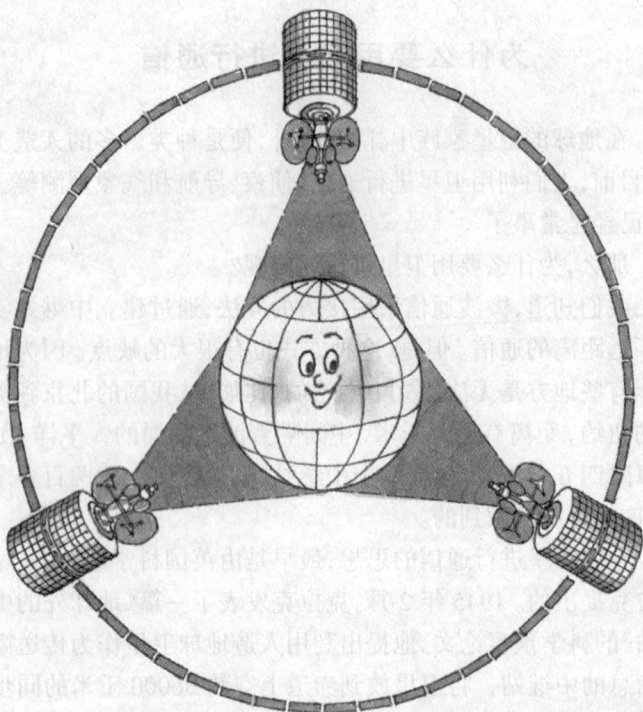

制,即使是在荒漠、高山、海洋和岛屿等,只要有一个直径零点几米的"甚小地面站",就可以通信,而且通信的费用与通信距离无关。有人作过计算,从一颗卫星发射出来的微波信号,能够覆盖地球面积的 40%,相当于在地面架设 300 多个微波接力站。在卫星覆盖区内,任意两点或多点,都可以实现卫星通信。卫星通信的容量也大得惊人,一颗通信卫星可以容纳 6 万多人同时打越洋电话,并可进行许多路电视通信,还可以进行数据、文字、图像和移动通信。

目前，人类在同步轨道上已经发射了 100 多颗通信卫星，还有 1000 多颗移动通信卫星在中低轨道运转。这些通信卫星在许多要求远距离、高质量的通信领域大显身手，它们承担了全球近 100% 的越洋电视转播和 30% 以上的国际电报电话业务，奥运会电视转播、香港回归盛典以及许多救援通信，都是卫星通信完成的。

☞ 关键词: 卫星通信　中继站

什么是卫星电视

打开电视机，荧屏上显现出精彩纷呈的电视节目。这是电视台发送出来的。电视台在发送电视节目时，要有发射机和发送天线，才能将载有电视图像和伴音电信号的无线电波，向四面八方发送出去，让电视台周围地区的千千万万台电视机接收到。

要增加无线电波的传播距离，扩大电视接收地域范围，除了增强发射机的输出功率，最经济有效的办法是加高发送天线。发送天线架设得越高，电视台发送出去的具有直线传播特性的超高频无线电波，就能传得越远，使远离电视台地区的电视机也能接收到电视节目。所以，电视台的发送天线，大多架设在高耸入云的铁塔尖上，或架设在当地最高的山顶或建筑物平台上。

但是，电视发送天线架设的高度，会受到客观条件的限制，不能无限升高。于是，科学家想到了高悬在地球赤道上空

35770 千米处的人造通信卫星。将电视天线架设在卫星上,其高度可谓是世界上绝顶之最了。根据计算,从一颗距地面 35770 千米的卫星上发送出去的电视节目,地球上约三分之一地区的电视机都能接收到。因此,只要有三颗这样的卫星,就能实现全球电视节目的卫星接收了。这样,世界上任何国家发生的新闻,通过卫星电视,顷刻间,就能传播到全世界,坐在家里,也能即时观看到远在几千千米之外的奥运会比赛。

卫星上除有发送天线外,还有接收天线、放大器、变频器等电子设备。电视台在播放电视节目时,要先发送给卫星。电视信号被卫星接收后,经过放大、变频等技术处理后,再在它的发送天线上向地面转发下去。卫星仿佛成了电视台在 35770 千米高空的"发送天线"。地面上的千千万万台电视机,只要安装了专用的卫星接收天线和接收机,就能在荧屏上看到从卫星上发送下来的电视节目了。在高大建筑物的平台上,在民用住宅的屋顶上,一座座朝向天空的碟状金属盆架,就是用来接收卫星电视的专用天线。

关键词: 卫星电视

静止通信卫星真是"静止"的吗

通信卫星在太空定居,与地球保持相对静止,它是靠飞行速度极高的火箭送入太空的。由于人造地球卫星在太空总是沿着运行轨道不停地移动,不能固定地停留在地球上空的某一位置,因此,也就很难当作一个固定可靠的中继站,来不间

断地向地球传送信息。

那么，能不能让移动着的人造通信卫星，相对地球表面静止不动呢？

经过多年的不断改进和试验之后，1965 年 4 月 6 日，美国通信卫星公司发射了一颗国际通信卫星，取名"晨鸟"号。人类第一颗"静止"通信卫星终于诞生了。

"静止卫星"真的是静止不动的吗？

科学家们作过计算，如果能使人造卫星的运行速度，达到第一宇宙速度，即 7.9 千米/秒的初始速度，它就能环绕地球作圆周运动。如果把人造地球卫星发射到地球赤道上空约36000千米的轨道上，卫星就能自西向东以11070千米/时的速度运行。这样，卫星环绕地球一周的时间恰好是24小时。这刚好和地球的自转周期24小时完全相等。这种现象被人们称为"同步"。科学家称这个高度的卫星轨道，叫做"同步轨道"。在地球上看在同步轨道运行的通信卫星，就好像通信卫星总是一动不动地固定在地球赤道上空的某一点，是静止的。所以，人们把它叫做"静止卫星"或"同步卫星"。其实，静止卫星并不是真正静止的。

同步、静止的现象，在我们的日常生活中也很常见。当你乘坐在行驶的公共汽车上，与另一辆并排同向而行的汽车，以相同的速度行驶的时候，透过车窗看，那辆汽车就仿佛是静止不动的。科学家正是根据这个道理，设计出卫星运动的同步轨道，达到地球上空的通信卫星"静止"不动的目的。

☞关键词：静止通信卫星　同步轨道

什么是图文电视

图文电视是一种新颖的电视播出方式。它采用一种数据广播技术，在电视台正常播出电视节目的同时，传送新闻、气象、交通、文体活动、图书、证券、股票市场等方面的图文信息。由于图文电视常常以杂志的形式，由若干图文画面组成，人们可以根据目录页提供的索引页号，如同看报纸一样"翻看"自己感兴趣的信息页，而这些都是通过自己手中的遥控器,在电视机前按键操作,随意选择来实现的。难怪有人将图文电视称为"电视报纸"或"电视杂志"呢。

那么图文电视是怎样播出的呢？见过照相胶卷底片的人都知道,胶卷上相邻两张之间都有一条窄的缝隙。电视播出的画面与照相胶卷底片相类似,每两幅之间也有一段空隙。"图文系统"就是将所要播出的信息经数字化编码处理后,夹在这些缝隙中,与正常播出的电视节目一起播出。这就像报纸利用中缝刊登一些广告和小消息一样。

目前,我国已经研究出专门接收图文电视节目的电视机。它除具有普通电视机接收电视节目的功能外,还能将叠加在普通电视信号上的图文电视数据分离出来,经存储、编码、切换,然后在屏幕上显示出静止文字图形画面,而且文字信息可以用汉字显示。用普通电视机再配置一个解码器,也能收看图文电视节目。除此之外,将图文电视接收卡插在计算机上,再和普通电视连起来,也能接收图文电视节目,并可随意查询所需资料;必要时,还可接上打印机,将信息资料打印出来,以备日后查用。

目前,北京、山东、四川、浙江、广东等 50 多家省市电视台都开通了图文电视广播。图文电视通信技术的出现,使信息高速公路直接延伸到了百姓家庭,使人们坐在家里,就能及时收看各类信息。因此,图文电视深受人们的青睐,被人们称为生活的好顾问、企业领导的好参谋、厂家参与市场竞争的好助手。如今,彩色电视已经步入图文时代。

关键词: **图文电视　图文信息**

什么是电视会议

　　上海出版的《报刊文摘》，1996 年曾刊登过这样一篇报道：瑞典文化部的一间大办公室里，配有一个大型的电视屏幕，每天上午十点开始，屏幕周围灯火通明，摄像机左右转动，音响设备也进入了工作状态。随后，屏幕上出现了现年 40 多岁的文化部女大臣瓦尔斯特伦笑容可掬的面孔。她先向全体工作人员问好，接着，一面听取大家的工作汇报，一面布置当天的工作。这种形式的"工作例会"，已成了文化部日常工作的一部分。这位文化部女大臣的部下总是觉得他们的领导就在眼前，其实，她正在远离首都斯德哥尔摩 300 千米外的一个小城——她自己的公寓里。据说，她用这种方法遥控管理文化部，既把部里的工作做得很出色，又兼顾了自己的小家庭。

　　所谓电视会议，实质上和上述的新型"工作例会"是一样的，只是情况更复杂些。它一般由一个主会场（例如设在北京）、若干个分会场（例如设在上海、重庆、广州)组成。每个会场事先都配备一套功能齐全的视听电子设备，并且由一个"多媒体计算机网络

中心"进行控制和管理。这个中心
通过网络、多媒体等高新技术，把
主会场和各分会场的声音、现场图
像、文件资料等各种信息汇集起
来，进行加工、处理，同时又及时将
必要的声音、图像信息传输到各个
分会场上去，使得分会场的人能看
到主会场的主持人、报告人的形
象，听到他们的声音；而主会场的人也能看到、听到各个分会
场的发言和反映，使得所有参加会议的人即使相隔很远，仍然
感觉到好像面对面地聚集在一起，讨论共同关心的问题。

　　采用电视会议的方法，有很多优点。它节省了大量不必要
的开支，如会务费、差旅费等，节省了与会者的宝贵时间，大大
提高了工作效率。难怪"电视会议"越来越受到各国管理人员
的欢迎。

> 关键词：电视会议
> 　　　　多媒体计算机网络中心

为什么安装了公共天线，
电视图像就清楚了

　　如今，电视机已成为人们家庭生活中不可缺少的电器之
一。然而，随着我国城市建设的加速，一幢幢高楼大厦拔地而
起，再加上各种工业、移动通信、电力高压线路以及家用电器

的电磁干扰,如果还使用室内电视天线,要想清楚地收看越来越多的电视频道播放的电视节目,就十分困难了。假如采用了公共电视天线系统,收看效果就会大不一样。

为什么安装了公共电视天线,电视图像就清楚了呢?我们知道,电视信号是一种电磁波。它在空中像光线一样沿直线视距传播。一般室内电视天线安放在屋内某一位置,由于高层建筑大多是金属框架,容易使电视信号产生又多又乱的反射波和折射波。而且,电视信号经周围的高层建筑、树木、室内各种

家具、墙壁阻挡和多次反射折射后，会引起信号衰减，信号强弱不一，到达天线的先后次序不一样。这些都会使室内天线在接收同一频道电视信号时，在屏幕上出现重影，影响清晰度。另外，电视信号在大气中传播时，会受到各种高频电磁波的干扰，从而影响电视图像的稳定度，产生雪花干扰。还有，现在电视台播放的节目频道越来越多，但一般电视天线只能理想地接收一个频道的电视节目，而全频道接收天线，由于要接收多个电视频道，设计时只能取信号的平均值，这样图像清晰度也会下降。另一方面，由于人体也能接收部分微弱的电视信号，当人在彩色电视机周围走动时，就相当于给它并联上一根"人体"天线，影响了电视图像的对比度和彩色效果。

你一定会说，将室内天线换成室外天线不就行了吗？这样做虽然会使电视收看的效果改善许多，但是，如果每家每户都在楼顶、阳台上架设室外天线，相互间就会产生干扰，还会影响市容，造成材料浪费，并涉及建筑物承重能力、避雷等安全问题。

公共电视天线系统是将各家的电视天线纳入一个公共天线系统，把它架设在尽可能高的位置，以避免周围山头和楼群的阻挡。它将电视台发射的各频道的电视信号，用相应的多副高增益天线进行接收，然后把多路电视信号转换成一路含有多套电视节目的宽带电视信号，通过一根高频电缆线向用户端进行传送。在边远地区或电视信号弱的地方，还要加装放大器，将微弱的电视信号放大，最后，通过分配器和分支器将各路电视信号传送到各家各户的电视机上。采用公共电视天线后，接收信号强、杂波干扰少、图像清晰、伴音质量好、收看节目多。一套公共电视天线系统，可供十几家，甚至成百上千家电视机共用,既节省了投资,还解决了避雷的问题。

现在,许多城市的大饭店、机关、学校、居民小区都安装了公共电视天线系统。利用它还可以开办自己的电视节目、播放录像、收看卫星节目。

关键词:公共电视天线　高增益　放大器

为什么收看加密过的
电视节目要用专门的设备

家用电视机只要通上电,便可接收中央电视台和本省市电视台播放的所有无线电视节目。但要收看有线电视台节目就不那么简单了,必须先付款办妥申请手续,然后由专业人员上门排线安装,并将有线电视传送电缆上的专用接收插头与电视机的天线插座相连,这时才能收看有线电视台播出的电视节目。

在收看有线电视台播出的节目时,我们会发现有几个频道能听到声音,却看不清画面,这便是加密频道。有线电视台在播放加密频道的内容时,采用了加密方法,使一般有线电视台用户只能听到节目的声音,却看不到清晰的画面。只有安装了专门收看加密频道的设备——解密器后,用户才能正常地收看节目。

这种加密,通常只包含对画面的干扰,其原理并不太复杂。举个例子,假如手上有一张图片,可用两种方法将画面"打乱"。第一种方法,将图片按水平方向均匀地剪成几十条,将各条图像的起点错开或上下颠倒,再重新排列。这种方法叫时序错位。另一种方法,同样将图片按水平方向均匀地剪成几十条,在各条图片上分别盖贴不同颜色的彩色透明纸。这种方法叫彩色错位。用这两种方法得到的画面和原画面相比已面目全非了。有线电视台对节目采取的加密方法与此类似。我们知道,普通电视机每帧图像是分320多行进行扫描的,如果对这320多行进行"时序错位"或"彩色错位",则观众肯定无法收看节目。

由于解密器"掌握"解错位的"密码",所以安装了解密器后,电视画面就能恢复原形。每个专门的解密器都有一个机器口令,有线电视台对每个解密器的口令均有记录,并使用专用仪器不断地搜索口令,保证合法用户的权益,杜绝非法解密器的使用。

> 关键词：解密器　信息错位

高清晰度电视就是数字电视吗

电视台在播放节目之前,会播放一幅圆图,上面有各种图案和色带。这是一个供用户调试和检查电视机质量的测试图卡。其中有一组图案用来测试电视机的清晰度,图案上是一排排细密的黑白相间的线条,有垂直方向的水平线条,也有水平方向的垂直线条;线条由粗及细,线条端点上还标有相应的数字。

如果电视机是 24 英寸 (61 厘米),表明电视机荧屏对角线尺寸是 61 厘米,荧屏宽与高的比例为 4:3。那么,在距离电视机荧屏 305 厘米(对角线尺寸 5 倍远)处,还能大致分辨出标有 540 线的水平方向垂直线和标有 400 线的垂直方向水平线。这台电视机符合现在的电视质量标准。

对高清晰度电视机来说,按照国际上有关规定,它的荧屏尺寸的宽与高之比应为 16:9。在距离电视机荧屏对角线尺寸 3 倍远的地方,还能分辨出标有 1200 线的水平方向垂直线和 800 线的垂直方向水平线。这样,与现在的电视相比,垂直线和水平线分辨率分别提高 1 倍,荧屏图像清晰度也随之提高 1 倍。因此,只要使电视荧屏上的清晰度达到上述标准,就是高清晰度电视了。

现在的电视,从电视台节目摄制、播送,到在千家万户的电视机上放送出来,电视节目的图像和伴音,都是采用模拟电信号。在传送时的技术处理过程中,容易受到各种干扰,引发讨厌的噪声,在电视机荧屏和扬声器中显现和放送出来,使电视图像和伴音的清晰度受到影响。现在电视的清晰度,最高也只能达到 540 线的垂直线分辨率和 400 线的水平线分辨率,而达不到 1200 线和 800 线。

崭新一代的数字电视,是利用数字电信号来摄制、传送和播放图像、伴音的,具有很强的抗干扰能力,荧屏图像的清晰度能达到 1200 线的垂直线分辨率和 800 线的水平线分辨率,画面的清晰度比采用模拟电信号的电视机提高 1 倍。因此,数字电视被称为高清晰度电视,是当之无愧的。

但是,如果没有采用数字技术,或仅仅在电视机内局部采取数字技术,也使电视机达到高清晰度电视的标准,那么这种高清晰度电视是不能称作数字电视的。由此可见,数字电视一定是高清晰度电视,而高清晰度电视不一定是数字电视。

关键词:**高清晰度电视 数字电视**

为什么电影有四声道、
六声道和八声道等差别

电影从无声到有声,初期采用的是单声道,即在拍摄现场的一个位置录音,到影院播放时仍利用单声道还音,只从一个位置发声,或用几个扬声器在不同位置发同一声音。良好的单声道声音,虽然也很悦耳,但是由于它不具备立体感,使人听起来不自然、不逼真。到 20 世纪 30 年代中期,开始出现了"立体声"电影。立体声除了和单声道声音一样具有强弱变化、音调音色变化外,还具有方位感、深度感和宽度感,使观众具有身临其境的感觉。

随着电影从35毫米电影、50毫米电影、全景电影、宽银幕电影、70毫米电影,发展到高清晰度电影和巨幕、穹幕、球幕电影,电影立体声也经历了很大的变化,声道数从双声道发展至四声道、六声道、八声道(特殊的有七、九、十、十一声道等)。

35 毫米四声道立体声电影,普遍使用一种带有降噪器的光学立体声带,它的记录声迹为两声迹,其上所记录的信号包含左、中、右和环境声四路信号,记录时将四路信号编码成两路信号,还原时再将两路信号恢复成四路信号,简称为 4 – 2 – 4 立体声方式。在影院中四路立体声的分配为银幕后面有左、中、右三路信号,另一路提供给观众厅的后墙和两侧墙上的扬声器组,使周围环境有较好的音响效果。

70毫米电影画面大,影像清晰度高,一般采用六声道立体声,其中银幕后面有左、左中、中、右中、右五路信号,另一路环境声与四声道立体声相同。

巨幕电影、穿幕电影、球幕电影都采用六声道立体声,只是各路声道安放的位置与70毫米电影有所不同。

数字立体声电影采用动态数字八声道立体声的布局,用专用计算机芯片加以控制,在可容纳较多观众的大型电影院中使用。在电影院中,声道的分配为:银幕后面安置左、左中、中、右中、右五路信号,左、右两路环境声,影院后墙还有次低频声一路,共八路声道。

一般来说,传输的路数越多,声音的立体感就越强,但是两者是不成正比的。据测试,单声道的立体感等于0;双声道的立体感达61%;三声道的立体感可达84%;而四声道的立体感已达90%;路数再增加,立体感就增长缓慢了。只有当路数增加至无穷大时(实际上是无法实现的),立体感才趋近于100%。因此从主观立体感和设备经济性两方面权衡,四声道能得到比较广泛的应用。

关键词:立体声　声道分配

为什么小小一张 VCD
能播放一个多小时的电影

VCD 是由 CD 发展而来的。CD 是一种存放数字音频信号

232

的光盘,通常被称为激光唱片。它是将模拟音频信号采样后,再转换为数字信号制成的。在制作 CD 时,将所得的音频数据进行编码而不作任何方式的数据压缩,再按一定的格式用压膜的方法写入直径为 12 厘米的空白光盘上。这样制成的盘可播放一个多小时的音乐,但是没有图像。

大家知道,数字化的图像和声音信号的数据量是非常大的。一般来说,屏幕上图像变换在每秒 10 帧左右时,观看者会觉得图像是间断的;每秒图像变换在 15 帧左右时,仍然会让人有跳跃感;只有当图像变化达到每秒 25 帧以上时,才能使人觉得画面是连续变换的。每帧画面所含的信息量视用来显示图像的屏幕大小、分辨率高低、色彩的丰富程度不同而有所差异。如果将未经压缩的活动图像的数据直接记录到直径为 12 厘米、容量为 650M 字节的光盘上,那么每片光盘只能记录 24 秒左右的电视信号,这显然没有实用价值。

为了能在一张光盘上存放较长时间的音频和视频信号,在 CD 家族中诞生了新秀 VCD。它大小和 CD 一样,但在制作时采用了一种叫做 "MPEG－1" 的编码规则对数据进行压缩。制作时先将声音和图像数据进行压缩处理,然后把压缩后的数据 "刻" 录到空白的光盘上。通过这样的制作,一张空白 CD 上就能存放 74 分钟左右的电影或卡拉 OK 节目。在播放 VCD 时,通过激光阅读装置读取的数据,必须借助于计算机或专用微处理器芯片进行解压缩,经解压缩后的数字视频信号和音频信号才能送到图像和声音输出装置,使观众听到美妙的音乐,看到清晰的图像。

通常用 VCD 机来放 VCD,也可用配置了相应软件的计算机来放 VCD。VCD 机除了能放 VCD 外,还能播放 CD,但专用的 CD 机却不能播放 VCD。

关键词：VCD　音频信号

视频信号　压缩　解压缩

为什么 VCD 播放出的画面
有时会出现马赛克现象

我们大家都看过 VCD 机或计算机播放出的影片，当碰到 VCD 或 VCD 机质量较差时，屏幕中的画面常常会停顿、跳跃，或出现一种由许许多多小格子拼起来的图像，这些小格子就像是颜色、图案不一样的马赛克。出现这种现象与 VCD 上的信息存储方式和 VCD 机的播放工作原理有关。

VCD 是一种将影视信息压缩后存储的光盘。播放时，VCD 机或计算机将那些压缩后的信息读入后，进行解压缩，再将影像数据变成图像显现在屏幕上。解压缩过程可能有两种情况：一是用硬件解压缩。这是由安装在影碟机里或计算机里的具有相应解压缩功能的回放卡来完成的。二是当播放由计算机系统进行时，可用专用的解压缩软件，由 CPU 来完成解压缩工作。

解压缩后的图像数据逐帧传送给显示器，显示器按每秒 30 帧（或 25 帧）的速率一帧接一帧地把画面显示在屏幕上，就产生了人物和影像的动感。如果下一帧的图像数据不能在预定时间送至显示屏幕，画面就会出现停顿，因而变得不连续了。通常，系统采用跳帧的办法来保证画面与声音的同步，即

当画面生成速度太慢时,就丢弃那些来不及生成的帧,以跟上声音的播放速度,保持声音的连续,这时画面就会停顿和跳跃。

那么,是什么原因导致来不及生成画面呢? VCD 播放过程中的每一个环节都可能导致来不及生成画面,如 CD-ROM 或 VCD 质量差,显示卡显示速度低等等。这些环节出了问题,就会造成阻塞,使数据无法及时得到处理和传送,使播放不能连续。

由于 VCD 是将画面分成 16×16 的小方块进行压缩的,且很多帧是以前后帧为基础进行运动补偿或者插值产生的,因此正常情况下,每一帧都能按与前后相邻帧的关系算出来。画面上的每个 16×16 的小方块之间能很好地衔接,因而方块结构几乎难以觉察到。当然，如果你细心地观察，当画面变化较快时，还是能隐约地看到块状结构。这是因为相邻帧变化太大时，运动补偿及插值不能有效地压缩数据，为了把数据量控制在允许的范围内，必须损失更多细节以提高压缩率，结果，恢复出来的小方块画面有较大失真，不能相互很好地衔接，这样画面便出现极微弱的马赛克现象。

如果在播放过程中的某个环节出现了问题，除了会导致画面的停顿与跳跃以外，还可能导致产生严重的马赛克现象。比如，若 CD-ROM 读错或读不出数据，则相应的小方块画面必然无法正确地产生，这些错误的格子就会显现在画面上，这在播放质量不高的 VCD 时是常见的。又如，若由于播放速度问题而产生跳帧，则可能使下一帧的数据因前面帧被跳过而无法正确恢复，也可能导致马赛克现象。

关键词：**VCD 马赛克现象**

为什么 DVD 远远胜过 VCD

不知你有没有注意到，几年前风靡全球的 VCD 正渐渐隐退，而另一种家电产品 DVD 正在崛起，大有取而代之之势。

其实，被称作"数字式激光视盘"的 DVD 和被称作"小视盘"的 VCD，都是在 CD 光盘的基础上发展起来的。它们的工作原理是相同的，即：利用激光束在盘片的刻痕上进行扫描，根据刻痕上反射回来的激光束的变化，经过光电转换变成电信号，再进行数字技术处理，最后通过屏幕和扬声器播放出图声并茂的节目，供人们欣赏。

当前，DVD 之所以更受用户欢迎，是因为它采用了许多新技术、新工艺，各项性能指标比 VCD 优越得多。

首先，DVD 的刻痕制作技术更科学、更先进。从外表上看，DVD 和 VCD 差不多，但将 DVD 放在显微镜下，你会发现它的刻痕又细又密，远远超过了 VCD，而且刻痕由原来的一条变成了两条，形成双通道激光反射面。这些出色的设计和工艺，使盘的容量大幅度地增加了。不仅如此，DVD 盘片背面也可以进行刻录，这样就能使信息量再翻一番。

其次，DVD 采用了更好的数据压缩技术，为进一步扩大容量拓展了空间。我们知道，压缩技术可以提高盘片的容量。VCD 采用的是国际标准"MPEG"的压缩技术，使一张盘片的容量由仅能播放 24 秒钟的节目，提高到可以播放到 1 个小时以上的节目。DVD 的压缩技术更为先进。它可以根据影像状态，区分它们是频繁变化的，还是缓慢变化的，再针对不同情况对影像数据进行不同程度的压缩，从而使压缩比更高、容量更大。一张 DVD 通常可以播放好几部影视片，远远胜过 VCD。

值得一提的是，VCD 由于缺乏保护措施，使得盗版、劣质产品层出不穷，对 VCD 的制作、生产造成了很大冲击。而 DVD 在版权保护上采用了不少先进手段。

例如，DVD 采用图像乱序编码，将大约 50% 的数据经过一种复杂的、不可逆的算法进行编码，使得播放出的直接由复制 DVD 文件得来的图像，看上去一团糟或带有刺耳的噼啪声。相对于 VCD，DVD 不容易被复制和盗版。

关键词：**DVD　　VCD　　数据压缩技术**

录像机为什么能自动录像

大多数录像机都具有自动录像的功能。只要预先调整机内时钟的时间,设定录像的开始和结束时间,到时录像机就会自动启动,将希望录制的电视节目记录到磁带上。那么录像机为什么能自动完成录像呢?

录像机一般采用两个微处理器工作。一个是主控微处理器,另一个是定时微处理器。两个微处理器和一些外围电路设备构成了录像机的定时与控制系统,担负着控制整台录像机正常工作的任务。主控微处理器负责录像机的主工作系统,确定录像机的工作状态,控制录像机的机械动作,同时它还接收定时微处理器送来的信息,并送回操作指令,协调各种动作。定时微处理器完成对频道预选、按键扫描、显示及定时记录等功能的控制。

录像机为了能够直接接收并记录电视节目,设置了电视调谐单元。通过操作录像机面板上的按键,我们可以选择所要接收的电视频道。录像机还可以预先设置频道,即将你设置的频道情况记录下来,存放在存储器中。例如,我们可以通过预置按钮将录像机的通道 1 调谐到上海电视 1 台的频率上;通道 2 调谐到上海东方电视台的频率上。这样,今后只要按录像机上的通道 1 就可以接收上海电视 1 台的节目,按通道 2 就可以接收上海东方电视台的节目了。这一自动选台功能是通过定时微处理器来完成的。

录像机有多种工作状态,如重放、录像、停机等。当你按下某一键时,按键的状态信息就送入定时微处理器中,经它判别后,传送到主控微处理器,主控微处理器就进入相应的工作状态。主控微处理器控制各部分电路进行相应的工作状态切换。定时微处理器能随时将录像机的各种不同工作状态显示在屏幕上。只要对两个微处理器进行适当的设置,就可以根据使用者的需要及录像机的状况,使录像机自动从一种工作状态转换到另一种工作状态,按照事先编制好的工作程序自动完成录像功能。

☞ 关键词: 录像机

为什么 CD 机播出的音乐
比磁带机播出的更美妙动听

CD 机(激光唱机)播出的音乐比磁带机播出的更美妙动听, 这是由于 CD 机和磁带机在录制和放送音乐时原理和方法大不相同。

磁带机在录制和重放声音信号时使用的是磁带。磁带由聚酯薄膜带基和均匀地涂敷在上面的粉状磁性材料构成。磁带机在录制声音信号时,声音信号要先通过话筒,转变成与之相应的电流信号,进入磁带机上录音磁头中的线圈。此时,根据电磁感应中电能生磁的原理,线圈周围会形成与声音电流相应变化的磁场。当磁带在传动机构带动下通过录音磁头时,磁带上的磁性材料立即被磁头内线圈附近的交变磁场磁化,并在磁带上留下与声音电流相应变化的磁性(剩磁),剩磁起到了以磁化的形式将声音信号录制下来的作用。

要重放声音信号,只要把录有声音信号的磁带,通过放音磁头播放就可以了。根据电磁感应中磁也能生电的原理,磁带上的剩磁会在放音磁头的线圈中,产生与声音信号相应变化的电流信号。随后,通过磁带机上的放大器将电流信号放大,并在扬声器中放送出声音信号。

在上述磁带机录制和放送声音信号的过程中,磁带机采用的是一种"模拟化"的方法:线圈中的电流和磁带上的剩磁,都是模拟声音信号变化的。由于受外界环境和物理条件的影响,要模拟得一模一样是有一定难度的,因而就会造成一些失真,低音和高音部分尤为明显。由于音乐信号具有宽广的频率范围,因此在录制和重放时会出现高音贫乏、低音不饱满等弊端。加上多数磁带机上的放大器和扬声器对具有宽广的频率变化范围的音乐信号适应性较差,重放出来的音乐,往往效果不尽如人意。另外,磁带在录制或重放时,要不断地连续转动,与传动机构及磁头发生接触摩擦,致使磁粉受损脱落,出现"丝、丝、丝"的噪声,影响音响效果。

CD机在录制和重放声音信号时,使用的是激光唱片,即CD片。CD片是用聚碳酸酯作片基,表面镀有一层银色金属薄膜的圆形盘片。录制时,声音信号先通过话筒转变成相应的声音电流,再在一种叫做"模/数转换器"的装置中,通过取样、量化、编码等技术处理,转换成一组组用"0"和"1"数字表示的脉冲电流("0"表示无电流,"1"表示有电流),它可以控制激光发射器,使激光在有脉冲电流时就发射,在盘片上打击出一个极微小的凹坑。一张直径为12厘米的标准型CD盘片上的凹坑多达25亿个,因而可贮藏大量信息,记录或重放时间可长达74分钟。采用这种"数字化"方法在盘片上录制的声音信号，只是一连串的凹坑，它不受环境及物理条件的影响，保真度极高，几乎没有噪声。由此可见，在原声录制的质量上，CD机已比磁带机"领先一步"了。

在CD机上重放时，激光束照射在CD片的凹坑上，随着CD片的转动，激光束会从凹坑上不断反射出来。由于激光束在凹坑中和平面上的反射光束具有截然相反的特征，因此，在光接收器中通过光电转换，就会输出一连串对应于"0"与"1"的脉冲电流，再在数/模转换器中还原出声音电流。在这个过程中，没有失真，也没有机械磨损。此外，CD机中配置的放大器和扬声器，大多有很高的保真度，可允许通过的电流信号的频率变化范围也十分宽广平坦，覆盖了人耳的听音范围，能真实地重现出录制时的音响效果。

由于CD机播出的音乐比磁带机播出的更美妙动听，因此在一些对播放音乐有较高质量要求的场合，人们都使用CD机。

关键词：CD机（激光唱机）　磁带机　激光

为什么音响设备能自动寻找
并播放音乐节目

随着人们文化生活水平的提高，音响设备已悄悄走进千家万户。音响设备操作起来很简单，只需在面板上或遥控器上轻轻按几下，它就能自动地找片、换片，自动地播放你要欣赏的音乐节目。音响设备能做到这一点，关键在于它有一块小小的芯片——微处理器。

先看看音响的自动换片功能。这一功能主要是针对多片盘结构(一般为三片)的音响。三片盘的位置是事先固定好的,并用 1、2、3 来标识和区分。平时,"1 号盘"总是置于"光学拾讯头"的下面。当你选择"1"时,微处理器立即作出判断:"不动";当你选择"2"时,微处理器马上启动马达,旋转 120°,使 2 号盘恰巧移到原 1 号盘的位置;同样地,当你选择"3"时,它就命令马达旋转 240°,使 3 号盘置于 1 号盘的位置。光盘的位置移动完毕,就可以进入播放状态了。

那么,音响在一片光盘上是如何自动搜寻节目的呢?这里,我们先要了解音乐节目记录在光盘上的格式。通常在光盘上每个音乐节目占三个区:导入区、节目区和导出区。导入区和导出区,往往由若干个空扇区构成。设置导入区和导出区,是为了方便区分和识别节目区。如果光盘上有十个音乐节目,这十个节目区就被九个空白扇区分隔开来,这就为自动搜寻第几个节目创造了条件。

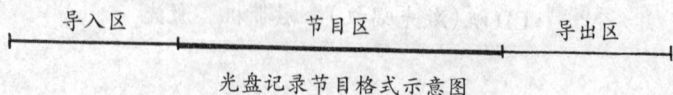

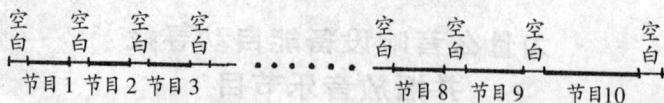

光盘记录节目格式示意图

十个节目光盘结构示意图

现在,我们来看看自动搜寻的过程。假如你点的是第三个节目,你就在遥控器或面板上按数字键"3"。此时,音响设备内的"计数器"立即记下了这个数字,微处理器立即开始了搜寻工作:它启动光盘,按顺序寻找空白的导入区;它每遇到一个"导入区"就将计算器自动减1，并且判断计数器是否已经为"0"，如果不是，它就继续扫描、搜寻下去。当然，搜寻到第三个"导入区"时，计数器变为"0"了，说明它已经找到了这个"节目区"。之后，它立即启动播放系统，开动有关的音响设备，开始播放这一音乐节目。

如果你是连续地或间隔地点节目，搜寻办法也类似，这是因为微处理器里事先编制好了周密的程序，能巧妙地应付各种情况。

☞ 关键词：音响　导入区　导出区

为什么数码相机不用胶卷

人类用眼睛来感知色彩缤纷的世界，而照相机则是用镜头来摄取美丽的景物。在摄影技术诞生至今的一个多世纪中，相机也从最古老的简易木匣子，发展到现在具有自动对焦、自动曝光、电动变焦等多种特殊功能的十分电子化的相机。然而不论相机的外观有了多少变化，内部器件多么电子化，但它们仍沿用一百年前的取像原理：拍照时通过镜头、快门把景物反射的光线聚焦投射到底片上，底片上的感光剂因此出现化学变化而产生影像；拍完的底片拿去冲晒店经另一轮化学处理，才得到最后的影像结果，这就是我们常见的相片。

数码相机虽然也靠镜头、快门摄取景物，但感光的媒介不是涂满感光剂的底片，而是电子式的影像感测器。这个感测器直接把景物反射光线转为数码信号，再作进一步的处理和存储。所以数码相机不用底片,而使用快闪储存卡。由于景物影像已变成数字化信息,因此数码相机可以与个人电脑连通,配合使用。

数码相机使照相不再限于晒出一张相片,而可以通过个人电脑将拍来的影像进行色彩、光度、轮廓的修补,甚至可以给原始图像制作完全不同的效果。

数字式照相机的摄影过程可分成输入、处理和输出三大部分。

1. 影像的输入。对输入的影像进行数字化处理是数字式摄影系统的特点,目的是为了将摄取的影像转换为可由电脑处理的数字信息,数字式照相机本身就能对摄取的影像进行数字化,采用CCD来接收影像信号。

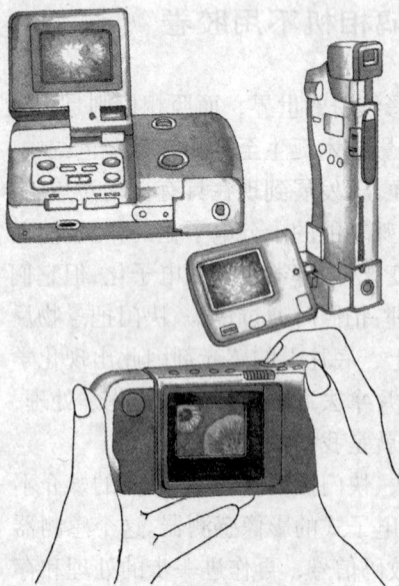

2. 影像的处理。影像处理主要是对进入计算机中的数码影像进行修整和再创作。目前可用PhotoEnhancer、Photoshop软件对图像进行曝光、反差、色彩、色调、裁剪、图像放大缩小和翻转、拼接、合成、变换背景、变形、浮雕效果、马赛克效果等特殊技术处理。这些都是传统摄影无法做到的。

3. 影像的输出。影像的输出是指在数码摄影过程中通过某种设备来显示照片的过程。常用的显示设备有显示器、高分辨率激光或喷墨打印机。也可通过专用的数码胶片记录仪获取传统的彩色负片和彩色正片，或通过数码照片影像机(又称数码打印机)获取传统的彩色照片。

☞ 关键词：数码相机

为什么摄像机摄像时不需要对焦，
也不需要考虑曝光

当前，摄像机还不太普及，还未进入千家万户，但是它在工作原理、技术关键上和普通照相机有很多相似之处。

凡是用过照相机的人都深有体会：要拍出一张高质量的照片，必须抓好两个环节：一是对焦，二是曝光。对焦，就是要把镜头调整到使拍摄的目标正好落在焦点上，这样，胶片上的影像才最清晰，否则的话，影像就会模糊不清。手工操作的照相机往往是由拍摄人"目测"进行对焦的：他用肉眼估计一下目标和镜头之间的距离，再用手将镜头调整到这个距离上。"曝光"则涉及光圈、曝光时间这两个方面。一般原则是：光线暗，光圈开得大些，曝光时间长些；光线强，光圈开得小些，曝光时间短些。这些在按快门正式拍照之前都应考虑好、设定好。

摄像机摄像的过程和原理，实际上和照相差不多，得时时关注对焦和曝光两大环节,只不过它实现了"自动化",用不着再手工操作而已。那么,它是怎样实现对焦、曝光自动化的呢?它是靠摄像机内微电子处理器、光学部件和一些附件密切配合来实现的。

当你启动摄像机时,它的"红外自动对焦系统"就开始工作了。它能发射出一束束红外线,从近到远,对被拍摄的目标进行水平扫描。与此同时,摄像机镜头在电子系统的操纵下,从近向远,往返移动。一旦红外线光束击中被拍摄的目标时,它立即反射回来,引发电子系统通过机械装置将摄像机镜头调整到最佳的位置上,从而自动完成"对焦"任务。它还同时启动了"快门电子系统",打开快门,及时曝光。如果现场光线不足,还能自动开启闪光灯,以达到最佳的摄像效果。至于光圈的大小、曝光时间的长短,是通过光学部件和电子系统在整个摄像过程中不断地自动设定的,不需要人工干预。

由于摄像机的工作过程实现了电子化、自动化，能做到调焦准确、曝光迅速，减少了人的误操作，所以往往摄像质量较高，能达到预期效果。

☞ 关键词：摄像　对焦　曝光

为什么全自动洗衣机可以自动运行

如今，洗衣机已经进入千家万户，人们再也不用面对一大堆脏衣服发愁了，只要把脏衣服、洗衣粉放到洗衣机里，接通电源，轻轻地在洗衣机面板上按几下就可以了，其他的不用再操心。等蜂鸣器发出叫声，打开洗衣机一看，衣服已洗得干干净净。

洗衣机为什么能自动运行呢？这要归功于计算机。全自动洗衣机通常是由控制器（主要由微处理器构成）、电机、进水阀、排水阀、水位开关、安全开关、电磁铁等部件组成。其中，"控制器"是控制、指挥、协调其他部件自动运行的"司令部"，里面有许多事先编制好的运行程序，洗衣机自动运行的过程，其实就是控制器里的程序运行的过程，也是按程序"打开"相应的电路、执行相应的命令、完成相应的操作的过程。

当我们接通电源、准备洗衣服时，首先启动"进水程序"，控制器立即输出工作电压，开启进水阀进水；当水位达到预定的高度时，控制器就关闭进水阀，并启动"洗涤程序"，驱使电机带动洗涤盘正、反运转，进行洗涤。这时，"计时器"开始倒计时。当预定的洗涤时间一到，计时器立即向控制器发出洗涤完

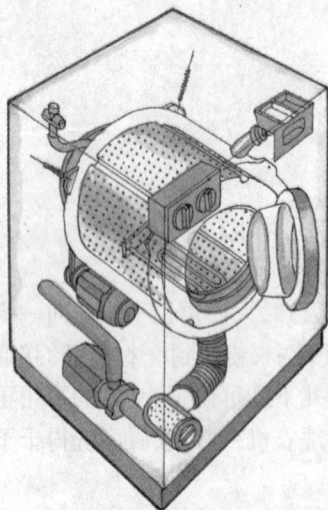

成的信号,紧接着,自动运行"排水程序",直到水位降到一定值(甚至排光)后执行脱水程序,然后执行"漂洗程序";漂净后,又执行"脱水程序",将洗好的衣服甩干。脱水完毕,控制器就关闭排水阀,命令蜂鸣器发声,宣告洗涤任务完成。先进的洗衣机,还有烘干功能。

目前,洗衣机的种类和型号很多,根据功能可以分为普通型、半自动型、全自动型三种。目前,以模糊理论为基础的新型全自动洗衣机已经问世,它将受到越来越多用户的欢迎。

☞ 关键词:**全自动洗衣机　程序**

为什么空调器能自动控制室内的温度

在炎热的夏天或寒冷的冬天，我们都希望呆在一个舒适的环境中——温度适中、湿度不大、微风习习、空气洁净，在这样的环境中学习或工作效率很高。而空调器正是一种能自动调节室内温度的电器，它正越来越受到人们的青睐。

空调器中实现温度控制的主要部件有压缩机、冷凝器、蒸发器、温控器等一些与温度调节有关的部件。压缩机是使制冷剂发生变化的动力机；冷凝机将压缩机送来的高温高压蒸气的热量传送给周围的冷却介质——空气，并使它凝结成为高压液体；蒸发器吸收室内物体产生的热量，使室内温度降低；温度控制器由以微处理器为中心的电子线路组成，它将室内的温度与已设定的温度进行比较，然后确定空调器是启动、停止还是继续工作。为了达到这个目的，在微处理器里事先编制

了一套"专用程序"来
实现人们设定的功
能，如定时、睡眠、去
湿、自然风、制冷或制
热等等。要实现这些
功能，操作起来十分
简单。

那么空调器是如
何判定室温的高低，并自动控制室温
的呢？下面先看看夏天空调器是怎样
自动工作的。

空调器里有一个感温器件，它能
接收温度变化的信息。这个感温器件里有个热敏电阻，电阻值
随温度变化而变化。电阻值的变化，导致电路中某种电位变
化，这个信息经过微处理器收集、加工处理后，变成命令来控
制压缩机等部件的启动或停止。压缩机等部件在工作时，室内
空气与空调器中的空气不停地交换，使室内温度不断降低。当
室温低于预定温度时，空调器通过微处理器作出判定，自动停
止压缩机工作，使制冷停止，或者只送出自然风。当室温慢慢
上升超过设定温度时，压缩机又自动启动。空调器中的压缩机
就这样周而复始地工作，使室温始终保持在人们所希望达到
的温度上。

冬天空调器的工作原理相类似，只是温度判断方法不同，
且压缩机不是制冷，而是制热。

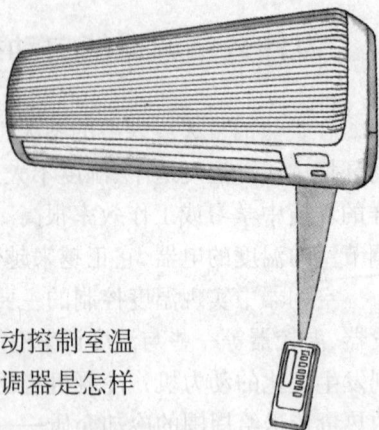

☞ 关键词：空调器　微处理器

为什么电梯能自动运行

随着科技的进步,自动电梯越来越多,越来越普及了。较大的商店、宾馆,或者高层公寓,一般都备有一台或几台自动电梯。进了电梯,你只要按几个按钮,电梯就会迅速而准确地自动运行,将你送到目的地,又省力、又安全。

自动电梯能自动运行,是由于它安装了微型计算机控制器,在这个控制器的内部,有预先编制好的控制程序,它能模仿人的思维进行工作。下面,我们来看一看电梯是怎样自动上升的。

电梯在关门前首先要判断:电梯是否"超载"?如果"是"的话,立即发出"警报",要求退出几个乘客,直到"不超载"为止。此时,电梯才关门,开始上升。电梯一边上升,一边要判断:到达上一层时电梯内是否有人要下去?(乘客上电梯时,都需按一下想要到达的楼层按钮)若有人下,到达上一层时,就自动停下来开门,让乘客上下。若无人下,它还要判断:电梯外是否有人要上电梯?(客人想乘电梯,应在电梯外面门口按相应的电钮)。若有人上,即使电梯内无人下它也要停下来,自动开门,请乘客上来。之后,继续上升。只有在既无人上、也无人下的情况下,这一层才不停。这个过程周而复始,下降过程与上升过程类似。

微型计算机控制器在电梯自动运行中起到了关键作用。是它及时地收集电梯内和各楼层乘客需要进出电梯的信息,然后迅速地对这些信息进行加工、判断、处理,并发出相应命令,从而保证电梯能自动、顺利、安全地运行,忠实地为乘客日

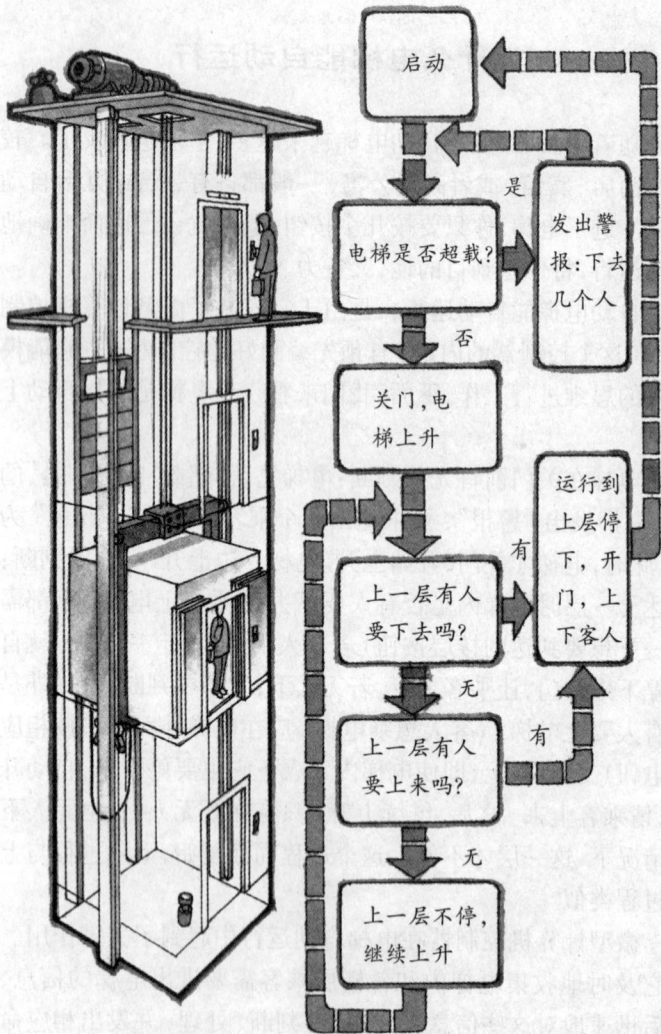

启动

电梯是否超载? →是→ 发出警报:下去几个人

↓否

关门,电梯上升

上一层有人要下去吗? →有→ 运行到上层停下,开门,上下客人

↓无

上一层有人要上来吗? →有→

↓无

上一层不停,继续上升

自动电梯上升运行过程

252

夜服务。

关键词：自动电梯

为什么地铁能够实行无人驾驶

为了改善城市交通拥挤的局面，人们就把铁道引入地下。目前，许多地方的地铁已能自动运行，不需要人驾驶。

无人驾驶的自动化地铁，其实是由"地铁控制中心"控制的。地铁控制中心的任务是使车辆中各电力系统协调动作，使机车安全、准确地到达目的地。通常"地铁控制中心"建在某一车站内，与运行着的机车有一定的距离。那么，它究竟是怎样控制地铁自动运行的呢？

地铁控制中心装有与各机车电子控制网络紧密联系的大型地铁计算机网络系统，里面存储着地铁上运行的机车的有关信息，如载客容量、载货清单、出发时间、机车序列号等。计算机系统根据这些信息自动排好调度时间表，运行实时交通管理程序。到了该发车的时候，它就会自动、快速地搜索被调度的机车。一旦搜索到，就立即向该车辆的电子控制网络发出调度指令。机车上还装有电子测速器，不断地将测出的实际运行速度反馈给地铁中心。地铁中心的计算机根据这一反馈信息控制车辆运行速度，保证车辆安全行驶。例如：当车辆下坡时，下坡瞬间车速增加，若电子测速器实测速度超出安全范围，地铁控制中心便"下令"让机车自动减速运行。以上这一系列的反馈、控制及动作都在瞬间完成，安全可靠。这些工作若由人工完成,则会因机车速度快、情况复杂等诸多原因造成行车不安全。

有时我们会看到地铁机车上有几位工作人员,他们其实并不是在那儿驾驶机车,而是做一些日常的机械维护工作。当然,在机车发生紧急故障时,他们要做应急处理工作。

☞ 关键词: 地铁　地铁控制中心

为什么能用计算机来指挥交通

一个城市的交通状况,往往反映了这个城市的现代化程度和文明程度。然而,管理、指挥好交通,使之秩序井然、安全、畅通,也不是一件轻而易举的事情。随着计算机技术的蓬勃发展,以及推广应用的日益深入,当前交通领域已引进了计算机,使管理、指挥交通的水平上了一个新台阶,交通状况面貌一新。

那么,计算机是怎样管理、指挥交通的呢?指挥、管理交通要使用"计算机交通管理指挥网络系统"。这个系统在城市的交通干线和以往容易发生事故的地点,配备了一定数量的摄像机、计算机,这些设备能及时"捕捉"交通运营信息,并把信息迅速传送到计算中心,在那里进行综合、分析、处理。与此同时,电视台、电台、设在路边的电子警示牌又与计算中心紧密配合,及时向司机、行人报道交通状况,并请他们协助做好工作,共同维护交通秩序。

我们举一个例子来说明。假设上海的延安东路中段发生了两车相撞事故,道路堵塞,车辆和行人无法通行。这一信息立即被日夜监视这个路段的摄像机、计算机"捕捉"到,并立即传到了计算中心,中心至少立即做下列三件事:

1. 通知离延安东路中段最近的交通警车、警察,让他们尽快赶往事故现场,进行调查分析,并尽快疏散车辆、行人。

2. 通过电视台、电台或路边的电子警示牌,告诉正往事故地点行进的汽车司机、行人前面出了事故,并建议他们绕道行驶、行走。

3. 将现场收集到的事故信息,如两车位置、损伤程度、司机状况、汽车牌号等等,详细地记录、保存下来,为进一步处理事故提供可靠的依据。

目前一些发达国家的主要交通干道上,除了地面有配备摄像机、计算机和通信设备的警车日夜巡逻

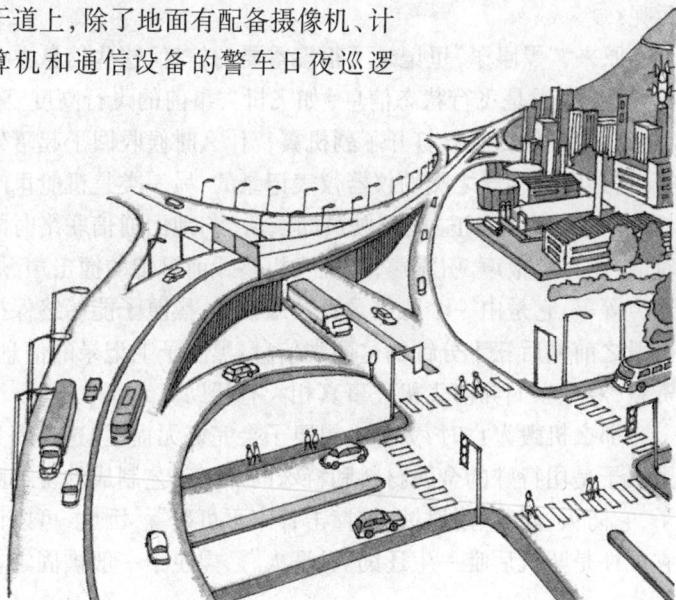

外,在低空还有直升机俯视地面。这样,交通管理指挥系统就对交通状况了如指掌,发现问题可及时处理。另一方面,不管是大卡车还是小轿车,都装有收音机式小型电视机,有专门的"交通频道",司机可随时打开,了解当时的交通状况。

☞ 关键词:交通管理指挥网络系统

为什么飞机失事后要找"黑匣子"

在发生飞机坠毁事故后,人们通常要寻找原先安装在飞机上的"黑匣子",以查明失事真相。这个黑匣子究竟是什么东西呢?

原来,"黑匣子"里记录了很多重要的信息,这些信息主要有两类:一类是飞行状态信息,如飞机失事前的飞行高度、速度、航向,什么时候打开了副机翼,什么时候收回了起落架等,它是由传感器之类的仪器仪表记录的;另一类是机舱里的各种声音信息,如正、副驾驶员的谈话、与地面通信联络时的对话,还有警报声、引擎声,甚至飞机坠毁前可怕的撞击声、爆炸声等等,它是由一个防震录音器录下的。黑匣子能始终保持机毁之前最后三十分钟的这两类信息。黑匣子上记录的信息、资料,对专家们弄清飞机失事真相大有帮助。

那么机毁人亡时,为什么黑匣子会完好无损呢?这是因为黑匣子是用特殊的金属材料和特殊的加工工艺制成的密封匣子,它防火、防水、耐腐蚀、抗撞击,"牢不可破"。因此,可以说它往往是坠机后唯一生还的"见证人"。黑匣子一般被固定在

飞机的机尾部分,以尽量减少飞机在爆炸、燃烧时给它带来的影响。

有了黑匣子是否就一定能查明飞机失事的真相呢?事情往往不是那么简单!黑匣子固然是了解飞机失事真相的一把金钥匙,但并不是灵丹妙药,有时由于它只记录了一个片断,反而使疑团加深。

随着科学技术的日新月异,当前采用了更先进的分析方法。专家们想方设法,巧妙地利用黑匣子所提供的信息建成一个"飞行模拟器",逼真地模拟出飞机失事前的飞行高度、位置、状态等情况,通过这个模拟过程来判定飞机的失事原因。此外,还可以利用计算机将黑匣子提供的所有信息与资料,制成"飞行动画片",专家们可以直观地从计算机屏幕上看飞机失事的过程,从而进一步弄清真相。

黑匣子其实并不是黑色的,它的外壳一般都被涂成鲜艳夺目的橙色,这样,它不管落到陆地上还是水里,都容易被人发现。此外,为了让人们容易找到它,设计师在黑匣子中还安装了一种设备,它能不断地发出特殊的超声波信号,人们可以用搜索仪器迅速找到它。

关键词:黑匣子 飞行模拟器

为什么能用计算机管理城市管网设施

在城市建设中,需要在地上和地下架设或埋设密如蛛网的管网,如自来水管网、煤气天然气管网、排雨水污水管网、供电网、电信网等等。这些管网分属不同的管理部门,由它们各自进行日常管理。随着城市建设的发展,这些管网的管线长度需要不断增加,管径容量需要不断扩大。我们常常看到,马路今年开挖,埋自来水管,明年又重新开挖,安装煤气管道……这样填了又挖,挖了又填,造成了人力、物力的惊人浪费。据南京、重庆、济南等城市的不完全统计,仅此一项在城市中造成的经济损失,每年就超过千万元。

为了使城市管网设施的建设与管理高效、合理和科学化,并由现代化的手段替代手工方式,管理者使用一种称为地理信息系统的软件,将这个软件结合具体应用,进行二次开发,形成城市管网设施信息管理系统,用计算机进行辅助管理。

用计算机来管理城市管网设施,在扩建管网时就可以做到有的放矢。例如,煤气公司要新铺设输气管线,在施工前就可以在计算机上查询,得到该段路其他管网的详细地图,这样施工时就能做到不误挖、不误伤。一旦管网中有突然事件发生,就可以用计算机辅助选择处理方案。例如,当某处自来水管爆裂时,计算机能帮助管理人员迅速确定截断水源的关闸方案;当排水管出现意外或地面出现大面积积水时,计算机能辅助制定导流方案等等。

此外,计算机管理系统还能帮助管理人员预测管网设施可能发生的故障及其影响的范围,做好管网设施的维护、保养和更换工作。

1985 年以来,我国相继引进了不少国外著名的地理信息系统软件,同时也自行研制了不少这类软件,已在北京、上海等地逐步建成或部分投入使用,可以做到用计算机管理城市管网设施了。

> 关键词：城市管网设施信息管理系统
>   地理信息系统

为什么卫星能看到
地球内部的矿产分布

蕴藏在地底下的矿产,是地球的宝贵财富。勘探矿藏分布,需要用科学方法,采用各种专用仪器。人造地球卫星问世以来,其中的地球资源卫星成了能看到地球内部矿产分布的佼佼者。这是因为资源卫星遨游在几百千米的高空中,比起飞机、气球等航空器来,"站得更高、看得更远"。而且,资源卫星上还安装了先进的遥感器。

遥感器是一种能感测到遥远处目标的性质和特点的设

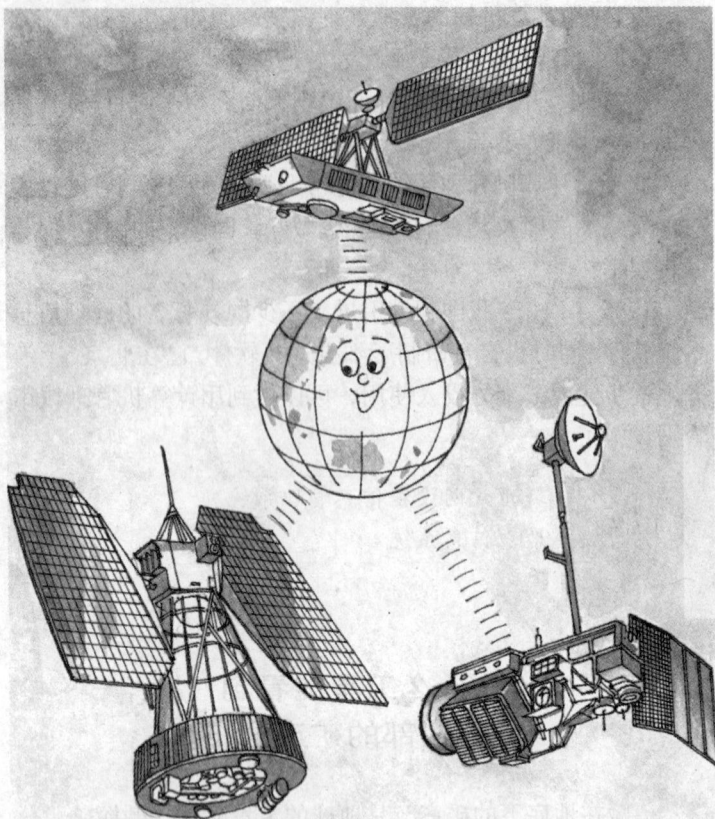

备。资源卫星上安装着可见光、多光谱、红外光、微波等各种遥感器。其中微波遥感器在勘探地球内部矿产分布时,大有用武之地。

微波是一种波长在1毫米到100厘米之间的电磁波。它在空中传播时,不受白天或黑夜的影响,能毫无阻挡地通过大气层中的风雪雨雾,穿透地层表面的植被、土壤、沙层、冰块和岩石,最深可到达地下 30 米左右。因此,微波遥感器通过微波的发送和接收原理摄制的图片,信息丰富,分辨率极高,易于辨认。微波遥感器能识别伪装,且能全天候工作,不仅能宏观地在极为宽广的范围内清晰地展示出地域内的地质、地貌、水土、植被等状况,发现矿苗的端倪,而且能将地底下的地质构造显现得一览无遗,从而看到地球内部的矿产分布。在内蒙古发现的铬矿和铁矿,在新疆北部地区发现的金矿、锡矿和铜矿,都是通过资源卫星上的微波遥感器勘察出来的。

资源卫星不但能用来寻觅地底下的矿藏,而且在军事侦察、地形测绘、地质研究、海洋观察、大气测量、污染控制、森林火情监测、洪水和地震预报等方面,都有很大的用途。

当然利用资源卫星来勘探也有不足之处,由于微波最深只能到达地下 30 米处,因此 30 米以下的地层构造和矿产分布,卫星就"看"不见了。

☞ 关键词:地球资源卫星　遥感器

为什么卫星出租车调度系统
能迅速完成车辆的调度

繁华的大城市,出租车川流不息。为了提高出租车的营运效率,出租车调度中心要不断地用无线电集群对讲电话,与出租车驾驶员保持联系,通报某时某地需要用车的情况。如果此时客人的居住地附近恰有空车驶过,空车上的驾驶员就会在对讲电话上答复调度中心,并接客上车。这种出租车的调度方法,仅仅起到了为出租车驾驶员传递用车信息的作用,因为调度中心无法实时实地看到出租车的确切位置和营运状况。

如果使用卫星出租车调度系统,调度中心就能名副其实地对出租车进行调度了。

卫星出租车调度系统使用导航授时全球测距卫星。这种卫星在距地面约 20183 千米的高空轨道位置上,共有 24 颗,用两种不同的频率,将定位信号均匀地发射到地面上,供全球众多用户使用。它与对卫星进行控制和管理的地面站,以及在世界范围内的用户接收机,组成全球卫星定位导航系统,简称全球定位系统(GPS)。

应用 GPS 时,每辆出租车内配置的用户接收机,全天 24 小时,随时都能接收到卫星上发送出来的定位信号,并在液晶显示屏上显示出出租车所在地点的经度和纬度,驾驶员一看就明白。与此同时,出租车内由计算机控制的无线电台,也会将出租车的精确位置,用无线电波迅速地传送到调度中心,显示在荧屏上的电子地图中,使调度中心对每辆出租车位置看得清清楚楚。这样,调度中心就能通过无线电话,直接指挥出租车开往需要接客上车的地方,迅速地完成出租车的调度。

有了 GPS,调度中心还能实时监测每辆出租车,了解它们的行驶路线,以及车门、车灯、刹车的状况等。一旦出租车出现故障或发生意外事故,调度中心就能及时掌握险情,在最短时间内派出救援车辆,组织维修或抢救。

GPS 在工农业生产和作战指挥中,在火车、轮船、飞机的运输与航行调度中,都有着十分广泛的用途。

☞ 关键词:卫星出租车调度系统　全球卫星定位导航系统

计算机怎样帮助 CT 工作

你一定听说过 CT，可你知道 CT 是一种什么样的医疗检测设备，计算机又是怎样帮助它工作的吗？

"CT"是英文"X－ray Computer Tomography"的简称，中文译名"X 射线计算机断层摄影"。它的工作原理和拍普通 X 光片一样，是利用 X 射线穿透人体组织后，其强度随着组织密度的增大而减小的特性，由计算机对这些信息进行加工、处理，形成一张张组织内部的断层图像，尤其是病变部位的断层

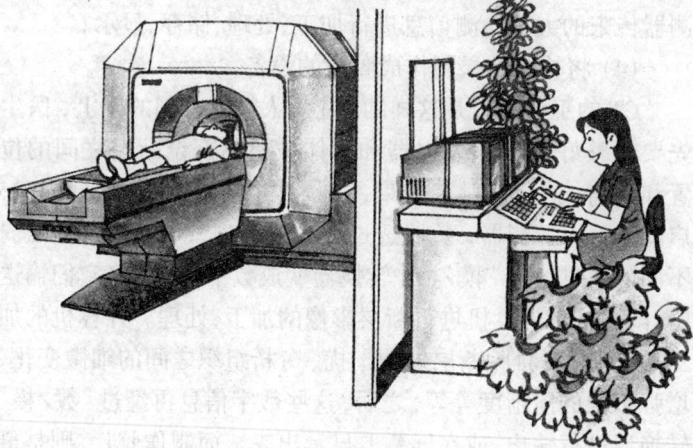

图像。和拍普通 X 光片不同的是,做 CT 时,影像十分清晰,不受断层外组织的干扰,而拍普通 X 光片,可能会受干扰而产生叠影。此外,CT 影像分辨率极高,正常组织和病变组织之间的微小差别,都能准确地反映出来。更可贵的是,它可以通过计算机对肿瘤的位置、形状、大小进行定量的分析,并在屏幕上显示出来,既迅速,又直观。因此,它已成为医生的好顾问、好帮手。

整套的 CT 设备主要由以下几个部分组成:

(1) X 光束发射器,它可以对人体任何检测部位从不同角度、不同断层,全方位地发射 X 光束;

(2) 探测器,它的功能是接收穿透人体组织的 X 射线剩余值。一台 CT 机,通常要设置成百上千个探测器,以便收集从不同角度射来的 X 光束,提供更丰富的检测信息;

(3) 专用计算机,包括"模/数"、"数/模"转换器。它将探测器传来的大量检测信息进行加工、处理、储存、显示;

(4) 将检测结果制作成胶片的设备。

CT 的工作过程是这样的:让病人躺在特制的床上,医生先要调整好 X 光束发射器和人体被检测部位断层之间的位置和距离,然后发射 X 光束,扫描这个断层组织,与此同时,启动千百个探测器,接收透过人体的 X 射线,再让这些强弱不同的信息经过"模/数"转换器变成数字信息,将它们输送给计算机,由计算机进行断层影像的加工、处理。计算机的加工、处理包括排除断层外的干扰、分析组织之间的细微变化、增强影像的清晰度等等,之后,这些数字信息再经过"数/模"转换器进行输出,或在屏幕上显示出来。而制作胶片,则是最后一道工序。

拍 CT 片，通常不只拍一张，这是什么道理呢？你可能有这样的体验：如果想要知道一个煮熟的咸鸭蛋蛋黄的位置和大小，仅仅在蛋的中间切上一刀，往往得不到圆满的答案。但是，如果你平行地切上三刀、五刀或者更多，从多个断层上进行比较、分析，这时你得到的结论会很可靠哩！CT 拍多张断层片，也是这个道理。事实上，拍的片子越多、断层之间的间距越小，得到的检测结果越准确、越逼真！有了计算机的帮助，多拍几张片子是轻而易举的事！

CT 问世于 1972 年，虽然只有不到 30 年的历史，但是随着计算机技术的突飞猛进，它的功能已越来越强，片子已越来越清晰。如今，CT 已发展到了第四代。过去用普通 X 光不能检测到的人体部位、内脏器官，现在几乎都能检测了。正因为如此，CT 越来越受到医生的青睐和病人的欢迎。

关键词：CT　　X 射线

什么是办公自动化

办公自动化简称 OA，是 20 世纪 70 年代中期迅速兴起的一门综合性技术。它用先进的科学技术武装办公系统，以提高效率，提高管理水平，使办公系统达到信息灵通、管理方便、决策正确的目的。办公系统自动化是个相对概念，是相比较而言的。随着计算机软、硬件技术的发展，办公自动化的使用更加广泛，对它的研究也更加深入。

现在，与 OA 相关的技术和产品已有数万种之多。那么OA 是怎样发展起来的呢？

OA 的发展可分成三个阶段。第一阶段，通过机器化来提高每个人处理事务的效率。第二阶段，提高从事同一工作的工作人员的办事机能，从而使整个工作收到良好的效果。第三阶段，实现整体的统一化。经营决策一经付诸实施，企业内外的各种情报就开始运转，信息立即从各部门反馈回来，这时，企业就要重新考虑自身现状，修正工作中的失误。这个阶段是OA 发展的高级阶段。

相对于上述三个阶段，OA 机器和系统本身的发展也分为三个阶段。第一阶段，将复印机、传真机、个人电脑等都作为各个独立的机器来使用，这个阶段称为"事务处理型 OA"。我国大部分中小型企业都处于这个阶段。第二阶段，将这些机器和系统组合在一起，发展成为更高级的多媒体电脑。这样，各种信息，包括文字、音频及图像，都可以存储到数据库中，为信息分析提供材料。这个阶段称为"信息处理型 OA"。第三阶段，实现网络化，即组成以高性能、大容量服务器为核心的网络世界。现在，全世界的联网(因特网)技术进一步得到发展，这样企业就能以较低的成本将分布在全球的分公司联系在一起，并且可以享用无穷无尽的网上信息。这个阶段称为"决策支持型 OA"。我国和发达国家一样，正全力地发展第二、第三阶段的 OA 技术。

办公自动化的特点是无纸化。就是说，所有信息都不必用纸写下来，可直接输入到计算机中去，而每个工作人员就是利用计算机分析处理获得的信息。人们不必花大量的时间整理繁杂的文件，这个工作可交给计算机去做。现在，制造商们正不断推出易懂好学的软件，帮助人们更快地实现办公自动化。

关键词：办公自动化

什么是工厂自动化

工厂自动化是一个很广泛的概念，也是一个相对的概念。一个实现自动化的工厂，应做到以下几点：

1. 有一个内部联网的现代化的信息管理系统，即通过网络实现全厂生产、信息采集与处理、财务、人事、技术与设备等的计算机自动化管理；

2. 生产设备实现自动化，即单个设备由计算机控制，生产过程中实现自动传输等；

3. 建成一个"柔性生产系统"，即具备一种新型的多品种、少批量生产的加工设备。这种系统比较容易适应设计的改变和加工物形状、数量的变化。这种系统可大可小，大的由若干个工业机器人、数控机床及控制装置、监控电脑及无人运输车组成，可以构成整条生产线；小的则可以独立完成各种类型的加工任务；

4. 产品设计与生产工艺设计实现自动化，并采用了计算机辅助设计的方法，这样既节省了设计时间和费用，又大大提高了生产效率；

5. 建立了自动化仓库，这是实现工厂自动化的一个必备条件。对一个工厂的原材料、半成品和成品实现自动化管理，不仅能提高场地的利用效率,减少管理费用,还能使物品的存取变得井然有序,一旦某种物品告缺,采购部门将立即获得信息,及时进货。

自动化工厂中的"无人化自动工厂",是一个自动化程度很高的自动化工厂,它不仅具备以上各项条件,还建有自动化仓库,原材料、半成品及成品自动传送线和现代化的信息管理系统,使生产线上的人员减少到最低限度。除少数维修人员外,生产线上的整个生产过程无人参与,可以一天 24 小时连续不停地生产,产品的质量稳定可靠,生产效率极高。

☞ 关键词： 自动化　工厂自动化

"智能大厦"真有智能吗

"智能大厦"是指这样一类建筑物,它的结构、系统、服务和管理及其相互关系已全面综合,达到最佳组合,具有高效率、高性能和高舒适的特点。简单地说,智能大厦好像是有智能的,能够帮助人们管理大楼的有关事务,为大楼居民的工作和生活提供周到、舒适、方便的服务。

智能大厦包括两个方面的内容：建筑工程部分和智能化部分。建筑工程部分是指大楼的结构、布局和有关设施的设计和施工,是实现智能化的基础。智能化部分主要包括:楼宇自动化系统,办公自动化系统,通信自动化系统。因为上面三个系统的英文名称中都有 Automatic(自动的)一词,所以将它们简称为 3A。后来,有人又从楼宇自动化系统中分出防火自动

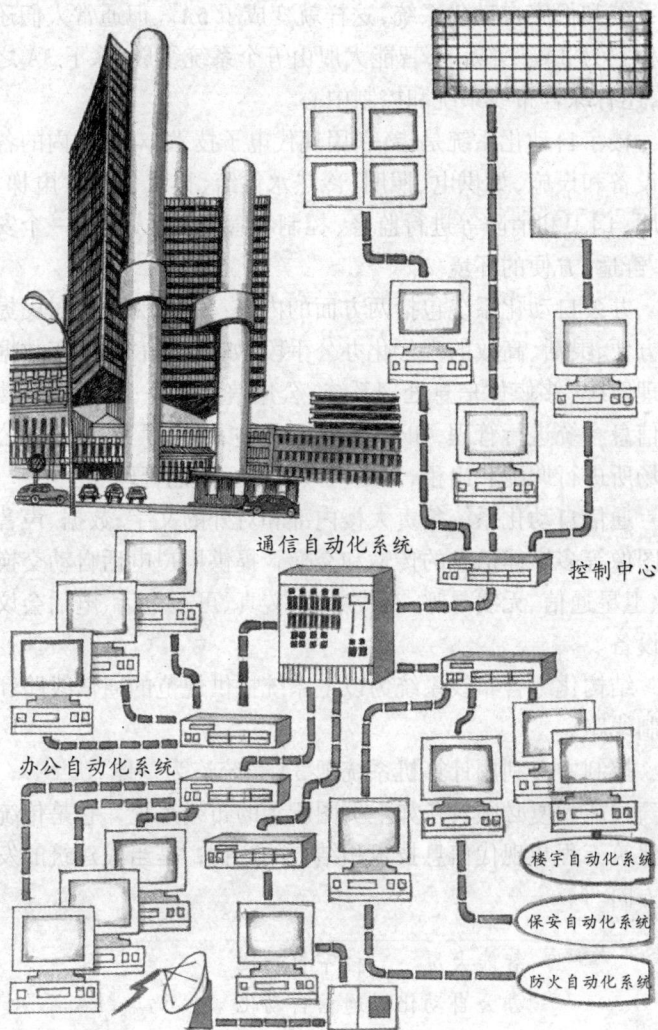

通信自动化系统

控制中心

办公自动化系统

楼宇自动化系统

保安自动化系统

防火自动化系统

智能大厦布线系统示意图

化系统和保安自动化系统,这样就变成了 5A。但通常人们还是称它为 3A。实际上,智能大厦由五个系统组成,除了 3A 之外,还有综合布线系统和控制中心。

楼宇自动化系统是指:利用现代电子技术,对大楼内的各种设备和设施,如供电、照明、冷热水供给、排水、空调、电梯、车库、门卫和消防等进行监督、控制和管理,使人们有一个安全、舒适、方便的环境。

办公自动化系统包括两方面的内容:一是为大楼居民提供方便、灵活、高效的现代化办公手段,如电子信箱、文字数据处理系统、多媒体信息处理系统、公用信息库等;二是对大楼的信息系统进行管理,如对会议室、餐厅、娱乐厅、游泳池等公共场所进行调配和出租,对出入人员进行登记管理等。

通信自动化系统负责大楼内部和对外的文字、数据、声音和图像等多媒体信息的传输和交换,提供用户电话自动交换机、卫星通信、无线寻呼、有线电视、传真、可视电话、电话会议等设备。

结构化综合布线系统为以上系统提供规范的通信线路和控制线路。

控制中心利用计算机系统把 3A 系统连为一体。

智能大厦必须具备如上页图所示的布线系统,它是传统的建筑工程与现代信息技术相结合的产物,是当代建筑的发展方向。

☞ 关键词: 智能大厦　　楼宇自动化
　　　　　　办公自动化　通信自动化
　　　　　　综合布线

为什么说计算机是秘书的好帮手

一个单位或一个大公司往往少不了秘书，像起草工作小结，准备会议发言稿，了解工作进度，综合市场行情，处理来信来访，定购车船票等等，这些工作往往全权委托秘书去处理。这些事务，既具体，又繁琐，需要花费很多心血。如今计算机悄悄走进了办公室，给秘书帮了大忙，使他们工作起来轻松自如，准确无误，如虎添翼！

这里，要特别提一提办公自动化系统，简称"OA"。它是20世纪70年代中期迅速兴起的一门综合性技术，至今已风靡全球。它以先进的计算机软、硬件技术装备了办公系统，以达到提高办公效率和管理水平的目的。一个好的"OA"系统，主要功能包括：

1. 可以进行信息采集、信息加工、信息传送、信息存储；

2. 能将文字、数字、语言、图像等信息资源组合在一起，并有效地综合处理；

3. 辅助各级管理人员进行管理决策，使办公人员的劳动智能化、办公工具电子化、办公活动无纸化和数字化。

有了"OA"系统，秘书的工作方式改变了，效率大大提高了。比如写小结和发言稿，用计算机写不仅速度快，而且修改起来也十分方便，并随时可以通过打印机输出整齐、清晰的文稿；文章写好后，可以作为文件永久保存在磁盘上，安全可靠，并可随时调用。再比如市场行情、下属各部门的工作进展情况，通过本系统或本公司的计算机网络系统，很容易得到详细、准确的信息。这些信息经过总结、归类，就成为珍贵的资料,可提供有关领导了解和决策时参考。如果秘书的计算机上了因特网,则世界范围内的有关信息也很容易得到,这比人工找资料、翻文件不知省了多少时间和力气。

至于订购车船票,有了计算机就更方便了,只要与和计算机联网的订票处接通,用键盘提出具体要求,只需花几分钟时间,就可解决问题。

总之,过去秘书离不开纸和笔,而如今时时刻刻离不开计算机。计算机已成为秘书当之无愧的好帮手。

☞ 关键词:办公自动化系统

为什么许多人喜欢用计算机写文章

写过文章的人都有这样的体会:即使事先考虑、酝酿了很久才落笔写下的文章,总还有需要修改的地方。于是一篇文章最后定稿时,稿纸上总有许多涂改、添加、删去的标记,需要重新抄写才能交稿。而在抄写过程中还会再次涂改,影响版面的美观。

用计算机写作,就是用计算机的键盘和显示器代替笔和纸来写作。与手工写作相比,计算机写作有许多优点,主要表现在以下几个方面:

1. 写作速度快,写作时轻松自如,没有长时间伏案造成的疲劳感觉。

2. 写作时即使遇到生疏的字,也不必查字典,只要用适当的汉字输入方法,计算机就会将它显示出来;文章可以随时修改，因为文章中字、句、段落的增加、删除或搬移都十分方便，且丝毫不露修改的痕迹。

3. 可以通过打印机迅速清晰地输出各种格式的文稿；

4. 所写的文章可以保存在磁盘上，安全可靠，便于携带和交流。

5. 如果计算机已联网，文章写完即可通过网络送出，这种快捷的传输方式对新闻记者及各类情报人员尤其适合。

6. 可以方便地对多篇文章进行汇总、整理，减少重复劳动。

正是由于计算机写作具有这些优点，许多人喜欢用计算机来写文章。当然，刚开始时会因为操作不熟练、对应用软件不了解等原因，认为还是手工写作来得得心应手，但一旦习惯，便会对用计算机写作爱不释手。

☞ 关键词：计算机写作

电子表格软件是怎样发展起来的

在会计、统计、办公室业务中，常常要设计各种各样的报表，这是一项由来已久的十分繁琐的工作。过去这项工作由人工完成，设计表格、填写数据、计算数据、核对数据都得用人工，要修改数据时，更要花费大量的时间采用人工重算。

计算机诞生后，人们设想让计算机来完成制作报表的工作，电子表格软件就应运而生了。电子表格软件不仅能帮助人们方便地设计出各种各样的表格，而且还能按给出的公式，自动地对数据进行计算,并在表格内填入计算结果。如果数据发生了改变,它还能自动再次计算,并输出新的计算结果。

电子表格软件最初是由两个年轻的软件设计师 Dan Briklin 和 Bob Frankstor 设计出来的。它给千百万人带来了方便,为他们节省了大量的时间和精力。由于电子表格软件有很大的应用价值和巨大的用户市场,因此它得到了快速的发展,它能做的工作也变得越来越复杂。如今,使用得较多的电子表格软件有 Excel、Lotus1-2-3、Quattro Pro 等,它们除了具有电子制表的基本功能外,还具有数据库、图形和文字处理能力。

当然,电子表格软件目前仍在不断革新。相信在不久的未来,会有功能更强、使用起来更方便的电子表格软件诞生。

☞ 关键词: 电子表格软件

计算机能完全代替教师上课吗

如今,计算机已在许多领域"施展才华",出色地完成各项工作。计算机辅助教学就是计算机的一个重要应用领域。计算机辅助教学的第一步,是由计算机软件设计人员将教学课程设计成计算机软件。计算机装上这种软件后,就成了一位知识渊博的"老师",不仅能把相关知识以图文并茂的形式教给学生,还能与学生进行对话、交流,为学生布置习题、批改作业,并及时对学生所做的习题和回答的问题进行总结,找出弱点,为学生设计改进方案……这种计算机辅助教学系统综合应用多媒体、超文本、人工智能和知识库等计算机技术,有效地缩短了学习时间，提高了教学质量和教学效率，对学生的学习有相当大的帮助。

既然计算机辅助教学效果很不错，那么它是不是可以完全代替教师上课呢？回答是否定的。

大家知道，人类文明程度的不断提高，是由人类一代一代地传授知识和新的一代人不断更新知识而发展起来的。教师在教学生文化知识的同时，还将他所掌握的其他方面的知识、经验教给学生。教师在教学过程中还与学生有一种情感交流，学生能从教师身上学到为人处世的道理。这一些当然是计算机所无法做到的。

从实践中可以知道，中小学生受老师的影响比受父母的影响还要大。可见教师在社会发展、文化发展中起着不可缺少的作用。因此计算机不可以完全代替教师上课，但它可以帮助教师将教学工作做得更好。

☞ 关键词：计算机辅助教学

什么是数字化图书馆

在我国，北京图书馆和上海图书馆都是最现代化的图书馆，它们不仅有丰富的馆藏，还通过因特网为读者提供信息服务。那么它们是不是数字化图书馆呢？现在还不是，这主要是由于这些图书馆能提供网上服务的图书还不到馆藏量的十分之一。那么什么是数字化图书馆呢？以因特网为基础、各类文献资料数字化、各种业务和管理功能计算机化的图书馆，就是数字化图书馆，它具有以下几个基本特征。

1. 各种信息文献载体数字化。近几年的正式出版物绝大多数采用电子排版技术，把书稿输入计算机进行处理，已经数字化了，但人们还必须花大量的时间和精力，去解决以前出版物的数字化问题。

2. 以网络为支撑实现图书资源共享。因特网、中国教育科研网等是数字化图书馆必备的重要支撑环境。

3. 有统一的用户界面和快速简便的信息检索浏览系统。

4. 有确保版权人的资源不被滥用的安全管理系统。

由此看来，数字化图书馆作为现代图书馆发展的高级阶段，还要经过一段时间，通过人们的艰苦努力才能达到。然而现在我们已经看到了数字化图书馆的雏形。我们通过因特网可以查找国内外 1000 多个图书馆的书目信息；可以访问许多著名的情报数据库系统；可以访问许多免费的信息库，如美国国会图书馆的 Gopher 服务器，它提供美国和世界上有关图书馆自动化方面的最新信息；可以访问世界上 20 多万个万维网服务器上各单位的主页。在数字化图书馆真正建成后,读者可以访问任何一个图书馆,而图书馆馆藏的所有信息资源可以同时提供给成千上万的读者。这样,信息得到最大限度的利用,用户也得到了最大的方便。

☞ 关键词:数字化图书馆

什么是信息检索

如果你正着手研究开发一个新产品,如何快速地查询到有关资料?如果你想订一张从北京到纽约的机票,怎样去查询有关航班的订座信息并办好手续? 如今因特网上充满了各种信息,我们该怎样以较低的代价和较高的效率来筛选信息,以获得所需的知识?这一切都可由信息检索来解决。那么什么是信息检索呢?

信息检索是指将信息按一定方式进行收集、加工和存储,再根据用户的需要找出所需信息的过程, 它的全称应该是信息的存储与检索。但通常我们讲信息检索仅指该过程的后一部分,即从数据库中找出所需要信息的过程。至于该过程的前一部分,往往属于数据库的建库工作范畴。

信息检索按检索内容来分,大致可分为文献检索、事实检索和数值检索。从 WPI 数据库中检索专利文献,这属于文献检索;从人事档案数据库中检索某人的经历, 这属于事实检索;从证券交易市场检索交易数据,这属于数值检索。当今的数据库都实现了图、文、声一体化的多媒体数据库管理,所以上述三类数据内容中可以包含声音、图形、图像和动画。

信息检索按工作方式来分，有联机检索和网上检索两种。联机检索是用户在局域网环境下进行检索，能很快得到检索结果。网上检索是指用户在因特网上检索世界范围内的信息，此时要使用搜索引擎，它们是建立在高性能计算机系统基础上的一类数据库检索系统，著名的有英文的 Yahoo（雅虎）、Alta Vista、Infoseek 以及中文的 Sohoo（搜狐）等。因特网上有丰富的信息资源，从政治经济到科技文化等各项活动所需的信息，都可以从网上获取。科技人员通过信息检索能在几分钟内获得世界上最新的研究动态和成果，青少年也可以在学校或家庭通过联网的计算机从因特网上获取教育资源、游戏资源等。利用计算机进行信息检索已成为当今社会上各界人士获取信息的有效手段，已成为人们生活不可缺少的一部分。

☞ 关键词：信息检索　联机检索　网上检索

为什么现在拨打"114"，很快就可查询到所需的电话号码

查询电话号码通常有两种办法，一种是翻阅电话簿，一种是拨打"114"（电话号码查询台）。电话簿不是到处都有，而且查找起来也不那么轻松，而拨打"114"，只要你提出要求，它就会迅速而准确地告诉你答案，所以"114"查询台越来越受到人们的青睐。现在，上海查询中心平均每天要处理18万只查询电话，"114"已成为现代文明社会中不可缺少的电信服务项目

之一。

　　早期的"114"靠的是人工查询。专职查询员上岗前，往往要背熟成百上千个常用电话号码，身边还得准备不少分门别类的卡片，以备随时查找。当你问到她熟知的号码时，她便立即告诉你，否则她就得翻阅卡片，找到后再回答你。这样，你查询号码时往往需要等待一些时间。

　　现在的查询业务基本上由计算机来完成。计算机里存储了比电话簿上多得多的信息。当查询员接到你的询问后，她只要简短地在计算机上按几个键，计算机就会很快查找到你所要的电话号码，并通过专用的"模拟器"，模仿人的声音报出号码。

　　为了使计算机迅速、正确地完成查询工作，通常需要在其内部建立一个"数据库"，将千千万万个电话号码按一定规则、有条不紊地排列存储在里面，以备随时查询。

　　电话号码的排列方法有很多，如可按行业分，有工业、农业、商业、交通、司法、文教、旅游等等，而工业又可分重工业、轻工业等，轻工业又可分纺织、日用家电等，日用家电又可分洗衣机、电视机等众多不同的专业。又如，可以把所有单位名称，按拼音字母顺序排列。

　　当然，建库和查找方法还有很多，而且实际情况也复杂得多。但由于计算机运算速度极快，每秒钟在几十万、几百万次以上，所以这类查询即使再复杂，对计算机来说也只是"小菜一碟"，处理起来很轻松，瞬间就能给出答案，几乎不需要查询者等待。

　　关键词：**数据库**

279

为什么触摸屏能立刻对人的
触摸作出反应

　　早先,人们通过键盘按几个键向计算机输入信息、发布命令,"鼠标"诞生后,人们就喜欢用"鼠标"来输入,因为它操作起来十分简单。"触摸屏"的出现,是微机输入技术上的又一个创新,用触摸屏输入信息更简单、更方便、更自然,只要用手指在上面轻轻点一点、碰一碰,就完成了"信息输入",达到了"发号施令"的目的。完全不懂计算机的人,不经过专门训练,也可以操作自如。正因为这样,触摸屏不仅已广泛应用在工业控制上,而且深入到人们的日常生活中,备受青睐。比如,美国的一家房地产公司设计了一个十分精致的"电子售房触摸屏",买房人只要用手指触摸一下,就可以根据自己的意愿看到遍布全国的 52000 套等待出售的房子的资料,资料中有房子内部、外部的一幅幅清晰的彩照和详尽的说明,买房者再也用不着花费大量精力亲临现场看房了!

　　触摸屏的工作原理并不复杂,屏上每一个触摸点都对应着一个"功能开关",当你的手指接触到这个开关区域时,等于打开了这个开关,相应的"功能程序"立刻启动,忠实地执行预先设计好的一系列命令。不难看出,测量出触摸点的准确位置(即坐标)是技术关键。那么触摸屏是怎样工作的呢?有一种"表面声波触摸屏",它的左上角和右下角配备了水平方向和垂直方向的超声波发射器,而右上角配备了两个相应的超声波接收器。工作期间,超声波发射器始终发射超声波。当人们触摸屏幕的时候,手指阻止和吸收了一部分超声波,使超声波能量有所衰减,手指的位置不同,衰减的程度不一样,这时,超声波接收器很敏感地发现了这个"衰减",并立即算出手指在横向和纵向上的坐标值,从而进一步推算出了手指的准确位置,并立即作出反应。

目前,触摸屏在美观实用、操作简单上的优势已十分明显,反应速度上也能满足要求,只是可靠性上还不太理想,有待进一步改进。

☞ 关键词:触摸屏

计算机售票是怎么回事

没有亲自买过火车票、飞机票的人可能还体会不到,这是一个很繁杂的过程,它涉及航班、车次、日期、起飞或开车时间、目的地、座位号等等。这些信息不仅要求准确无误,而且还要保留、待查询。往往购票的过程,既费时、又费力。

过去,售票工作全是靠人工进行的,例如:当旅客想购买一张从上海去北京的飞机票时,售票员必须手工查询上海到北京每周有几个航班,选定某一航班后又必须查询是否有机票,这通常要和售票总站联系,而总站又要和各分售窗口联系,以了解是否有多余的票……总之,要费很多周折。常常会出现这种尴尬局面:有些窗口买不到票,有些窗口余票很多却卖不出去。这是由于各售票窗口是按一定比例分配机票的,互相之间缺乏联系。

随着计算机信息产业的飞速发展,国内外广泛采用了"计算机售票"，即利用计算机的网络互联技术进行预订、售票。当你想买飞机票时，可以在任何一个分售网点申请、选购，售票员可以立即通过计算机网络，查询到在你指定时间范围内有几个航班，每个航班还有多少剩余的机票等信息。如果你选定了某一航班，并购买了飞机票，有关你的信息如姓名、性别、年龄、工作单位、身份证号码等等就输入计算机中，这时各个计算机售票网点都可以很方便地查到这些信息，这样就避免了把某一航班中的同一座位出售给不同客户的情况。

不难看出，计算机售票比起人工售票手续简便得多，速度快得多，效率高得多。这主要归功于计算机网络。因为可以靠它实现"信息共享"，靠它准确、迅速、及时地传输信息。

当前，这项深受售票员、旅客欢迎的"计算机售票"方法，正以迅猛的速度在普及和推广。相信在不久的将来，全国各地都会实现"计算机售票"。

关键词：计算机售票

为什么要使用条形码

我们经常在商品包装上看到一组宽度不同的直条，按"条"、"空"相间的形式整齐地排列着，下面还有一串数字，这就是"条形码"。在条形码中，条空组成条码，数字组成数字码。宽度不同的条、空，分别表示不同的字符，这些字符实际上包含了与该商品有关的一些信息，如其中有生产该商品的国家或地区代码、生产厂商代码、商品名称代码以及校验码等等。数字码与条码所包含的信息是相同的。在商品出售时，只要将条形码在条形码光电阅读器上扫描一下，计算机就会按厂商代码和商品代码在数据库中找到销售价格，并在库存中减去本次销售量，然后在收银机上显示品名、单价、数量、金额等等，并由票据打印机将这些内容打印在票据上。

为了便于条形码阅读器扫描阅读，条形码中的“条”采用光反射率较低的颜色，“空”则采用光反射率较高的颜色，“条”与“空”两种颜色往往对比鲜明，例如分别采用黑色与白色、蓝色与黄色、绿色与红色等等做“条”与“空”的颜色。

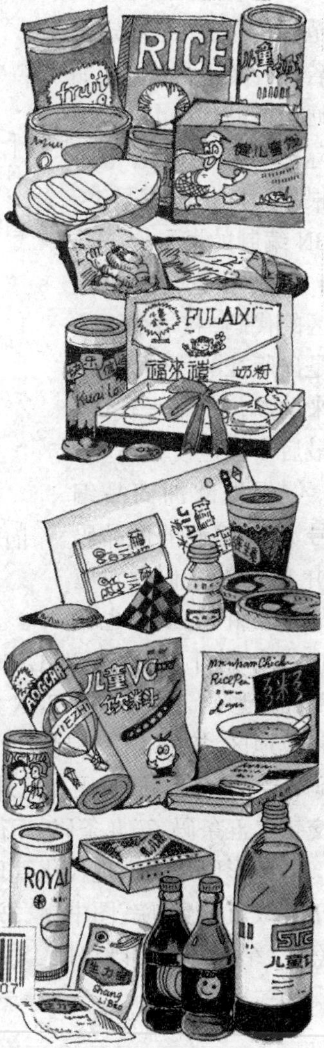

ISBN 7-5324-3319-6

9 787532 433193 >

2 100090 002507

根据地区及应用范围，国际上已制定出若干种条形码标准，如通用产品代码 UPC、国际标准书号 ISBN 等。根据国际标准书号 ISBN 编制的书号码，前 4 位数字是国家或地区的代码，接着的 3 位是出版社的代码，接下来的 5 位是书号代码，最后 1 位是校验码。

根据欧洲商品编号 EAN 编制的商品码由 13 位数字码及对应的条码组成。我国也在

国家标准 GB12904 – 91 生成的条形码

国际标准书号条形码

1991 年制订了国家标准 GB12904-91，依据它所印制的通用商品条形码，其结构与 EAN 条码相同，开头 3 位数字代表国家或地区，接着 4 位是制造商的代码，后面 5 位为商品名称代码，最后一位是校验码。此外，常见的条形码还有二五条码、交错二五条码、三九条码、库德巴条码等等。

条形码是实现现代化管理不可缺少的辅助手段，它常用于超级市场、医院、图书馆、书店及各种库房管理中。有了它，登录、结算都变得既快捷、又准确。

关键词：条形码

284

计算机怎样识别条形码

在超级市场或图书馆，常常看到收银员或管理员将商品或图书外包装上的条形码放在条形码阅读器上轻轻划过，电脑显示屏上就会立刻出现该商品或图书的名称、单价等等，这是怎么一回事呢？这实际上是计算机联机系统通过条形码阅读器读入条形码数据，根据读入的数据在计算机数据库内检索相应信息，然后将结果显示出来的过程。

条形码阅读器是怎样读取条形码的呢？最常见的条形码阅读器有笔式、卡槽式、图像传感器式和激光式等，它们的发光光源有发光二极管、激光和其他光源形式，按工作方式可分为移动式和固定式两种。

笔式条形码阅读器以发光二极管为光源，是一种移动式（手持式）条形码阅读器。操作时只要将笔头有小口的一端对准条形码，与条形码成垂直方向作匀速直线运动，条形码信号便通过电缆进入计算机。

由光源发出的光，经透镜聚焦、反射镜反射，将光线照到条形码上，条形码上"空"的部分反射率高，"条"的部分反射率低。反射的光经透镜聚焦及光栅隔离，由光敏元件接收。由于"空"、"条"之间的反射光强度不同，在笔式条形码阅读器移动时，就得到一组高低不同的电平信号，再经译码装置转换成一组数字信号。如果笔式条形码阅读器移动得不均匀，则得到的信号就不准确。

卡槽式条形码阅读器与笔式条形码阅读器的工作原理是相同的。通常是将卡槽式阅读器安装在固定的位置上，例如安装在收银机的工作台上。在工作时只要将印有条形码的地方在卡槽阅读器头上划过,即可读取条形码信息。

图像传感器式和激光式条形码阅读器都不需要阅读器和条形码之间作相对运动,只要将条形码靠近阅读器,不必接触,就能可靠地读出条形码信息。但这两种装置价格比较昂贵。

☞ 关键词:条形码　条形码阅读器

什么是电子书刊

传统的书籍和报刊,都是把编撰好的文稿印在纸上,经装订、运输、发行,最后到读者手中。它们都是无声读物。

20 世纪 70 年代,电子出版业作为一个新兴产业崛起。1975 年,计算机排版已在世界范围内得到普及。人们把书刊用计算机排版印刷后,又把计算机内的数据作为副产品,存储在磁带、软盘上,成为书刊的电子版,或放在网络中提供检索服务。到 20 世纪 80 年代,由于计算机技术的进步,使得版式设计、文字编辑、图文合成等技术能够顺利实现。到 90 年代,音频、视频和图像处理技术的发展,它们与文字处理的结合,使得在文字中可以加入音频、视频信号和图像,这样一来,计算机上的一张普通的平面人物画像,除了可有传统的文字说明外,还可以开口说话,做出动作。这种新型的电子书籍和电子报纸,统称为电子书刊。电子书刊的载体有软盘、只读光盘、可读写光盘、图文光盘、照片光盘、集成电路卡以及网络出版物等。

因特网的出现,使得出版业又面临一场以电子化、网络化为标志的大飞跃。目前,世界上一些著名的报纸,都已电子化,并已上网服务,例如美国的《今日美国报》、《华盛顿邮报》、《新闻周刊》,我国的《人民日报》、《计算机世界报》、《文汇报》等。电子书籍可以放在网上供读者查阅。例如,根据总共 21 卷的美国学术百科全书编制的多媒体电子百科全书,包含了33000 篇文章、2000 个彩色图像和 30 分钟的音乐。读者可以通过按菜单选择项进入各个标题去获得信息,阅读、查询起来十分方便、快捷。

电子书刊不仅图文并茂，有声有色，而且信息量大，包罗万象，一张小小的光盘上可以存储一本近 1000 万字的百科全书。电子书刊还具有检索方便、制作成本低、售价低廉等特点。此外，网上电子书刊还有较强的时效性，可以及时更新。

电子书刊有这么多特色，因此它一出现，就受到广大读者的欢迎，并得到飞速发展。

关键词：电子书刊　因特网

电子出版物是怎样制作的

目前的电子出版物，以获得信息的方式区分有网络型和单机型两类。网络型是指通过因特网存储在某个网络服务器磁盘上的电子书籍、电子期刊和电子报纸。单机型是指将电子出版物制作在光盘、磁盘上，通过发行渠道如各大书店、音像商店、信息服务公司提供给个人用户，放到个人电脑上使用。当然，两者并没有严格的界限，单机型电子出版物也可以安装在网络服务器上，通过局域网提供给网络用户使用。

电子出版物的制作与一般的软件开发和设计相比，具有两个鲜明特点：它广泛应用声、图、文结合在一起的多媒体技术，把信息内容生动且有艺术性地表现出来；它充分利用视频技术、音频技术、动画技术、全文检索技术、多媒体技术等，做出十分友好的用户界面，方便读者"阅读"。这两个特点决定了电子出版物的制作方法是把传统的软件工程设计与 MTV 影视制作有机结合起来，其开发队伍中不仅有熟练的软件设计人员,还需要脚本制作、美工设计、音乐制作人员参加。

电子出版物的制作过程如下:首先是确定主题,并进行可行性分析;其次是设计脚本;再次是对素材进行收集、制作与编辑,并将它们组建成一个完整的作品;最后对产品进行测试,如果符合要求,就批量生产并出版。

☞关键词: 电子出版物

什么是计算机辅助设计

计算机辅助设计(简写为 CAD)是研究怎样用计算机及其外围设备(包括图形输入输出设备)帮助人们进行工程设计和产品设计的技术。

工程设计和产品设计过程伴随有数据,它们不仅量大,而且形式多种多样,要对它们进行存取、加工、传递和检查等十分繁琐和复杂。在设计过程中还要绘制大量工程图纸。采用现代设计计算方法后,又要进行高精度的分析与计算,工作量十分巨大。这一切使得人力难以完成。而计算机可以大量存储数据,并快速地进行数据的处理和检索,具有很强的构造模型和图形处理能力,善于迅速准确地从事绘图、编制报表等重复性工作;具有高速运算和逻辑分析能力,因而可以完成过去无法想象的复杂的工程分析和计算。

计算机辅助设计可以帮助工程设计人员完成产品或工程的系统分析、方案选择、技术设计、数据计算、系统优化、图纸绘制、文档编制等各项工作。计算机辅助设计结果可做仿真试验,即在高性能的计算机上真实地模拟机械零件的加工处理过程、飞机起降和船舶进出港口过程等。人们可以应用计算机辅助设计技术制作三维动画和影视的特技镜头,在事务管理中绘制各种形式的统计图表,使得用图表反映的事实更形象、直观、清晰,也可以用它来绘制地形图、气象图、矿藏勘探图、人口分布密度图等,还可以用它来设计图书封面。因此,计算机辅助设计已广泛地应用于机械、电子、土建、轻纺等各行各业中。

实践证明,采用计算机辅助设计技术可以大大提高劳动生产率,用于高度重复性设计工作可提高效率 15 倍,用于标准化工作可提高效率 5 倍,用于新产品开发工作可提高效率 2 倍,可以降低土木工程设计成本 15% ~ 20% ,产品从设计到投产时间可缩短 30% ~ 60% ,废品率可降低 80% ~ 90% ,设备利用率可提高 2 ~ 3 倍。

当然,计算机辅助设计不是万能的。计

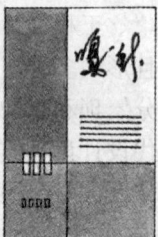

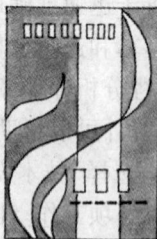

算机不善于处理一些无法形成规则和模型的问题，对"模糊"问题的处理能力也很差，更不能处理临时出现的意想不到的问题。然而在设计过程中这类问题又会大量出现，此时只有让人凭经验、直觉、想象力、判断力去处理。

所以，计算机无法代替人的作用，只能辅助人去完成设计任务。在整个设计过程中，人是起主导作用的。对于一定的设计方案，一定要采用交互式 CAD 技术，由人对整个设计过程进行干预和引导，不断修改、反复比较，才能得到较好的结果。

☞关键词：计算机辅助设计　工程设计
　　　　　产品设计

为什么计算机能辅助人们制造产品

你知道世界年度一级方程式赛车锦标赛吗？比赛时，赛车手坐在赛车的驾驶室内，双手紧握方向盘，当驶到距终点四分之一处就加速，使赛车以 290 千米/小时的速度、发动机轰鸣着向拐弯处冲过去……赛车手要获胜，除了掌握高超的技术外，还得拥有一辆具有超级性能的赛车。而这样的赛车，只有依靠计算机辅助制造技术，才能制造出来。那么，什么是计算机辅助制造技术呢？

计算机辅助制造（简写为 CAM）是研究怎样用计算机及其外围设备帮助人们制造产品的技术，具体内容有：编制制造工艺规程，编制数控机床加工指令，控制工作机械（机床和机器人等）工作，安排生产计划和进度，制定材料需求计划，并在加工过程中进行质量监控。

　　一个产品的设计与制造往往是联系在一起的，使用计算机后，是用计算机辅助设计（CAD）提供的几何数据和工程图表作为计算机辅助制造（CAM）的起点，来产生数控机床的程序，为整个生产过程编制工艺流程，指挥机器人运送工件和刀具，用工厂管理系统协调工厂的生产进度，在加工过程中进行质量监控，这样就形成了 CAD/CAM 的集成化。现代火箭、飞机、体育场馆等的设计都离不开 CAD/CAM。

　　当前市场竞争非常激烈，只有以高效率不断推出高质量的新产品，才能在竞争中获胜。实践证明，CAD/CAM 技术是

解决多品种、小批量、高效率生产的最有效途径，是实现自动化生产的基本要素，是当今世界引人注目的重大技术。采用CAM技术，可以提高生产效率几倍至几十倍。由于对数据作高效处理，使偶然性错误降到最低，从而提高了制造质量。由于能动态模拟生产过程和产品使用状况，免去样机试制和使用后改进设计等问题，从而缩短了新产品开发周期，降低了制造成本。由于可以合理编制工艺过程和合理安排生产进度，节省了加工时间，提高了材料利用率，从而降低了生产资源的消耗。

目前，计算机辅助制造技术已在世界各国的通用机械、汽车、造船、航空等制造领域获得广泛应用，并取得了巨大的效益，成为衡量一个国家工业技术水平的重要标志之一。

关键词：计算机辅助制造

计算机是怎样绘图的

现在我们能够看到的形式多样、便于阅读的统计图表，机械产品的零件图、装配图，房屋建筑的平面图、立面图、透视图，以及艺术图画、漫画、动画等等，几乎都是用计算机绘制出来的。那么这些精美绝伦的图画是怎样绘制的呢？

在绘图的过程中，最基本问题是能够画出单个点和一些线段、圆和弧，这些被称为基本图形元素，它们能构成简单的物体，若干个简单的物体可以构成复杂的物体，如一个小球和一个篮球架等。人们就是这样利用计算机一步一步绘出图形

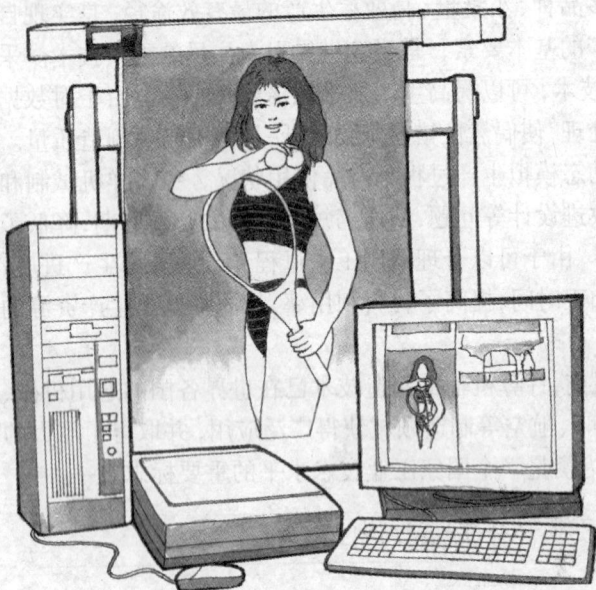

的。对已经画好的某个物体,还可以将它移动、拷贝、缩放,或擦除一部分、插入另一部分等,改造为另一个物体。在绘制零件图、装配图时,往往有许多标准件,如螺栓、螺母、齿轮等,这些零件使用频率很高,构造又复杂。为了避免重复绘制,往往是将这些图形组合为复杂的"图块"。这样在绘制图形时,当需要绘制螺钉时,就可以灵活使用螺栓图块和螺母图块,避免了大量重复劳动,提高了绘图效率。

以上是最基本的绘图原理。那么在计算机上又是怎样进行实际绘图的呢?要在计算机上绘图,通常先要安装通用绘图软件包,例如 Auto CAD,并建立绘图环境,设置所需要的工作参数。然后进入绘图编辑程序。此时,你就可以十分方便地利用软件上的各种功能来绘制编辑图形了。

关键词：计算机绘图

为什么计算机可以给人画像

近年来，在地铁车站广场、大型综合百货商场等人流密集的地方，不时会见到电脑艺术摄影的摊位。在那里，花上几十元，仅 5 分钟左右就可以得到一张 25.4 厘米（10 英寸）以上令你满意的人像照片。这就是"计算机（电脑）画像"。为什么计算机可以给人画像呢？

并不是所有计算机都可以用作摄影的，要摄影，需要在通常的计算机上加配一个摄像镜，并安装摄影软件，还要外接一台彩色打印机。所有这些配齐，就可以进行"计算机画像"了。此时，当你站到或坐到这台计算机旁，操作员启动计算机，摄像机就对准你摄取人像。人像是一种光、电信号，是一种模拟信号，要先把它转换成数字信

号,接着计算机就可以对数字化图像进行加工,加工的目的主要是改善图像的质量,使它变得更清晰。加工过程中可以使某一部分的图像"增强",以突出某些特征;也可以使某一部分的图像"减弱",以淡化某些特征,或者调整图像的对比度等等。经过这些加工处理,就可以在显示器的屏幕上显示或者通过打印机打印出你的画像了。

传统的照相机摄影,是把你的像正确、清晰地在感光底片上定影,再经过扩印在相纸上再现,此时人像上会带有一些天然的或技术上的缺陷,这些照片上的缺陷一般不能修改。而电脑摄影完全可以解决这些问题,因为计算机能给人们作添美设计。大家知道眼睛是心灵的窗户,计算机摄影时,眼部的表情可以通过操作人员的设计适当修改,例如可以去除皱纹,消除浮肿。这样一来,双目会变得神采照人。因此,计算机给人画像可以做到张张美妙绝伦。假如你不信,不妨到电脑摄影站去试试看!

关键词:计算机摄影

MTV 中的迈克尔·杰克逊怎么会
变成一头黑豹

我们经常看到 MTV 中歌手的脸快速地变得扁胖或长瘦,身形也会变得奇形怪状,好像是"哈哈镜"里的图像。有时候,屏幕上的人甚至变成了动物,如有个 MTV,是美国歌星迈克尔·杰克逊演的,他在唱完歌曲后伏在地上,变成一头黑豹。

迈克尔·杰克逊当然没有真正变成一头黑豹，这是用计算机的多媒体特技制作出来的。用计算机多媒体技术可以制作出变形、移花接木(拼接图像)、浮雕、水印，以及动画等各种特殊效果，这成为现代影视、广告媒体中重要的数字化图像处理技术。

变形是怎么进行的呢？迈克尔·杰克逊的图像怎么会渐渐变成一头豹子，而变形的过程又是那么自然，甚至可以说是天衣无缝。其实，变形就是一种从源图像(如唱完歌曲后伏地的杰克逊图像)，变为目的图像(如黑豹)的过程。其中主要包含两个方面：一是源图像轮廓到目标图像轮廓之间的演变；二是源图像的色彩到目标图像色彩之间的演变。其中特别要处理好关键点(例如人物的眼睛)在两幅图像之间形状和色彩的转变过程，让周围的图像能围绕关键点由一幅图像演变成另一幅图像。

这种演变过程可用程序来完成。这种程序能自动生成一系列中间帧图像。在生成中间各帧图像时，要注意不要轻易变动每帧图像中的关键点的位置和色彩。这样图像在自动播放时，就会连续、平滑、自然，没有跳跃感。

由于在多媒体特技效果处理时，变形常常被用到，因此，有人就设计了一些通用性强、功能较强的用来变形的软件工具。使用这些工具，就可在两幅图像之间插入一定数量的中间图像，抽取图像中的特征点，使它们在运动中平滑地变化，在人眼中产生出奇特的效果。

☞ 关键词：**变形　多媒体特技**

什么是信用卡

"信用卡"是银行发放给单位和个人的一种特制的卡片，是一种特殊的"信用凭证"。当前，它已风靡全球，越来越受到人们的喜爱。

信用卡的制作是经过精心设计的，既美观，又实用。它的正面印有信用卡图案、发卡银行的名称、卡名(如：牡丹卡、金穗卡……)、号码、持卡人姓名的汉语拼音、有效期限等等。它的反面，上方有一条黑色的磁带，上面记录着持卡人的资料和个人密码，供自动柜员机或销售点终端阅读、鉴别使用，还印有发卡银行的简短声明。

这小小一张卡片功能还不小哩！首先，信用卡可以代替现金。当你在特约商店里买东西时，再不用"一手交钱、一手交货"了！只要让售货员"刷刷卡"就行了；如果你在某个特约的宾馆住了几天，在某个大饭店吃了几顿饭后，只要交上信用卡，就自动地结了账；如果你外出旅游、出差或购物，需要在外地支取现金，你可以在外出之前

在当地发卡银行存入一笔现金,到达目的地后,再持卡到联网的银行取出现金,方便极了;甚至发卡银行还允许你在规定的限额内进行短期"透支"。

不难看出,有了信用卡,不仅采购、结账十分方便,更重要的是:不再为随身携带大量现金而提心吊胆、坐立不安了。即便信用卡不慎丢失,只要卡上的密码没有泄露出去,就不会造成任何损失。

发行、推广信用卡,对国家也十分有利:它可以减少货币的发行量和现金的流通量,极大地节省了为设计、印制、运输、存储、清点现钞而消耗的人力、物力和财力,它还可以大大减少各种贪污腐败、逃税漏税、盗窃抢劫等犯罪行为的发生;它有力地促进了商业电子化、金融电子化事业,加速了我国的现代化建设。

关键词:信用卡

什么是"IC 卡"

随着商品经济和科学技术的发展,信用卡的应用范围不断扩大,市场上已出现了各种各样的卡,而"IC 卡"是其中的佼佼者。

"IC 卡",又称"智能卡",它的与众不同之处在于:卡内装有一个"集成电路芯片",芯片里既有微处理器,又有存储器和相应的接口电路,因而它具有数据存储和运算处理的能力,而且存储量很大,可以高达几千,甚至几兆位。正因为如此,这种卡除了当作"信用卡"外,还能把个人的一些重要信息记录进去。如:个人的健康状况,过去的病历(类似"病历卡");个人的学历情况,上过什么学校?学了哪些学科?考试成绩如何?(类似"学生卡")。实际上,它又起到了"信息卡"的作用,所以深受用户的欢迎。目前,全世界发行的 IC 卡在几亿张以上,其中西欧使用 IC 卡最为盛行,我国也已开始了 IC 卡的普及、推广工作。

我们平时用得较多的是磁卡,它与 IC 卡不同。磁卡是一种带有磁条的特殊塑料卡。磁条里可以记录卡号、账号、网点号等等信息。但它的存储容量远远不如 IC 卡,一般只有几十至几百个字节,所以提供的功能有限。但磁卡的制作成本很低,制作起来也不复杂。目前,国际上的信用卡,使用得最多、流通得最广的还是磁卡。

磁卡的最大缺点是:防伪和安全性较差,美国每年由于磁卡被仿造和非法使用所造成的损失高达数亿美元。此外,磁卡必须联网使用,对通信网络要求较高。而 IC 卡则较为安全,对通信网络的要求也不高。

关键词: IC 卡　磁卡

什么是自动柜员机

改革开放后,随着我国金融业的蓬勃发展,不少银行的营业厅,甚至马路边上,出现了很多自动柜员机。自动柜员机又叫 ATM 机,是专门用于存、取现金的现代化电子设备,能替代

银行储蓄员的工作。持有"信用卡"的客户，都可以随时通过它来存入或取出现金，十分方便。

比如：你想从自己的信用卡上提取1000元现金，按下列步骤做，就行了。

1. 在专门入口插入信用卡。

2. 输入密码（一般为六位数字）。

3. 输入取款金额（1000），并按下"确认"键，柜员机便迅速开始工作。很快"吐钞斗"就会"吐"出1000元现钞，然后它自动打印出取款凭条，并提示你取回信用卡，取款过程就此结束。

存款过程与取款过程大致相似。此外，自动柜员机还具有查询账号、修改密码等功能。

自动柜员机一般由"控制系统"和"钱箱"两大部分组成，它们通过网络和银行的主机相联。"控制系统"部分包括微电脑主控机、外围设备控制板、读卡机、账单打印机、显示屏、电源等部件；"钱箱"部分包括存款箱、主钱箱、废钱箱以及控制板等。

目前，自动柜员机有穿墙式和大堂式两种，穿墙式大多设在马路边上，通常24小时为用户服务，而大堂式则设在营业厅里,银行停止营业了,它也不能用了。

功能齐全的"自动柜员机"应该既能取款、又能存款。但是,目前我国绝大部分柜员机只能取款,没有存款功能。

☞ 关键词:自动柜员机 信用卡

为什么能用信用卡在异地取款或消费

所谓"异地取款、购物消费"指的是:假设城市 A、B、C 都发行了中国工商银行的牡丹卡,持卡人可以在 A 城市存款后携卡到 B 城市取款或消费, 也可以继续到 C 城市取款或消费。持卡人可以在 B 城市或 C 城市存款后,回到 A 城市取款,也可以在 B 城市存款后到 C 城市取款或消费。当然,持卡人不能在没有发行牡丹卡的其他城市使用信用卡。

可以在异地取款、购物消费是信用卡的重要功能之一。我们已经知道,要用信用卡在一个城市里的不同网点上取款、购物, 关键是计算机必须联网, 各个网点的计算机之间可以准确、迅速地传输信息。那么,要实现城市间的异地取款购物,也同样需要在几个城市之间建立一个更高层次的计算机网络,使这几个城市做到信息共享,并及时准确地交流信息。当然,城市间联网也不是轻而易举的事,涉及很多技术问题。一般地说,网络的层次越高,信息越多,技术也越复杂。但我国的科技工作者已经掌握了这门技术, 并在自己的岗位上做出越来越多的贡献。

当前,我们国家正在推进"金卡工程",它的核心是在全国推行统一的信用卡,通过专用计算机网络,建立全国性的信用卡服务中心。严格地说,这是一种先进的、和国际接轨的电子货币流通机制。到那时,你不管到了哪个城市,只要手持信用卡,就可以自由自在地在"自动柜员机"上存取现钞,在特约商店里购物、消费,真正实现"一卡在手,走遍神州"的美好愿望。

> 关键词: 异地取款 计算机网络 金卡工程

为什么说现代化银行离不开计算机

过去,当你走进银行时,看到的情景往往是:人头济济、一片忙乱。而今天,你再迈进银行时,情景就大不一样了:整个营业大厅安安静静,秩序井然。每位工作人员面前,都摆着一台计算机,很多繁杂的银行业务,只要轻轻敲打几下键盘,事情就处理好了。假若客户是存、取现钞,他甚至不必通过银行工作人员,只要在大厅的自动柜员机上,刷一下信用卡,敲进自己的"密码",瞬间就解决了,又快又准确。

发生这个巨大变化应归功于谁?应归功于计算机! 是它在银行各项业务实现自动化的工作中,发挥了巨大作用。

就拿"记账"这一平凡而又繁琐的业务来说吧,银行每发生一笔经济业务,不但要记入总账、分类账,还要记入明细账、日记账。如果涉及外汇结算,还要记入外币核算账。不仅如此,会计人员每记一笔账都要翻出相应的账本,找出相应的会计科目,在具体科目下的"借方"、"贷方"登记上相应的金额。在整个记账过程中，几乎每一步工作都要进行认真的核对，以保证最终账面上的数据准确无误。这个过程真是既繁琐，又枯燥。

采用了计算机，情况就大不一样了。首先，计算机处理这类业务，完全可以做到准确无误，因为它始终"头脑清醒"，不知道"疲劳"，不存在工作一天下来"头昏脑胀"的现象，可以24小时为人服务。其次，计算机有极快的处理速度。就以计账来说，会计人员手工记账一天的工作量，计算机只要几分钟就完成了，而且涉及到的方方面面，它都能应付自如，考虑周到，绝无半点疏漏、半点差错。如今，银行工作人员不必把主要时间和精力花在具体的记账、对账上，他们可以有充分的时间对发生的种种业务进行综合、分析，甚至开展预测、调控，为银行的科学管理提供准确、有效的决策依据。

近几年来，自动柜员机的出现、信用卡的普及、"电子货币"的推广等也为银行业务的自动化做出了贡献，只是它们的推广、使用都离不开计算机及其网络技术。

☞ 关键词：银行　计算机　计算机网络

什么是数字签名

签名是大家都熟悉的一种确认方法。人们在日常生活中常需要用到签名，因为手工签名带有明显的个人特征，所以签名历来被公认为是一种确认的个人行为，有法律效果。计算机发展至今天，由于技术上的问题，手工签名还不能在它上面很快普及，而且签名容易被复制、伪造。所以在计算机处理中，个人身份及行为的确认问题一直是人们所关注的问题。

早期的个人身份确认采用口令的方式，用字符数字串作为个人的代号，由个人私自保管使用；同时又在计算机内以隐蔽文件的方式存放，使用时用户输入自己的口令，计算机将用户输入的口令与机内存放的口令直接比较，以确认用户的合法性。但是，人们发现这种确认方式安全性不高，稍有计算机应用知识的人，就可以很快地弄到别人的口令。

后来，人们又采用"指定认证字"的方法（相当于经过处理后的口令），但问题还不能得到圆满解决。因为这样虽然防止了外部普通用户的假冒犯罪行为，却难以防止系统内部的管理人员（通常称为超级用户）的计算机犯罪行为，因为计算机超级用户有很高的计算机操作权限，他可以打开机内的任何文件，包括口令、认证字的隐蔽文件。在大量计算机犯罪案例中，很多确实是在系统内部发生的。这说明，以上所说的各种认证方法，存在很大的缺陷：用户只有被系统检查的义务，而没有足够的自我保护的权利。

由此可见，在现代电子计算机系统中，要设计出一种能够代替亲手签名作为身份认证的电子数字系统（即数字签名系统）是很困难的。随着办公自动化、管理信息系统，特别是电子商务的发展，这样的系统又是十分必要的。从根本上说，这种电子数字系统应满足如下要求：

1. 接收方能够鉴别发送方的身份；
2. 发送方无法否认他所发出的文件。

举个例子，银行计算机网络系统中接到一位客户通过计算机发来的巨额贷款申请单，银行需要证实发出申请单的确

305

实是客户计算机系统的合法使用者。同时银行要预防不诚实的客户赖账，一旦遇到这种情况，银行将向法庭起诉，并出示具有法律效力的客户电子数字签名的申请单，使客户无法抵赖。

数字签名的实现是建立在一种 70 年代后期发展起来的称为公钥体制的加密技术基础上。公钥体制是把信息的加密密钥(公钥)和解密密钥(私钥)进行分离，公钥仅作发出文件的一方加密原始信息用；私钥只由接收文件的一方私人秘密保存，作为收到密文后解密用。有了公钥体制之后，用户就可以充分利用自己秘密保存的解密密钥来说明自己的合法身份，而不会被他人(包括计算机管理人员在内)冒充了。

☞ 关键词：数字签名　公钥体制
　　　　　加密密钥　解密密钥

什么是计算机公证系统

在现代社会活动中，签订合同或协议、竞赛评奖、利益分配等等，都要有公证人参加。公证人是有利益关系的双方绝对信赖的第三方，它的作用是防止收方的伪造签字和发方的有意抵赖，它对公共事务管理机构下的多用户网是比较有用的。现代计算机管理中把防抵赖也列为计算机安全的一项重要内容。公证方也称仲裁方，而由计算机参与的计算机管理系统简称为公证系统。一般地说，计算机管理中的公证系统并不需要了解具体事件的技术细节，它与日常生活中的公证稍有区别。

我们举一个例子来说明计算机管理中的"公证"问题。例如，有一个不诚实的用户 A，向银行 B 借贷了一笔款项，并在贷款凭证上签了字，银行按正常手续将有关的钱款交给了该用户 A，但事后该用户 A 突然向有关部门(如法院)提出申诉，说他并没有向银行 B 借贷过这笔款，签字是银行 B 伪造的。那么这究竟是用户 A 抵赖呢，还是银行 B 伪造？有关部门又如何裁决呢？

为了查清事实，就要取证，显然最有效的证明就是用户 A 签过字的贷款凭证。但是在完全"计算机化"的银行里，这些单据和字都是由计算机完成的，并存放在计算机内，而计算机中的签字(无论是西文或中文)都是数字化、规范化的，实际上已经完全丧失了个人的书写特征，所以该用户 A 可以辩称这个签字不是自己所为，反称是银行 B 伪造，因此，有关部门将陷入公案难断的状况。利用计算机签约或签订合同中也会碰到类似的情况，这些总称为抵赖问题。计算机的"公证"就是针对这类疑难问题而提出的，目标就是解决防伪造、防抵赖问题，所采用的方法必须是科学的、公正的，这就要用到数字签名技术。

为什么数字签名能解决这个问题呢？我们知道基于公钥体制的数字签名之所以有个人签字的功效，关键在于公钥体制所规定的密钥管理机制。某用户 K 的私人密钥规定只能由用户 K 个人保存和使用，无疑它具有"专一"性，因此由他处理的任何信息 X，其结果 C_K 自然就隐含着用户 K 的个人特征。一般情况下倘若有第三者也能制造出同样的数字信息 C_K，那最大的可能就是用户 K 有意或无意地向第三者泄露了他私人保存的密钥，所以责任要由用户 K 承担，这样的处理是完全合乎情理的。另一方面，由于用户 K 的公开密钥是公布于众的，所以任何人(包括仲裁人)都可以用公开密钥来解出 C_K 的原始信息 X。如果数据信息 X 就是用户 K 的合法凭证，那么原则上任何人都可以来证实用户 K 的合法性，这就是用公钥体制作数字签名的实质所在，其合理性是非常明确的。当然在具体使用时，方式可以作各种有益的变化。

基于公钥体制的数字签名作为公证的手段，在原则上是可行的。那么用其他密码体制(譬如 DES 数据加密标准)设计数字签名，并用它作为公证手段是否可行呢?这也是人们很关心的一个问题，应该说只要设计和组织合理，它也是可行的。若用户 K 与用户 I 之间出现某种争执，则公证方就可以根据用户 I 的签名来判断谁是谁非了。

公证问题是现代社会活动中的一项重要安全措施，在计算机信息的社会化中，数据签名无疑是一种比较有效的认证手段，也是信息社会中需要解决的重要课题之一。

关键词: 数字签名　公钥体制　密钥
计算机公证系统

为什么采用密码技术
能保护信息安全

自古以来，人们就千方百计保护与自己或国家、团体利益相关的重要信息，如果这些信息需要传递或在某种场合露面，则常常预先将它们编成密码，建立密码体制。密码体制就是一种按某种算法将信息进行伪装的技术。采用密码体制对信息"改头换面"后,任何未经授权者就无法了解其内容。

早在公元前5世纪,斯巴达人就曾采用一种称为"天书"的方法,来秘密传送情报。他们将羊皮条缠在柱子上,自上而下地书写情报,写完后把羊皮条解开,人们看到的是一条互不连贯的字母串。只有找到和原柱大小相同的柱子,把羊皮缠上去,才能将字母对准,从而正确读出原文。由此可见,只有了解"约定"(即柱子的大小)的人,才能解开密码,了解情报的内容。

希伯来圣经中有几段语句也用了一种叫做"逆序互代"的加密方法,即将某段文字中的第一个字母与倒数第二个字母互换⋯⋯以此来变形文字,达到不为常人理解的目的。

要对加过密的信息进行解密,必须依靠密钥,在"天书"这个例子中,密钥是柱子的直径大小;在"逆序互代"这个例子中,密钥是加密段的起始位置、段长等。这种选定的对信息加密的方法就是一种算法,加密者通过算法将明文译成密文,得到密钥的信息的合法接收者能从密文中解出明文。有效的密码体制能做到两点:一是使信息能被接收一方正确接收到;二是使信息在传递过程中不泄漏出去。这种密码体制能起到保护信息安全的作用。

关键词: 密码　密钥　算法　信息安全

语言信息可以加密吗

人类用以表达和传递信息的语言,除口授外,大多以文字和图表形式出现在书籍、报刊、杂志、信件、文章、通知、签字中,也有通过电话、电报、传真、广播电视等通信传播工具,间接地表达、传递。其中有些语言信息涉及机密,如军事和政治经济情报的口令、命令、计划、文告等内部消息。这些信息在传递过程中往往需要加密。

对语言信息加密,要使用暗语。只要双方事先秘密约定,寓明语于暗语中,显暗隐明,在一定的时间和地点内,能对明语保密。常用的暗语密约方法有:

1. 字符式暗语:将某个数字、符号或字母,代替明语中某个文字或字母。例如:用数字"1"代替"火",用数字"2"代替"箭",暗语"12"就代表明语"火箭"。

2. **转置式暗语**：改变明语中文字或字母的前后左右次序。例如：将明语"重型坦克"，编成暗语"型重克坦"。

3. **分置式暗语**：在明语中的文字与文字间加进了其他文字或符号。例如：在"巡航导弹"中加进"巧克力"，编成暗语"巡巧航克导力弹"。

4. **隐文式暗语**：将明语隐匿在不相干的字或句中。例如：明语"卫星"，编成暗语"卫夫人夜观星空"。

暗语的编制方法还有很多，甚至音乐、实物、手势、舞蹈形体、少数民族土语等，都能用来编制暗语。

至于在电话、电报、传真和广播电视等通信传播工具中对语言和图像信息加密，就要使用保密器了。它能对语言或图像信息转换成的电信号，采取扰乱其特征的方法进行加密，起到保密的效果。

关键词：信息　加密

机器人是怎样发展起来的

早在中国古代就有能工巧匠精心制作出由人控制、具有人或动物的某些功能的机构装置，作为劳力的补充。例如《三国演义》中的"木牛流马"便是诸葛亮克敌制胜的"秘密武器"。相传三国时期蜀国与魏国交战，由于蜀道艰难，用牛马运粮太慢，军粮告罄。于是诸葛亮凭借聪明才智，设计出了由人驾驭的"木牛流马"，作为运输工具，并安装了机关，使军粮按时运达。后来，木牛流马一直作为一种神秘的"自动机器"

流传至今。国外也有许多类似的记载。

作为科学技术的结晶，真正的机器人雏形出现在第二次世界大战期间。那时，为了处理放射性材料，美国的橡树岭和阿贡实验室发明了遥控操作的联动式机械手，以代替工作人员从事容易受到辐射伤害的工作。

到20世纪40年代末期，由于飞机生产的需要，美国开始应用当时刚出现的电子计算机技术研制数控机床，这种机床可根据预先编制的程序自动执行加工作业，到1953年研制成功。事隔一年，一位名叫乔治·德沃尔的美国人把遥控操作的机械手的制作原理和数控技术结合起来，研制成一台机器人的实验样机。当需要执行的指令通过程序输入计算机后，机器人就可脱离人的直接操纵自动地运行。当然，它只能做一些简单的重复性工作。直到60年代初，美国在乔治·德沃尔专利基础上正式研制成机器人产品，取名为"万能自动"机器人，它可用于搬运和焊接等作业，是第一台由电子程序控制的工业机器人。

此后不久，美国的另一家公司也开发出了可编程的机器人，取名为"多才多艺"机器人，它们在汽车制造厂一展神威，大大提高了生产效率和汽车的质量，也把工人从繁重、危险的劳动环境中解脱了出来。这一重大突破引起了日本、欧洲等国家的重视，它们纷纷投入巨额资金，引进美国的先进技术开发机器人。与此同时，美国又研制成了带视觉和触觉的机器人，给机器人增加了"眼睛"和"感觉"，进一步扩展了机器人的应用领域。到了70年代，计算机和人工智能技术的发展又推动了机器人走向高级化。许多精密的生产已离不开机器人，许多人类难以进行的工作召唤着机器人。后来，日本结合应用实际,大力发展了机器人,并一跃成为"机器人王国"。从此,在许多工厂中我们都可以看到浩浩荡荡的机器人大军。

现在,全世界各种机器人已超过60多万台,其功能得到不断充实和完善。从固定程序式的和示教再现的第一代工业机器人,发展到了具有感觉的第二代机器人和具有自主判断和决策功能的第三代机器人,机器人的形状可谓"千姿百态",有像机器的、像人的、像蛇的、像汽车的……它们的用途也从工业应用领域拓展到许多其他领域。例如:在建筑领域,机器人能够爬壁作业,能够钻入地下管道,在相当狭小的空间中作业;在军事领域,机器人能充当开路先锋,深入敌后进行监视和侦察,如在海湾战争中,英美就派出机器人排除埋设在海湾地区的大量地雷;在高科技领域,机器人可以帮助科学家在人类目前无法深入的环境中收集分析数据,如机器人丹蒂就被派遣到火山上进行探测,机器人"探测一号"被送到火星上探明人类进入太空之路;生活中,机器人还可以进入医院和家庭,担任"护士小姐"和保姆……

经过40多年的发展,机器人技术已走向先进和成熟,机器人已成为人类的伙伴和助手。

关键词:机器人

机器人的"力气"是从哪里来的

当你走进工厂,或许会看到许多机器人在不停地工作,有的搬运物料,有的举着焊枪做焊接作业……一些机器人"大力士"一下可提起数吨重的物体，它们不知疲倦地为人类"辛勤"地劳动着。那么机器人的"力气"究竟是从哪里来的呢？

机器人并不像人那样靠肌肉的收缩和弹性产生力，当我们把机器人进行"解剖"以后，发现每个机器人都有外来的"动力"来源和精密的传动机构，通过它们产生力并传递力。这些机构统称为驱动机构，其中最关键的是动力的来源，叫做动力源。

一般来说，机器人的动力源可以由外部供给，也可以通过内部其他种类的能源经过转换而来。常见的驱动机构有三种：一种是靠电动机进行驱动的，称为电气驱动，其电源通常来自外部。另一种是靠压缩空气进行驱动，称为气动式驱动，有的机器人依靠电力在内部产生气动力，也有的机器人靠外部设备提供气动力。还有一种是利用高压油作为工作介质，通过液压

进行驱动,液压装置可以装在机器人内部,也可以装在外部。有了这些动力,再经过机构的转换,就能使机器人做各种运动,同时也产生了力,使机器人有力气。

机器人"力气"的大小可以根据机器人的用途进行专门设计和调节。例如,一些机器人固定地做某些重复性的工作,工程师就可以根据需要,设计动力和驱动装置,并进行有效的控制。但也有些机器人工作状况比较复杂,如既要抓石头又要抓鸡蛋,因此手爪用力必须是可调的。工程师就在机器人的手爪上安装了许多测量力的传感器,以测量和控制手爪上的力。

诞生于美国的第一台机器人是液压驱动机器人。一般来说,依靠液压产生的动力可以非常大,有许多"大力士"机器人采用了液压驱动的方式。但用电驱动的形式控制更成熟、更精确,因此许多有精密控制要求的机器人采用电驱动形式。但也有些机器人采用电液驱动,既可产生较大力又易于控制。例如,德国研制的用于飞机清洗的"清洗巨人"是全世界最大的清洗机器人,它的手臂长度有 33 米,这个庞然大物的力气主要就是靠液压产生的,对它的精密控制是靠电液控制实现的。

关键词:动力源 电驱动 液压驱动 气动

为什么机器人的手臂能够灵活地运动

对于机器人来说,除了"大脑",手和脚对它也具有特别重要的意义。机器人的手必须能够最大限度地模仿人的手指和手掌的功能，这样，它才能代替人从事各种各样的工作。

人的手指非常灵活，它可以向左右张开，又可以自由弯曲。指头并拢并稍作弯曲，就可以捧起水来。手指张开一点，就能成为筛子；张得再大一点，就可以当梳子梳头；完全张开，又可以当作盛东西的盘子。至于手指的抓取功能，那就更多了。例如，当拇指与其他手指相对时，可抓取相当大的物件；当拇指尖与其他某一指尖相对时，可以捏取很薄、很细小的物体，等等。

机器人的手由臂梁、手臂、手腕和移动等部件组成。臂梁和手臂可以伸缩、俯仰和摆动。手腕用于抓取物件，并支持手指工作，这一部件直接关系到机器人手的灵活性。

要使机器人灵活适用，就必须使它能在一定的空间范围内作自由运动。这种自由运动的程度叫做机器人的"自由度"。例如，机器人的手臂通过肩关节的作用，可以在前后、左右的各个方向上任意动作，可以上下俯视、左右摇摆、转动。机器人的这种本领就叫机器人的"自由度"。自由度越大，机器人的动作就越灵活，适应性就越强，用途也就越广泛。

为了使机器人的手具有相当大的自由度，人们在机器人的手指部位装上传感器（传递感觉的仪器）。在传感器的引导下，机器人的手不但十分灵活，而且能达到人们所要求

316

的位置。科学家预言,不久的将来,机器人的手指将灵巧到能穿针引线的程度。到那时,假如眼睛老化的老奶奶们想做点针线活,再也不用唤儿孙帮忙,只需向机器人求援就行了。

☞ 关键词:传感器　自由度

为什么机器人的手爪多种多样

　　机器人的手爪也叫末端操作器,是机器人的主要部件之一,有了它,机器人才能干活,才能执行各种任务。

　　机器人的手不像人的手,天生一个样。机器人的手是设计人员根据其用途而设计的,它有多种多样的形状。例如:

　　工厂中许多工业机器人主要用来焊接、喷漆和搬运重物。一般拿焊枪或喷枪的手爪设计成鸟嘴式或蟹钳式的二趾爪,大多用金属材料制成;搬运机器人的手爪分好几种,如搬运玻璃就要用吸附式的手爪,做成碗状的橡胶吸盘,并用泵将吸盘内的空气抽去,紧紧贴住玻璃,靠吸力提起和搬动玻璃。

　　用于表演的机器人手爪就复杂多了,如用来弹琴的手爪就要像人的手一样,有几个手指,有几十个可以活动的关节,每个关节的运动都由独立的小马达驱动和控制。

　　还有些机器人用于抓取柔软或易碎的物品,如鸡蛋等,设计这些手爪时不仅要考虑外观形式,还要考虑材料和传感器。一般来说,这种手爪用硅橡胶或其他弹性材料制成,里面装有好多传感器,如力传感器、滑觉传感器等,与控制机器人的电脑相连,使手爪既能抓牢鸡蛋,又不会捏碎鸡蛋。

用于水果包装的机器人的手爪也有些特别。新西兰的一个机器人研究小组研制了两种适宜于水果软包装的机械三指形的手爪,相当于人的拇指、食指和中指。一种是气动式的,通过气动打开和闭合手爪,手指间的连杆可以调节距离,手指上镶有厚厚一层软质套垫,以防接触时损坏水果。另一种是机电关节式的,它具有三个三关节的手指和一个手掌,其中每个手指装有力传感器,三个手指由三个独立的伺服马达驱动。每个手指能弯曲和改变方向,具有 19 个自由度,基本具有人手的大部分功能。这种手爪和手掌由铅和含碳的导电低密度泡沫材料做成,表面柔软,还有触觉。安装在手指尖的传感器将泡沫的变形转换为压力的信号,传给电脑处理,控制手指的力。

日本还研制出一种先进的能识别模式的机器人手,形状像一只馒头,里面非常复杂,有三个关节的手指,有光学波导传感器和用作光源的发光管。它触摸物体后,能辨别出物体的形状,可用于在黑暗中探测未知物。

机器人的手爪真是丰富多彩,什么用途的机器人就有什么样的手爪。大部分机器人的手爪不及人的手来得灵巧、"通用",但它们的确非常实用。

关键词:机器人手爪　末端操作器

机器人靠什么走檐爬壁

机器人能走檐爬壁,你信吗?

现实生活中有许多危险的工作,如对高楼大厦进行表面清洁,对安装在几百米高的压力容器进行检查,在船体外进行表面处理,在飞机的机体表面进行 X 射线检查……这些工作以往都是靠人携带工具在非常危险的条件下完成的, 有了机器人后, 人们自然希望机器人能代替人去做这些艰苦而重要的工作。

机器人要在这种特殊的环境下工作,就要有攀高的本领,会走檐爬壁,能像壁虎一样紧贴壁面,同时又能操作工具。现在这种机器人已问世,并被用到实际工作中,人们称它为爬壁机器人。爬壁机器人的这种能力是从哪里来的呢?

原来,设计人员为执行不同任务、在不同作业环境中工作的爬壁机器人设计了不同的吸附装置。例如,一些机器人需要在钢铁表面爬行,吸附装置通常由磁性材料组成,这些磁铁镶嵌在用于移动的履带中,使机器人既能前进,又牢牢地贴在壁面上,控制方法是缆控或遥控。另一些机器人需要在玻璃或其他非金属贴面材料表面爬行, 它的吸附装置就像章鱼身上的吸盘一样, 吸在物体表面上。如日本研制的用于灭火的机器人,就是在机器人的六条腿上安装了橡胶制造的真空吸盘,利用大气压力使机器人贴住壁面,几条腿交替抽真空,机器人就能在壁面爬行了,它还可携带消防器材呢! 美国开发的一种携带无损检测仪器和摄像器材的机器人, 能在一般结构物表面爬行,它依靠两条腿作移动,每条腿上安装两个吸盘,靠吸盘紧紧吸附在墙面上,并且通过电机和压缩空气驱动腿的运动。这个机器人采用遥控控制,操作人员可以通过机器人身上的摄像机清晰地观察到机器人的位置和被检测的部分。机器人非常"安全",即使在计算机或电源发生故障时,也能牢牢吸附在墙面上。

将来，机器人依靠智能化技术和它的"飞檐走壁"的本领，可帮助人们检测和维护飞机、核电站、船舶、桥梁，清洗摩天大楼的外墙和窗户，喷涂大型贮存箱等。

☞ 关键词：爬壁机器人　吸附　吸盘

机器人是怎样"看见"物体的

人从外界得到的信息，80% 以上是视觉信息。因此，眼睛是人的重要器官之一。那么，你了解眼睛的结构吗？眼睛由眼球和眼副器（包括眼睑、眼眶、结膜、泪器和眼肌等）组成。眼球是视觉器官的主要部分，眼球内部的视网膜有感光作用。视网膜上有 1.5 亿个感光细胞。感光细胞又可分为两种：一种细胞主要感受白天的景象，另一种细胞感受夜间的景象。

我们人的视觉是以光作为刺激的感觉。实际上，眼睛就是一个光学系统，外界的信息作为影像投射到视网膜上，经处理后传到大脑。这就是说，人看见物体，是由人的眼睛和大脑通过辨认图形来完成的。

机器人"看"东西的原理与人类相似，只是机器人的视觉系统由摄

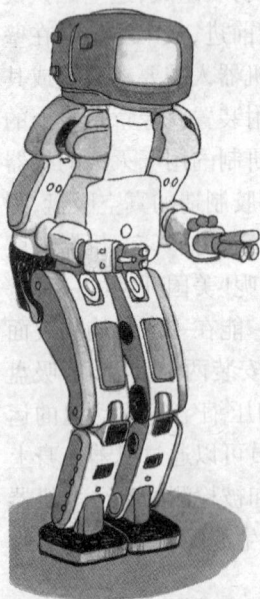

像机和电脑组成。摄像机在机器人视觉系统中充当"眼睛"的角色。摄像机摄取外界景物的图像，并且从左到右、从上到下采取扫描的方式，按图像各点亮度的强弱转换成相应大小的模拟图像信号加以输出。当然，机器人要识别这些图像信号，也必须有"大脑"参与。这"大脑"就是通常所说的"电脑"。电脑能对摄像机所拍摄下来的图像进行识别。

当然，在识别物体前，人们必须把待识别的各种物体的样品逐个存入电脑内。具体操作过程为：把要识别的各种物体的样品逐个放在摄像机前，让摄像机从不同角度观察样品的形状，而后，机器人的视觉系统就能自行提取它们的形状特征并贮存起来。识别时，机器人的视觉系统只要提取对象物的特征，并与事先贮存在电脑内的各种样品的形状逐一比较，就能识别出对象是哪一种物体了。这时，机器人就"看见"某一物体了。

关键词：视觉系统

为什么机器人能听懂人讲的话

科学技术发展到今天，制造一大批能听会说的机器人，已经不是什么困难的事情了。那么，机器人为什么能听懂人讲的话呢？

为了回答这个问题，让我们先来看一下某一个人是如何

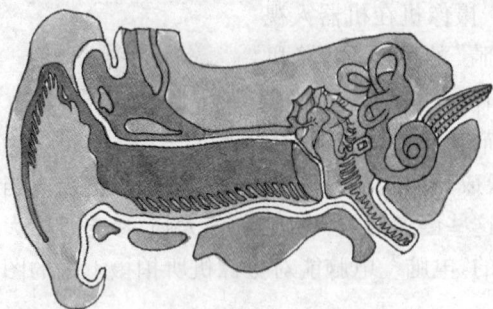

听到旁人所讲的话的。

我们知道，人的耳朵是一个很复杂的器官，它是由许许多多毛细胞共鸣器构成的。在毛细胞上又长有许多绒毛，这些绒毛能接受传来的声音，并使这些声音转化成为脉冲式电信号。这些电脉冲再传输到大脑的听觉区，引起听觉。这时候，大脑将根据电信号的大小、强弱，判断出旁人讲话的含义。

机器人之所以能听懂人讲的话，就是因为它们具有人耳那样的"听觉器官"。虽然机器人的"耳朵"没有人耳那样精密和复杂，但是，两者的听觉原理基本上是相同的。

机器人的"耳朵"是听觉传感器，它能对声音产生反应，并把信号传到"听觉区"。机器人要清晰地辨认人的语言及内容并非易事，因为人的声音受年龄、性别、籍贯、生理和情绪的影响。因此，要听懂人讲的话，对机器人而言，是一个最艰难的问题。为了实现人与机器人的对话,首先应规定必须用标准语言与机器人进行交谈;其次必须限定对话中所使用的词汇量。这是机器人听懂人讲话的先决条件。但是这还不够,机器人还必须有一个"大脑"——电脑,以便理解和判断所听到声音的含义。只有这样,机器人才能真正听懂人讲的话。

☞ 关键词: 听觉传感器　听觉区

机器人的各种感觉是从哪里来的

人依靠感觉器官来感觉周围的事物,人有视觉、听觉、嗅觉、触觉和味觉等,能感知距离,感觉冷暖、酸甜苦辣等。视觉对信息的采集最为重要,有人作过调查,在一般场合下,超过80%的信息是由眼睛获取的。

那么机器人有没有感觉呢?其实,相当多的机器人是有感觉的,只是它的感觉不像人那样丰富。机器人身上安装了许多传感器,来自外部的信息,由传感器传给机器人体内的计算机,由计算机处理、综合,随后,机器人就变得有感觉了。比如:它有距离的感觉,有力气大小的感觉,能识别物体和颜色,能懂得冷暖……

世界上最早把传感器应用于机器人的是美国的科技人员,当时他们在一台机器人身上安装了接触传感器,使机器人具有接触的感觉,在计算机的控制下能够捡起不同的物体,这在 20 世纪 60 年代初可算是不小的突破。传感器技术是一种专门的学科,与计算机信息处理结合起来,就发展成机器人的传感技术。例如，机器人的视觉传感就是利用一种电视摄像机或一种电荷耦合器件对观测的物体进行扫描，把画面的反射光线的强度转化为电信号，送入计算机进行处理，随后就能提取所需的信息。于是，装有视觉传感器的机器人就能识别物体，对零件进行分类，对产品进行检验。装两台摄像机的机器人还可有立体的感觉。

一般使用较多的传感器有视觉传感器、触觉传感器、位移传感器、气敏传感器、力敏传感器、光敏传感器、声敏传感器等等。对于从事特殊工作的机器人还可配置更多的传感器，如红外传感器、激光测距装置、语音识别系统等。有了这些特殊的装置，机器人就能在漆黑的夜幕中观测景物，在烟雾弥漫的环境中寻找急待援助的幸存者，在海底看清远处的物体……现在已经研制出装有 120 个接触传感器的灵巧的机器人手，它准确抓取物体的能力可与人的手相媲美。

机器人就是靠这么多先进的传感器从周围的环境和物体中获取感觉的。有了这些传感器，机器人就有了"火眼金睛"、"千里眼"和"顺风耳"。

关键词：感觉　传感器

为什么机器人会有各种"特异功能"

机器人是由人创造的，它的本领和功能也是由人赋予的。但是，许多机器人却有不少"超人"的能力和常人所不具备的"特异功能"。例如，人由于受生理条件的限制，其连续工作的能力远远低于机器人。又如，人的视线十分有限，容易受到环境的影响，如果大雾弥漫，人就只能看见近处的物体。而机器人不仅不受这些环境变化的影响，而且还可以像猫头鹰那样在黑夜中观测到景物。此外，机器人可以潜水数千米进行深海作业，而任何潜水员做到这一点都十分困难。机器人还能钻到人体内部进行诊疗，太空机器人更是具有"三头六臂"……

其实，机器人的许多"特异功能"都是现代科学技术的结晶。科学家们根据不同需要，为机器人开发并安装了各种特殊的传感器，使它们能够在特殊环境和要求下捕捉外部的各种信息。科学家们又对机器人进行了特殊的设计和创造，使机器人具有适应特殊工作的结构和形体，由此形成了这些常人所不具有的"奇特"功能，使机器人能更好地为人类服务。这些机器人大都有特殊的任务，因此也称为特种机器人。例如，为了研制消防、排险、救灾机器人，科研人员研制出了红外激光的视觉传感器，使机器人能在烟雾弥漫的情况下准确地"看清"30 米远的物体，这种高超的探测能力是常人所不具备的。再如，太空作业的机器人在失重状态下进行卫星修理和回收太空废弃物等复杂工作，它处于自由浮动状态，因此科研人员就把它设计成多臂型的，使其中一只手抓牢固定物件，稳住自身，另一只手抓住工件，其余的一只或几只手操作工件。还有一些机器人有三条腿，能贴住垂直甚至弯曲的壁面爬行，并探查出壳体和壁面内的裂缝。

现在，许多智能机器人越来越趋于高级化，功能越来越多、越来越完善。"特异功能"为机器人增添了色彩，带来了魅力。更重要的是，机器人的那么多特异功能为机器人开辟了更为广阔的应用领域,也为机器人技术的发展创造了条件。

关键词: 特异功能　特种机器人

机器人能够独立地进行判断和运动吗

人具有独立判断决策的能力,因为人具有对信息的采集、记忆、学习、归纳和分析的能力。目前的机器人还远远不具备人的这种能力。即使第三代智能机器人也是如此。但确有一些高级的智能机器人,在一些特定条件下,能够根据环境的变化作出独立的判断,修正原定方案,并在没有人干预的情况下驱动自己的行动,这类机器人称为"自主式机器人"。

早期的机器人只会做一些由人教会它做的工作。操作人员"手把手"地把机器人要做的工作"示教"一遍,"示教"的内容包括机器人运动的轨迹、工作的顺序及条件等。"示教"以后,机器人就会自动重复地进行工作。原来,当操作人员"手把手"地教机器人的时候,安装在机器人内部,或与机器人相连的电子储存器把这些信息记录了下来,然后,机器人只要从储存器中读出这些信息,电子控制器就能控制机器人的行动。

随着计算机技术、先进的传感器技术和人工智能技术的迅速发展,机器人的"行动"开始逐渐摆脱人的干预,能够通过各种传感器来了解周围的环境,依靠"专家系统"软件提供的"知识"和分析方法,以及各种其他软件的帮助,独立地对当前环境作出判断和相应的决策,甚至修正已设置在计算机中的程序,从而在计算机的控制下作出相应的行动。例如,美国在

20世纪70年代曾研制出一台具有"模式识别"功能的智能机器人，它能够根据作业规划独立地识别物体，作出决策。科研人员做了这样一个实验：把一个一面为坡面、另一面为楼梯的障碍物任意地放在场地中央，机器人只能沿坡面爬行。结果，机器人沿着障碍物绕了一圈又一圈，经过几十分钟的"思考"，最终选对了坡面。当然，现在的智能机器人做这种识别实验已轻松得多。

自主式机器人在军用机器人中用得较多。一些用于野外的侦察机器人都配有先进的计算机、各种传感器、多普勒雷达、自动驾驶仪和GPS系统（全球定位系统）或电子地图。它们通过对视觉、听觉信息的综合，在"专家系统"的指导下，依靠安装在计算机中的推理子系统，迅速确定自身所处的位置，识别障碍物和环境，并用红外摄像拍摄目标，当自身受到攻击时会毫不犹豫地予以还击。

自主式的太空机器人是高级的智能机器人，它具有规划、编程和诊断的功能，具有修理自己和别的类似机器人的能力。将来可以给这种机器人装上喷气系统，或者把它安装在自由平台上送往太空，可以让它去修理损坏的飞行器。

关键词：自主式机器人

为什么机器人家族会形态各异

当我们接触了机器人之后，就会发现，现实生活中的机器人其实一点都不像人，即使有些机器人特别设计成人的模样，

也只是为了娱乐和某种研究。美国曾经制造了一台拟人的机器人,请它模仿男高音歌唱家帕瓦罗蒂开了一个以假乱真的音乐会,它既会唱歌又会调侃,招来一片喝彩。然而,在现在的60多万台机器人大军中,真正像人的机器人却寥寥无几。例如许多工业机器人都是单臂型的,有些用于检测的爬壁机器人有点像甲壳虫,有些侦察和排险的机器人像一辆工程车,能爬进煤气管道的机器人有点像蛇……机器人不仅形态各异,而且大小不一,大的机器人臂展几十米,而小的机器人身长不到1毫米。此外,机器人功能也各不相同。一些机器人没有任何感觉,只能默默地做些重复的工作,而另一些机器人却有"眼"有"耳",能做人都做不到的事情,还有些机器人用特殊的材料制成,有不同的面部表情。

为什么机器人家族中会出现如此形态不同的状况呢？这是因为机器人的形态是根据作业的需要而设计的。原先开发机器人仅限于考虑自动化，主要用它们代替人力的劳动。以后随着科学技术的不断发展，人们不断研究和开发出许多特种用途的机器人，让它们做人类目前尚难做或不能做的事情，甚至某些具高度危险的作业。这些事情在技术上叫做"极限作业"，例如：在几千米以下进行深海作业，在核电站内进行维护和检测作业，到太空或火星上进行探测，潜入人体内部切除病灶，进行军事对抗等。因此，必须根据不同的工作要求设计不同形态的机器人。例如用于检测狭小管道的机器人必须设计得像蛇一样，能靠爬行蠕动前进；用于野外探测的机器人必须设计成多足型，能越过障碍和保持稳定……

机器人千姿百态，设计、制造它的材料，控制它的方法当然也差别很大，例如一些用于医学实验和临床的微型机器人，就是在硅片材料上用光刻蚀而成的。机器人的研制其实是当代最先进的高技术的一个大集成。

关键词：机器人　极限作业

机器人如此精密的运动
是靠什么来控制的

对机器人稍有了解的人都会惊叹地发现，机器人的动作真是太准确、太精密了。一般用于焊接的机器人貌似粗笨，但每次的运动误差在 0.1 毫米以内，一些从事精密装配工作的机器人,其运动误差比一根头发丝还小。那么机器人的这种精密运动是靠什么来控制的呢?

要保证机器人运动的精确性,首先要保证机械设计的精密性和可靠性,其次要保证控制的准确性。在机械设计上,特别在传动机构的设计加工上,应尽量采用先进的技术和工艺,克服由此产生的误差。现在,一种比较先进的谐波齿轮传动技术已应用于工业机器人之中,它与一般的齿轮传动相比,突出的优点是紧凑、精确、可靠性高。

机器人由很多部件组成,这些部件都互相关联成为整体。要做到精密控制必须先对它们的运动机理进行分析,这就是机器人的运动学。同时还要考虑机器人制作材料的特性,作好它的力学分析,这就是机器人的动力学。有了这些分析,就可以掌握机器人在运动过程中的特性,然后由一台或多台计算机为机器人设计运动轨迹,或由人规定它的运动轨迹,即由人来示教,并对每个驱动装置进行精密控制。例如,对于电驱动机器人,计算机可以精密地控制每个牵引机器人运动的伺服电机,即控制机器人的移动位置。除了位置的控制外,还有速度的控制、加速度的控制、力的控制等。为了精确和统一,人们专门创造了机器人语言,用它可以很简洁地描绘机器人的各种运动,为对机器人进行控制和编程提供了便利。

现在,计算机的功能越来越强,容量也越来越大,计算机控制技术也发展得越来越快。人们不仅可以控制机器人按预先设计的路线运动,必要时还可以将控制设备与机器人的传感器连接,随时修正控制策略,直到满意。

☞ 关键词:计算机控制　机器人语言

机器人的潜水本领是从哪里来的

海洋占了地球表面的大部分,海洋中蕴藏着丰富的资源,如海底油田、锰结核矿石和重金属矿等,它们大都蕴藏在几千米深的海底。海洋对于国防也有着重要的意义。因此,利用和开发海洋成为世界各国一个重大的战略任务。

海洋很深,许多深海区域在 1000 米以下,人根本不可能潜到如此深的海底进行探测。于是,人们想到了研制水下机器人,让机器人代替人去完成深海作业。从 20 世纪 60 年代开始,各国纷纷致力于开发先进的载人深潜器和水下机器人。水下机器人其实是一种无人潜水器,和潜水艇一样,它是靠外界给予的动力获得"潜水本领"的,可以通过遥控、缆控等方法,由人在远处或船上进行控制。先进的水下机器人还具有部分独立控制的能力。一般的水下机器人外壳由钛合金制成,浮力材料由特殊的塑料组成。它配有恒定的动力来源(如大功率蓄电池组)、推进器、导航系统、各种声纳传感器、水温传感器、高度传感器、压力传感器、电视摄像系统、监视系统及精密的控制系统、计算机系统和通信设备等, 这些设备组成了一个控制、测试、执行系统,使机器人具有了潜水的本领。

水下机器人的工作操作器是由一个或几个多自由度的机械手组成的。与普通机器人相比,它的密封要求非常高,水中作业的部件都必须防腐和密封,电气、机械结构以及外壳部件等必须耐压力、耐海水腐蚀。由于海底的水流、浮力等情况很复杂,人们事先无法完全掌握,而机器人必须在这种特殊的环境中找准位置,并采取准确的动作,因此需要机器人具有根据实际情况修改计算机程序的能力，即自主控制的能力。德国研制了一种水下机器人，能通过充入液体保持内外压力的平衡。机器人装入一种液体，当它下潜时，身上的压力传感器及时测到水压，并通过控制信号控制液体的冲入，使机器人内外压

力保持一致。

水下机器人主要用于海底探矿、打捞救援以及一些军事目的。在 20 世纪 60 年代末期，一架 B52 轰炸机坠毁，使一枚氢弹坠于西班牙附近 800 米深的海域中。人们采取了好几种方法进行打捞，都失败了，后来，美国军方请来了刚刚处于试验阶段的缆控水下机器人。这个机器人果然身手不凡，很快找到了准确位置，顺利地打捞起这枚氢弹。1985 年，美国派出机器人探查已沉入海底的"大力神"导弹，并贴近导弹进行摄影。同年，有人依靠水下机器人寻找到了沉没半个多世纪的"泰坦尼克"号游轮的残骸。1994 年，法国"鹦鹉螺"潜艇带着一名叫"罗宾"的水下机器人又一次对这艘躺在距纽芬兰 900 千米的 3780 米深海底的沉船进行搜索，找到了邮件、金子、珠宝和其他物品 3600 多件，还发现了以前调查人员不曾发现的一些情况……国外还研制用于侦察和探测水雷等的军用机器人。我国也研制成"探测号"水下机器人，用于海底探矿、救援等。

水下机器人作为一种特殊用途的机器人，正活跃在广阔的"海洋世界"中。

关键词：水下机器人　缆控　遥控　自主控制

为什么机器人能够到太空中去工作

开发和利用太空资源是人类的一项十分重要的战略任务。20 世纪航天技术的发展，为人类登月、建立太空站、

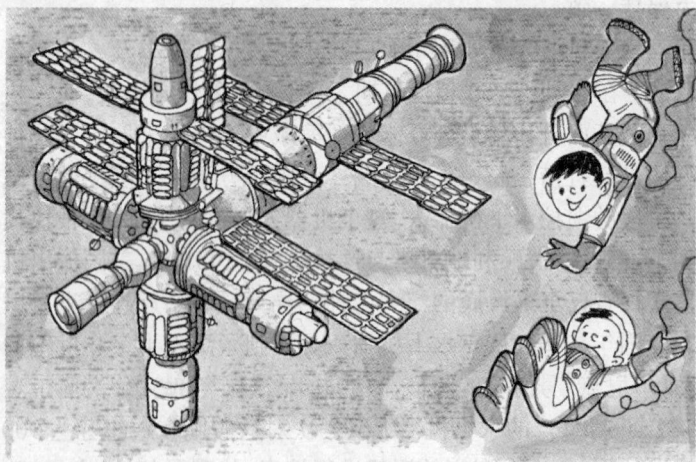

探测火星等创造了条件，为此也揭开了人类进军太空的序幕。然而，宇航员进入太空工作不仅需要耗资巨大的安全保障系统，而且生命仍然时刻受到威胁。因此，各国都在开发高级的太空机器人，希望它们助人类一臂之力，代替人类完成预定的工作。现在，许多太空机器人已投入应用，它们可在航天器的舱外自如地进行工作，不用穿昂贵的宇航服，也不再需要那套生命安全保障系统；它们可以在人的控制下搭建空间建筑，维护和修复卫星和航天器，还能够进行太空生产，完成科学实验……

机器人为什么能够如此"潇洒"地在太空工作呢？

太空机器人是在微重力、高真空、大温差和强辐射等环境下工作的，因此它们与普通的机器人有很大的差别。许多太空机器人由特殊的复合材料制成，抗辐射性好，耐高温、耐低温，具有体积小、挠性好、重量轻等特点。别看它臂长且轻，在陆地上显得"软弱无力"，但在太空中却可以举起几十吨的载荷。

太空机器人配备了各种先进的智能传感器，信息回路畅通，结构比较特别，能耗比较小，可靠性十分高。例如，许多太空机器人具有"三头六臂"，它们有多条操作手和爬行腿，非常适合在太空中移动和工作，灵巧的"手"具有力觉传感器、触觉传感器等多种传感器件，并配合三维彩色的视觉传感器，实现多臂协同、"手眼"协同，体现出太空机器人优越的特点。

太空机器人还具有高级的控制系统，人们可以通过远距离的通信网络和高速的计算机系统，对它们进行遥控。

太空机器人还具有较高的智能。在航天飞机和早期工作站使用的大多是遥控机器人。而现在，具有自主控制能力的高智能太空机器人也已从研究走向实用化。这种机器人具有许多类似于人的感觉功能，能够感知外界环境的变化，自动适应外界的环境，一般还具有自动修改和编制计算机程序的能力，并能对故障进行自动诊断，它不仅可以对自己发生的故障进行修复，而且还能修理其他机器人。它们依靠的是人工智能技术和专家系统技术，能在没有人干预的情况下自主地完成预定的任务。用于火星探测的机器人就具备了这些能力。随着电子技术、计算机科学和人工智能技术的进一步发展，功能完善的自主控制太空机器人，将在太空资源的开发利用中发挥巨大的作用。

关键词：**航天技术　太空机器人　人工智能**

为什么要研制核电机器人

20世纪70年代，由于先后发生了两起"核电"事故，所以，人们一提起"核能"这个词，就心有余悸。更有人把核电站与原子弹相提并论，其实这是一种误解。40余年来，核电站的运行情况表明，核电是一种安全可靠的能源。

这里所说的"安全"，是指核电站不会给周围环境造成什么污染。至于核电站的操作人员，不可避免地要与具有辐射能的危险物打交道。核反应堆作为一种工业设备，在安全措施或采用计算机控制方面都达到了最高水平。即使在这样的条件下，仍然有许多岗位需要有人去进行工作，以维持核电站的正常运行。

核反应堆每年必须进行停工检修。检修工作虽然基本实现自动化，例如采用燃料自动交换装置、管子自动传送装置、超声波自动探伤装置等，但至少还得有人操作仪表。

核反应堆在运行过程中发生某种事故或者出现故障时，需要对事故或故障进行调查，并及时修理受损部件。

为了便于对核反应堆进行检查和保养，并使操作人员受到的核辐射减少，科学家们研制成功了适应各个危险部位、能处理各项事故的专用的核电机器人。核电机器人在检修反应堆时，纵然有很强的核射线，也能从容自如，处变不惊。

☞ 关键词：**核反应堆**

机器人是怎样潜入到人体内的

普通的工业机器人,似一台庞大的钢铁机器,它当然不可能钻到人的体内。能进入人体的机器人叫微型机器人,目前,科学家们正在积极研制这类机器人,准备将它们应用于医学治疗。

微型机器人可协助医生出色地完成诊断和治疗工作。它们可以进入人体内和血管中,疏通患血栓病人阻塞的动脉,或者修复病人损伤的神经;可以在血管中像小虫一样蠕动,杀死癌细胞;可以像"清道夫"一样,刮去病人主动脉上堆积的胆固醇和脂肪;甚至可以携带胰岛素释放到病人的血液中,治疗顽固的糖尿病;可以潜入人体的胃部代替胃镜进行检查……

如此"神奇"的微型机器人究竟是什么样的呢?原来,它们是一类非常小而精密的"器件",有的甚至不到1毫米长,比一粒米还小。如此小的机器人却装有电源、高速马达、驱动器、执行机构、医疗器件、微型传感器,还有复杂的控制电路以及与外界的通信接口。科学家把这么多的"器件"像做集成电路一样,用光刻法集成到一个硅片上,组成一个独立的微型机器人。它们可以由人进行遥控控制。

微型机器人的确非常奇特,它们的运动关节、机械部件,如齿轮、轴瓦、驱动马达等,大小都在几十到几百个微米;微型集成式硅传感器可以敏感地测量到各种信号,如辐射信号、机械信号、热信号、磁信号和化学信号。特别是一些医用的微型传感器,具有无毒、低能耗、防凝结、防纤维化等特点,可以植入人体内长期监视病情的变化和药物治疗的整个过程。例如美国研制的一种"探针"式的微型传感器,可以记录大脑皮层中不同深度的神经细胞所产生的信号,将来还可以修复神经、治疗瘫痪。德国研制出一台身长仅0.2毫米的微型机器人,配备钻机、超声波测量仪、照相机以及测量体温和血压的传感器,甚至还配备高速的轮斗挖掘机和激光枪等医疗专用设备,它可以带着这些"设备",像毛毛虫一样在人的血管中蠕动爬行,在医生的控制下进行诊断和治疗。

目前,美国、欧洲、日本和我国都在研究微型机器人。随着科学技术的发展,微型机器人的功能将更完善。将来,微型机器人不仅是医生们的好帮手,还可成为我们每个人的健康顾问。

☞ 关键词:微型机器人　微型传感器

现代战争中的机器人是
靠什么克敌制胜的

迄今为止,世界上许多高科技的研究都起因于国防和军事的需要,机器人也不例外。美国、日本等国家每年投入巨额经费,开发了形式多样的用于战场的机器人,我们称这些机器人为军用机器人。

电影中的机器人常表现出高超的作战本领,实际的军用机器人是怎样的呢? 它们是靠什么克敌制胜的?

1991年1月17日,以美国为主的多国部队对伊拉克实施代号为"沙漠风暴"的军事打击。在这场现代化战争中,伊拉克成了高科技武器的实验场,以美国为首的多国部队不但动

用 20 多颗军用卫星和高空预警飞机，还将一位具有战斗功能、名叫"侦察兵"的以色列"飞行机器人"输送到前线，进行侦察活动，它为顺利地拦截伊拉克"飞毛腿"导弹立下了汗马功劳。这位"侦察兵"是一架无人驾驶飞机，两侧装有机翼，机身大部分都由复合材料组成，因此雷达不易发现，其发动机也非常特殊，敌方很难侦察到。它经常携带侦察器材，悄悄地飞抵敌方，把阵地图形、装备配置拍摄下来，有时还就地摄像并当场发送回地面控制室，指挥人员可以非常清晰地看到敌方的地貌和阵地情况。

有无人驾驶飞机，必定有无人驾驶战车了。"坦克机器人"是一种新的军用机器人，这类机器人一般用于防暴和进攻。它们都用厚厚的钢板作为盔甲，能挡住敌人火力的攻击，装在身

上的电视摄像机能够帮助它们辨明方向，准确捕捉到敌方的位置。当然，最重要的是，这些机器人具有威猛的手臂，能使敌人胆颤心惊，能使敌人降伏。美国联邦调查局曾经在一次与武装匪徒的大规模冲突中动用了遥控"坦克机器人"。那天被围困在庄园内的土匪接到警方的最后通牒，如果他们不投降，警方将动用最新武器进行攻击。土匪凭借地势、人数、武器等优势，拒不投降。傍晚，早已隐蔽在庄园外的两台"坦克机器人"轰然出动了。在突袭人员的遥控下，它们一左一右，相互掩护，左突右进，如入无人之境。当靠近庄园围墙时，机器人突然张开臂膀，用锋利的钢爪在墙壁上开凿了一个两米高的大洞，然后准确地将一批批催泪瓦斯扔进洞内。土匪穷途末路，只好乖乖投降。

现代军用机器人大多像一辆汽车、一架飞机，或一台"奇形怪状"的机器。许多扫雷机器人就像一辆武装的推土车，它的周边由钢板制成，前面的犁耙用于探雷和引爆地雷。更高级的扫雷机器人具有部分自主判断的能力，能够摸清环境情况，判别障碍物。有些"侦察机器人"像一辆军用卡车，装备有各种通信器材和 GPS（全球定位系统），并且还装备有摄像、红外夜视眼等传感器，它能够在遥控指挥下或完全独立地潜入敌后，进行秘密侦察，它们行动诡秘，不易被对方发现，因此许多高难度的侦察和警戒工作就由这类机器人完成。

当然，军用机器人的超常能力和无比威力，总是在人类的控制之下发挥的，它们高超的"克敌制胜"的本领是人类高科技研究的结果。

关键词：军用机器人

机器人会"生病"吗

机器人可以昼夜不停地工作，可以"跋山涉水"，可以"冲锋陷阵"……它们似乎永不知疲倦。那么机器人会不会"生病"呢？

其实，机器人也会"生病"，甚至会趴下动弹不得。机器人怎么会"生病"呢？原来，机器人的行动都是由计算机控制的，机器人肚子里有许多十分复杂的电气、液压和机械装置，它们一起构成了整个机器人的控制与运动体系，其中的电器元件非常精密，不小心会受电压冲击而损坏，这时整个系统就出毛病了。

另外，由于机械系统长期处于摩擦的运动状态之中，许多零件因磨损产生间隙，有时间隙太大会使机器人的运动不正常，甚至产生巨大的噪声。机器人的计算机控制系统像人的大脑一样十分"脆弱"，对周围的环境温度要求较高，对外界的干扰非常敏感。例如，有一次，一家工厂中的机器人突然失控发起"毛病"来，一条手臂竟然胡乱摇晃起来，操作人员迅速关闭电源，请来工程师检查，未发现有任何"病症"。后来才知道，是附近的一家游戏房中发出的电磁波干扰了这个一向"健壮"的机器人。

机器人"生病"时，操作人员必须切断电源，然后请工程师进行检查，查出病因，及时修复。为了防患于未然，机器人应用部门应对机器人定期进行"体格检查"，定期维护保养，并采取各种抗干扰的措施，预防突如其来的电磁波干扰、侵袭机器人。要严格杜绝电脑病毒通过外接设备进入机器人的计算机系统，计算机系统一旦感染病毒，机器人将会失灵，后果不堪设想。

现在，机器人的智能化程度越来越高，工程师们已为机器人设计了自我故障诊断功能，机器人一旦"不舒服"，会进行自动诊断，并显示和报警，使操作人员及时了解情况。由于机器人发起病来有时会非常可怕，还会伤人，因此，在应用机器人的场合，一定要有操作人员的安全防范措施。操作人员必须严格按照操作程序操作机器人，使机器人在非常稳定的工作条件下"健康"地工作。

👉 关键词：故障诊断　计算机病毒　电磁波干扰

机器人会不会"发脾气"伤害人类

你听说过机器人"杀手"吗？

1978年9月的一天，日本一家工厂中曾经发生一件事，一切割机器人突然"发怒"，在失控情况下将身边的一名操作工人误当作钢板切成两段，这是世界上第一宗机器人杀人事件。1981年，也是在日本，一位当班工人正在给处于停工状态的机器人进行调整，没想到机器人"勃然大怒"，竟抱住那个工人旋转起来，致使他当场死亡。还有一次，前苏联一位会下棋的机器人因为输棋而突然放电，使对弈的国际象棋大师倒地毙命……

因机器人失控所制造的骇人听闻的"惨案"引起了各方面的关注。事后经过专家鉴定，机器人突然失控客观上是由于其控制系统的零部件突然损坏，或电气控制受到电磁波等的严重干扰且防护措施不当，使得对机器人的失控无法作出及时的反应。主观上是由于工作人员在操作或检修机器人时不注意，造成机器人对人员的误伤。

为此，许多国家都专门研究和制定了不少关于机器人安全的条款和细则，提供给机器人的设计单位、生产厂家和用户，尽量避免伤害事故的发生。例如1993年执行的"欧洲指南"，就有关于机器人安全的法规文件。英国等国也制定了具体的安全条例，对机器人的设计、安装和使用都作了规定。例如其中提到，无论何处，只要有可能，都应该避免靠近机器人，如果必须靠近，机器人系统的关键部件必须有很高的整体安全性。

现在,大家都非常注意机器人的安全问题,在设计阶段就考虑了防范措施,包括选择合适材料、增加控制系统的自检测和报警、连锁功能,给关键电子部件设屏蔽干扰功能。此外,就连机器人在工厂中的布局和今后的维修方面,都将安全放在了第一位。你千万别小看了这些平时一贯听从你摆布的机器人,千万要注意安全,按规范去做,否则一旦它发起"脾气"来,你可得吃不了兜着走。

☞ 关键词: 机器人杀手

机器人和机器人之间是靠什么进行联系和协调的

在工厂中,我们可以看到许多机器人都在非常协调地工作,你做你的,我做我的,配合得准确默契,工作做得有条不紊。自动小车穿插于机器人中间运送工件,机器人将这些工件准确地放到预定的位置,后一个机器人再将其装到自动机床上加工;有时多个机器人交叉着焊接一个零件……这些机器人构成一个十分有序的自动化工作单元,称为柔性制造单元。那么,这么多机器人人们是怎么控制它们的?它们之间的这种默契和协调又是怎么来的呢?

机器人的控制比较复杂,机器人之间的协调控制就更为复杂。每个机器人本身带有自己的控制器,机器人的行动都由各自的控制器控制,机器人之间的协调由另一个独立的、运算速度高、信息储存量大的计算机完成。这台独立的计算机与机器人的控制器以及其他设备,如自动机床、机器人的周边设备等通过通信接口相连,组成一个计算机信息网络。计算机通过采集各种信息(如来自摄像机的信息,来自各台机器人的信息等),对信息进行综合处理,来指挥各个机器人的工作,实现对整个制造单元的群控。

机器人的运动机构比较复杂,运动中的力始终处在变化之中。机器人和机器人以及机器人和自动化设备之间的运动学和动力学则更加复杂,因为它们之间具有相关性,一台机器人或设备的运动对其他机器人的运动有很大的影响。计算机除了研究这些问题外,还要收集和参考来自外界的许多信息,如依靠摄像机采集工件位置信息,利用力传感器采集不同种类工件的装配信息等,才能确定哪台机器人该做哪件事,并安排好时间次序。这个过程叫做建立机器人关联协调的模型。有了模型就可以编制软件,然后按照整个任务来规划和确定各个机器人的具体工作。因此,那台独立的高性能计算机就像一个优秀的调度员,能快速准确地协调各个机器人的工作。

不仅在制造业中多个机器人联合工作离不开协调控制,在太空作业中多个机器人合作工作或一台多臂机器人协调工作也都离不开协调控制,目前,人们主要靠遥控对太空机器人进行控制。无论采用哪一种控制方式,都离不开高性能的计算机以及与计算机相连的通信网络。

关键词:机器人 协调控制 柔性制造单元

345

机器人都是用钢铁材料制成的吗

说到机器人，你一定会联想到工厂中的机器，它们大多是用一些钢铁材料或其他的金属材料制成的。那么机器人是不是也用这些材料制成？

许多工业机器人的本体部分确实是用钢铁等金属材料制造的。由于它们在工业部门中应用，大多从事搬运、焊接、喷涂、清洗等作业，因此必须承受很大的载荷，有很好的刚性和强度，机械性能要求较高，钢铁等金属材料基本具备这样的条件。但是一般的工业应用领域之外的机器人就不一定用金属材料来制作了。许多特种用途的机器人由于应用场合特殊、工作特殊，运用钢铁作为制造材料并不合适。例如，应用于核工业的机器人要面对大量的放射性物质，必须使用抗辐照、耐高温的材料，一般的钢材不能满足要求，只有特种的不锈钢材料或特种合金材料才适合；太空机器人必须具有体积紧凑、重量轻、挠性高等特点，因此也不拟采用刚性高的钢铁材料，而要大量采用轻质的复合材料。再如，许多用于家庭和医疗部门的机器人，作为人的辅助工具帮助家庭清洁、吸尘，在医院中运送药品等，这种机器人大多采用高强度的工程塑料合金等新型材料作为主要材料；微型机器人用硅材料通过激光刻蚀而成；一些拟人的机器人手爪用硅橡胶等材料制作，像人的肌肉一样富有弹性，可以抓取像鸡蛋那样的易碎物品……

由此可以知道，机器人并不都是由钢铁材料制造的。机器人的用途、功能不同，制作的材料也不同。新型材料的研制与开发也是机器人发展的一个重要基础和必要条件。

☞ 关键词：**机器人材料**

什么是遥控机器人

你玩过带遥控的电子玩具吗？遥控是指人们利用必要的通信和控制设备，通过通信线路，对远处的对象进行控制。

早在40年代，美国等国家在核技术领域开始应用"遥控"的操纵机械手，这种遥控装置比起现代的遥控装置来说要简单得多。现代遥控技术的发展受益于通信技术和计算机技术的发展，微波、光纤、卫星和因特网等通信技术使遥控技术克服了距离上的限制而变得更加成熟，也为机器人不断拓展应用领域提供了先进的控制方法。

大家知道，在自然界、工程领域，甚至在生活中，有许多事情人类尚难直接去完成，需要凭借机器人的特点和长处，靠机器人助一臂之力。由于研制开发完全独立自主且能完成复杂工作的智能机器人在技术上比较困难，研究经费也非常昂贵，采用遥控技术与智能控制技术相结合是非常实用和有效的。70年代后期，各种遥控机器人纷纷亮相，并开始被专家和用户接受，于是也就有了"遥控机器人"这一专用名词。

一个复杂的遥控机器人通常至少由五大部分组成：操作器和传感器、联接遥控回路的远地计算机、通信网络、联接本地回路的本地计算机、控制终端。操作人员可以在远离操作现场的工作室里，通过控制终端接收机器人反馈的信息，并进行监控,还可以通过本地计算机发出指令,通过通信网络传送给远地计算机,再由远地计算机控制机器人执行各种任务。人们再也不用担心无法控制远在天边的机器人。

现在在核工业领域,已比较多地运用遥控机器人处理燃料了。机器人的视觉系统、机械手、移动系统都在工作人员的遥控之下,因此它们在工场中能"行走自如",能像人一样准确达到工作位置,进行检测和修理;在军事领域,已经采用先进的"临场遥感控技术",通过对机器人发回的信息作某种加工处理,使执行操作的官兵有身临其境之感,更易准确地作出判断和操纵。我国也已研制出遥控的爬壁检测和修理机器人、水下作业机器人等,其中水下作业机器人的设计、制造水平在国际上是比较先进的。

☞ 关键词: 遥控　遥控机器人

什么是智能机器人

智能机器人又称第三代机器人,它充分应用了当代发展最快的计算机技术、传感器技术和人工智能技术及其他的高新技术成果,进一步扩展了机器人的功能。因此可以说,智能机器人是一种更接近人类的智能化机械,也是集机械学、计算机科学、控制工程、人工智能、微电子技术、光学、传感技术、材料科学和仿生学于一体的高科技产品。

智能机器人的特点就是能自主判断和决策,它能够排除人为的不可控制的因素,做人事先没有在程序中设定的工作。一般来说智能机器人至少具备以下四种功能:运动功能、感知功能、思维功能和人－机交互功能。这些功能都是人类最基本的功能,这些功能的作用,构成了人类"智能"特点。例如:灵活的运动机构就像人具有手、脚一样,能使机器人自如地运动;而感知的功能是靠装在机器人有关部位的各类传感器来实现的,它们像人的眼、耳和其他感官一样能接收来自外界的信息;人－机的交互系统就相当于人的嘴一样,凭借它与人交换信息。人类最重要的"智能"特征就是具有思维、综合、归纳和判断能力,这些能力都是由人的大脑赋予的,智能机器人则依靠高性能的计算机提供这些功能。如果我们解剖一个智能机器人,可以看到它有一个装着许多计算机软件和硬件的"大脑",它们要处理来自机器人内部和外部的大量信息,要对这些信息及时作出识别,修正控制方案和实施管理,并要指挥机器人正确行动。这就要求计算机具有很强的处理能力。

会踢足球的智能机器人

智能机器人的研制是从 20 世纪 60 年代末、70 年代初在美国开始的,当还处于实验室阶段的成果得到报道以后,引起了全世界的极大关注。日本很快研制出具有"眼－手协调功能"的装配机器人,它能够看清图纸和区分零件,它的手臂带有触觉传感器,能灵巧地进行印刷板的检查、元器件的安装等工作,其工作的效率和质量远远超过了工人。以后美国花了很长时间研制一种无人驾驶汽车,它依靠本身感觉来识别环境、决策和行动,能在任何野外复杂的地况下自动行走。这种技术被认为是具有较高"智能化"的智能机器人技术。

☞ 关键词:智能机器人 第三代机器人

人类是怎样控制机器人的

机器人是高科技发展的产物,是人类聪明才智的体现。机器人作为一种人类开发出来的特殊的自动化机械,它的到来就是为人类服务,当好人类的助手。有人怀疑,当技术越来越先进后,人们对机器人赋予的"智能"会越来越高,如果有一天,机器人像文艺著作中描述的那样,能自我繁殖(复制),报复人类,岂不太可怕了。但是专家们都明确指出,这种状况是不会出现的。

从技术角度看,工程师对机器人的控制都有缜密的考虑,机器人的安全性和可靠性作为一门专门技术得到广泛研究。一般的机器人都是由计算机控制的,低级的机器人就是按计算机设置的程序做固定的工作,控制系统安全,它设有故障报警装置，一旦发生故障，修理人员可以马上进行维修。为了防止机器人受干扰而失去控制，在控制系统中一般都设有抗干扰的装置。另有些机器人是由人通过遥控（或者缆控）进行控制的，例如潜入几千米的深海进行作业的机器人就是缆控的，操作人员在控制室内通过观测由机器人发送回来的图像等信息，操纵机器人进行探测、打捞和救援。许多特种机器人如爬壁机器人、室内清洁机器人等，甚至一些用于侦察、防暴和排险的军用机器人，都是靠遥控指挥的。

第二、三代高级机器人，大多采用了人工智能技术，控制机器人的计算机更加先进，控制要求更高。工程师按照人工智能原理为机器人编制了很多软件，例如：通过开发一个称为"专家系统"的软件，向机器人灌输丰富的知识；通过安装各类传感器，使机器人对周围的情况有所了解。这类高级机器人一般都具有对各类信息综合处理的能力、推理的能力和作出判断的能力。如20世纪70年代，美国宇航局执行"海盗"号宇宙飞船火星着陆计划，派出两台机器人用于采集样品。机器人在计算机控制下，按科学家预先编制的程序采集样品，进行科学实验，然后将结果通过卫星传回地面。90年代后期，美国派出的机器人能够在事先情况不明的火星表面独立"行走"。这种对环境适应的能力就来自于科学家事先为机器人编制好的软件以及机器人本身的精密性和可靠性。

可以预见，随着科学技术的不断发展，人类对机器人的控制方法也越来越先进。但是不管怎样，机器人始终是在人类的控制之下。

未来的机器人会超过人类吗

在科幻电影和小说中，人们可能见到过机器人与人类"争斗"的情节和场面。于是，有人担心：聪明、伶俐、能干的机器人会超过人类吗？

实际上，这种担心是多余的。虽然机器人的生产和"进化"速度远远高于人类自身生产和进化的速度，对机器人的规划、设计、控制和管理也比对人类自身要容易得多，机器人在社会生产和生活领域中所发挥的作用甚至超过熟练的劳动者，但是，机器人绝对不会对人类构成威胁。

这是因为，不管未来的机器人的"智慧"发展到何等程度，它们的"能力"如何强于人类，活跃的领域又是何等宽广……归根结底，它们仅仅是人类制造的机器人，它们的"智慧"只不过是人类智慧的扩展和延伸。

为了防止机器人"犯规"或"造反"，科学家们在设计、制造机器人时，已经采纳了科学幻想小说家阿西摩夫给机器人行为所规定的"三原则"：

第一条：在任何情况下，机器人不可伤害人，或眼看人将遇害而袖手旁观。

第二条：在任何情况下，机器人必须服从人的命令。但是，假如命令违反第一条原则时，则可不服从。

第三条：机器人必须在不违反第一、第二条原则的前提下保护自己。

因为有了前两条原则，所以就不必担心机器人会伤害人。机器人和人类的关系正像我国古典小说《西游记》中所描述的："尽管孙悟空有 72 变的法术，但最终跳不出西天如来佛的手掌心。"

关键词：机器人三原则

关键词汉语拼音索引

数字及外文字母

图书在版编目(CIP)数据

信息世界/张吉锋,吕传兴主编.—上海:少年儿童出版
社,2011.10
(十万个为什么)
ISBN 978-7-5324-8903-9

Ⅰ.①信... Ⅱ.①张...②吕... Ⅲ.①信息学—儿童读物
Ⅳ.①G201-49
中国版本图书馆CIP数据核字 (2011) 第217198号

十万个为什么

信息世界

张吉锋　吕传兴 主编

总策划 李名慈　总监制 周舜培

陆 及 费 嘉装帧 李品鑫 李 靖 图

责任编辑 王霞梅　美术编辑 赵 奋
责任校对 王 曙　技术编辑 陆 赟

出版 上海世纪出版股份有限公司少年儿童出版社
地址 200052 上海延安西路 1538 号
发行 上海世纪出版股份有限公司发行中心
地址 200001 上海福建中路 193 号
易文网 www.ewen.cc 少儿网 www.jcph.com
电子邮件 postmaster @ jcph.com

印刷 山东新华印务有限责任公司
开本 787×1092 1/32 印张 11.75 字数 254 千字
2014 年 8 月第 1 版第 4 次印刷
ISBN 978-7-5324-8903-9/N·940
定价 20.00 元